Gefördert von der Stiftung der Freunde
der Hochschule für Musik und Theater Hamburg

Peter Michael Hamel
Ein neuer Ton

Ausgewählte Schriften zu einer ganzen Musik

Herausgegeben von der Hochschule für Musik und Theater Hamburg
zum 60. Geburtstag von Peter Michael Hamel

Weitere Informationen über den Verlag und sein Programm unter:
www.allitera.de

Bibliografische Information der Deutschen Bibliothek

Die Deutsche Bibliothek verzeichnet diese Publikation
in der Deutschen Nationalbibliografie;
detaillierte bibliografische Daten sind im Internet
über <http://dnb.ddb.de> abrufbar.

Juli 2007
Allitera Verlag
Ein Verlag der Buch&media GmbH, München
© 2007 Buch&media GmbH, München
Lektorat: Bettina de Boer
Umschlaggestaltung: Kay Fretwurst, Freienbrink
Herstellung: Books on Demand GmbH, Norderstedt
Printed in Germany · ISBN 978-3-86520-261-1

Inhalt

Vorwort
Prof. Elmar Lampson, Präsident der Hochschule für Musik und Theater
Hamburg 7

Grußworte
Dr. Peter Hanser-Strecker 9
Terry Riley 10
Konstantin Wecker 13
Eckart Rahn 15

Zu Leben und Werk von Peter Michael Hamel
Frank Helfrich
Zur Biografie von Peter Michael Hamel 17
Michael Rieger im Gespräch mit Peter Michael Hamel
»Denn mit aller Absicht geht das nicht« 20
Siegfried Mauser
Musik als Bewusstseinsprozess
Zur Ästhetik von Peter Michael Hamel 30

Philosophisches / Spiritualität
Peter Michael Hamel
Ein neuer Ton: Musik der Dauer – Musik der Stille 34
Peter Michael Hamel
Musik als Träger spiritueller Erfahrung 40
Peter Michael Hamel
Die Quellen zu »Organum«
Protokoll einer Einführung in der Kapelle der Cusanus-Akademie Brixen . . 49
Peter Michael Hamel
Coincidentia Oppositorum
Nikolaus von Kues und der Zusammenfall der Gegensätze in seiner
Bedeutung für einen heutigen Komponisten 57

Musikologisches / Geschichtliches / Weltmusik
Peter Michael Hamel
Eine »Missa« für München
Warum ich doch immer noch für Chor und Orchester komponiere 63

Gabriele E. Meyer im Gespräch mit Peter Michael Hamel anlässlich der Uraufführung der »Missa« 1995
»… ich konnte nicht anders, als sie so zu komponieren …« 68

Peter Michael Hamel
Von der Misere geistlicher Popularmusik
Der Kölner Weltjugendtag 2005 78

Peter Michael Hamel
Improvisation – offene Komposition
Zwischen Experiment und Werkanspruch 81

Peter Michael Hamel
Kammermusik zwischen den Stühlen?
»B.a.ch. – Between all chairs« 89

Peter Michael Hamel
Politisches Komponieren damals und heute
Persönliche Rückblicke und Einsichten 93

Peter Michael Hamel
Universalismus in der Neuen Musik 106

Über Kollegen und Freunde

Arun Dev Gauri im Gespräch mit Peter Michael Hamel
Erinnerungen an Celibidache 120

Peter Michael Hamel
Umstrittene Popularität – Unumstrittene Weltgeltung
Stilfragen bei Krzysztof Penderecki 132

Peter Michael Hamel
Immer unbürgerlich: Erinnerung an Luc Ferrari 139

Peter Michael Hamel
Ein Komponist im Unruhestand
Günter Bialas zum Achtzigsten 141

Peter Michael Hamel
Komponistinnen des 20. Jahrhunderts
Begegnungen an der Hochschule für Musik und Theater Hamburg 146

Anhang

Frank Helfrich
Werkverzeichnis 149
Auswahldiscographie 157

Bildnachweis 159

Vorwort

Prof. Elmar Lampson, Präsident der Hochschule für Musik und Theater Hamburg

Ein »neuer Ton« klang in der Hochschule für Musik und Theater Hamburg auf, als Peter Michael Hamel vor zehn Jahren die Nachfolge von György Ligeti als Professor für Komposition antrat. Mit einer furiosen Geste hat er die Musik in der Hochschule und in der Stadt Hamburg neu beim Namen gerufen: Neue Musik als weltumspannender Bewusstseinsraum zwischen den Kulturen und Zeiten, zwischen Jazz, improvisierter und experimenteller Musik.

Peter Michael Hamel sorgt seitdem, wo immer er auftritt, für schöpferische Unruhe, regt an und auf und weitet die Horizonte. Mit Leidenschaft forderte er von Anfang an, dass die Hamburger Musikhochschule ihre innovativen und kreativen Möglichkeiten ausschöpfen und zu einem ungewöhnlichen Ort werden sollte, an dem die unterschiedlichen künstlerischen Bereiche sich gegenseitig durchdringen und anregen, an dem Wechselwirkungen zwischen wissenschaftlichen und künstlerischen Arbeitsweisen entstehen und Grenzen durchlässig werden. Ein Ort, an dem aus der Zusammenarbeit der unterschiedlichen Bereiche neue Entwicklungen für das musikalische und gesellschaftliche Leben angestoßen werden sollten.

»Über Frauen – Über Grenzen« hieß dann auch folgerichtig eines der ersten großen Projekte, das Peter Michael Hamel mit sieben Hamburger Kompositionsstudenten als Kollektivoper für die »Münchner Biennale 2000« erarbeitet hat. Und mit immer wieder neuen kühnen Veranstaltungsvisionen hat er die zeitgenössische Musik zu einem Schwerpunkt der künstlerischen Arbeit in der Hochschule gemacht. Seine »Klangnächte« zu vielen verschiedenen musikalischen Themen haben gezeigt, welch überwältigendes Echo die aktuelle Musik finden kann, wenn sie in phantasievollen neuen Veranstaltungsformen präsentiert wird, und das »Studio 21« mit dem »Ensemble 21«, die aus Hamels Arbeit hervorgegangen sind, werden in unserer Hochschule zukünftig den Rahmen für die Weiterentwicklung solcher Ideen bilden.

Das umfassende Werk des Komponisten Peter Michael Hamel kann hier ebenso wenig gewürdigt werden wie sein ungewöhnlich erfolgreiches Wirken als Kompositionslehrer. Aber die in dieser Festschrift zusammengefassten Texte geben einen Einblick in das Denken dieses großen Künstlers und lassen an seiner unermüdlichen Suche nach einem »neuen Ton« teilnehmen, in dem er die Spaltungen zwischen den Kulturen und Schulen, zwischen Tradition und Avantgarde, zwischen E- und U-Musik auflösen möchte.

Mit den herzlichsten Glückwünschen zum 60. Geburtstag unseres hoch verehrten Kollegen Prof. Peter Michael Hamel sei diese Festschrift herausgegeben – in tiefer Bewunderung für sein Lebenswerk, in Dankbarkeit für die wunderbare Zusammenarbeit in den zurückliegenden Jahren, aber auch mit Neugier und Vorfreude auf die weitere gemeinsame Suche nach einem »neuen Ton«, der manchmal vielleicht hier und da schon aufklingt und sein Echo findet. Mögen diese Texte dazu beitragen, dass sein beweglicher und veränderlicher Klang sich immer weiter in eine offene Zukunft hinein entfaltet.

Grußworte

Dr. Peter Hanser-Strecker

Die Tatsache, dass Peter Michael Hamel in keine der ländläufigen Schubladen passt, in die man die Kunst und ihre Künstler so gerne einordnen möchte, ist seit jeher sein unveränderliches Kennzeichen. Immer dann, wenn man trotz allem versucht, ihn in eine Schublade hineinzuzwängen, wird sogleich deutlich, dass er nicht nur dort hineinpasst, sondern zugleich auch noch ganz anders gesehen und eingestuft werden kann.

So kann Peter Michael Hamel nur begreifen, wer ihn ganzheitlich betrachtet und ihn schlicht den sein lässt, der er ist. Doch wer ist Peter Michael Hamel?

Er ist weder ein reiner Avantgardekomponist noch ein Sinfoniker; weder ein reiner Theoretiker noch ein singender Schriftsteller. Er ist weder nur der grandiose Improvisator der E- und U-Musik noch nur hervorragender Interpret seiner eigenen Werke. Er ist Komponist, Anreger, Promoter, Kenner, Könner und ein besonders brennender Mittler und Vermittler von Musik aller Zeiten und Länder.

Peter Michael Hamel ist einer der wenigen sich ewig auf der Suche befindenden Zeitgenossen, der aufgrund seiner vielfältigen Begabungen in allen Bereichen etwas zu sagen und zu geben hat.

Mit seiner von ihm Anfang der 1970er-Jahre ins Leben gerufenen Improvisationsgruppe »Between« war er der Erste, der die Grenzen zwischen E- und U-Musik, zwischen Improvisation und Komposition auflöste und so neue Formen und Klänge entstehen ließ, die noch heute wegweisend sind. Er war einer der Ersten, der bei dem Projekt »Dharana« eine Popgruppe mit einem Sinfonieorchester zusammenbrachte, der sich für neue Klänge und Bewusstseinsformen einsetzte, der Klangnächte und Faschingskonzerte durchführte und dabei in vielen Rollen und Parodien glänzte, der die Weltmusik als echte Weltmusik propagierte, der ganz besondere und besonders erfolgreiche Werke im Bereich der Minimal Art kreierte.

Diese Aufzählung müsste noch wesentlich fortgesetzt werden, um auch nur halbwegs vollständig zu sein.

Entscheidend ist, Peter Michael Hamel wird heuer zwar sechzig, sein Tun, sein Denken und sein Wirken sind aber immer noch genauso jung wie vor vierzig Jahren. Er ist damit einer der Jüngsten und dies allein ist ein Grund, um ihm für ganz viel zu danken und ihn kräftig hochleben zu lassen!

Terry Riley

1972 war ich eingeladen worden, während der Olympischen Spiele in München zu spielen, und mein Konzert fand an jenem schicksalhaften Tag statt, an dem mehrere israelische Athleten tragisch niedergeschossen wurden.

Wir kamen einige Tage früher nach München in der Begleitung von La Monte Young, Marian Zazeela, meiner Frau Ann und Pandit Pran Nath.

Der Moment, als ich Peter zum ersten Mal sah, bleibt mir stets in Erinnerung: Es war ein sonniger Tag mit blauem Himmel und dicken weißen Wolken. Wir spazierten am Gelände der Olympischen Spiele entlang und kamen an einen Platz, wo Musiker unter freiem Himmel spielten, es war auf der sogenannten Spielstraße.

An einem der Musiker blieb mein Blick hängen, da er ein farbiges Stirnband trug und aussah als gehörte er zu den Be-In's der 1960er, wo Hippies, Künstler und Dichter sich zu Outdoor-Festivals versammelten, um das Leben und das Am-Leben-Sein zu feiern. Am nächsten Tag erschien der Junge mit dem Stirnband, um uns einen Besuch zu erstatten und wir luden ihn auf einen Chai ein und redeten miteinander.

Diese Person, die sich als Peter Michael Hamel entpuppte, überraschte mich, da er über meine Arbeit und die Arbeit von La Monte Young und Pandit Pran Nath ungewöhnlich gut informiert war, und das in einer Zeit, in der unsere Arbeit noch nicht besonders verbreitet war. In diesem Moment begann eine Freundschaft, die über die Jahre immer wieder erneuert wurde. Wann immer ich in Deutschland war, was in den damaligen Jahren relativ häufig vorkam, konnte ich Peter treffen und wir verglichen die musikalischen Entwicklungen und fanden viel Gemeinsames.

Beide teilten wir die Liebe zur Klassischen Indischen Musik und nahmen ihre Bedeutung für eine sich vermischende Weltkultur wahr. Wir erkannten, dass sie in ihrer langen Tradition für die zukünftige Entwicklung der Musik im Westen von großem Nutzen sein könnte. Die auf dem indischen Subkontinent über Jahrhunderte entwickelte Melodieführung, der Rhythmus und die Intonation, waren für uns, die angezogen waren von ihrer großen emotionalen Kraft, nun zum Lernen verfügbar.

Peter war nach Indien gegangen und hatte den Vokalisten Pandit Patekar getroffen, mit dem er die vokalen Traditionen studiert hatte und ich hatte 1970 etwas angefangen, was sich als ein 26 Jahre währendes intensives Studium mit meinem Guru Pandit Pran Nath herausstellte. Dadurch, dass damals nur so wenige Kollegen sich mit der Klassischen Indischen Musik beschäftigten, war meine Verbindung zu Peter von großer Bedeutung.

1974, als ich von Walter Bachauer eingeladen wurde, das Metamusik Festival in Berlin mit meiner Keyboard-Musik zu eröffnen, traf ich mich wieder mit Peter und seinem Freund Peter Pannke, der sich ebenfalls mit indischer Musik auseinander setzte und Dhrupad-Gesang in Vrindavan studierte. Das Metamusik Festival in Westberlin war meines Wissens eines der ersten, wenn nicht das erste große, international wahrgenommene Weltmusik Fest und der Energieaustausch unter den teilnehmenden Musikern aus aller Welt und die Verbindung mit dem elektrisierten Publikum waren erheblich.

Als ich 1975 in Mary Bauermeisters Haus in der Nähe von Köln wohnte, um eine Aufnahme mit Don Cherry vorzubereiten, die Peter vermittelt hatte, traf ich Pandit Patekar, Peters Lehrer, und ich hatte die Freude, mit Peter und Pandit für den Gesang des Morgen-Raga zu sitzen. Manchmal kam Karlheinz Stockhausen (Ehemann von Mary) zu Besuch und lebhafte Diskussionen über die verschiedenen Ansichten und Qualitäten unserer unterschiedlichen Arbeiten fanden statt. Peters Herz schien damals nicht für die post-webernschen Traditionen zu schlagen, die sich so dominant in Deutschland entwickelten. Seine Aufmerksamkeit war viel mehr angezogen vom amerikanischen Minimalismus und der ethnischen Musik anderer Kulturen und zu einem bestimmten Grade auch von Rock und Jazz und von dem, was sich später als New Age herausstellte.

So stand er der modernen deutschen Musik nicht besonders nahe. Er hatte die enorme Bedeutung der Improvisation erkannt und die Bedeutung des »Im-Augenblick-Seins« einer Performance. Er verstand die Wichtigkeit des Experimentellen und die Notwendigkeit, einen neuen Weg zu finden, seine Ideen festzuhalten. Selbst ein kurzer Blick in seine Partituren zeigt das! Er integrierte damals Elemente von modalen Ragas in seine ausgeschriebenen Kompositionen und ging einmal selbst so weit, dass er in einem seiner Stücke als Vokalist auftrat, während er in der Begleitung eines Orchesters auch selbst noch die indische Tanpura spielte.

Dennoch ist seine Musik zur gleichen Zeit und im Laufe der Jahre immer mehr aus der großen deutschen Tradition er- und mit ihr verwachsen. Heute gilt er anerkanntermaßen als bedeutender Komponist, der das Repertoire des 20. und 21. Jahrhunderts außerordentlich bereichert hat.

Der Mensch Peter ist voller Wärme und mit einem riesigen Herz gesegnet, das über seine Gedanken und seine Einbildungskraft wacht.

Sein Buch *Durch Musik zum Selbst*, seit 1978 in englischer Übersetzung vorliegend, ist eines der wichtigsten Werke über die Natur des Klanges und hat seine Wurzeln in den alten Traditionen. Dieses Buch hatte einen enormen Einfluss auf das Denken vieler Musiker und Denker, die zum ersten Mal mit einem Schatz von Ideen konfrontiert wurden, der sich dort enthüllte. Diese Schrift vertiefte auch einige der Erfahrungen, die ich selbst machte auf meinem Weg zur Indischen Klassischen Musik, besonders in Verbindung mit den mystischen und heiligen Traditionen, die die Wurzeln der Klassischen Musik Indiens bilden.

Gemeinsam traten Peter und ich das erste Mal 1982 im Amerika Haus in München auf. Wir improvisierten an zwei Klavieren in einem Modus, an den ich mich als den indischen Raga Bilaval erinnere. Peter hatte vorher etwas mit Prepared Piano gespielt, hatte die schwarzen Tasten seines Klaviers präpariert und ließ die weißen Tasten unverändert. Das gab ihm die Möglichkeit, das Klavier doppelt zu nutzen und zwei verschieden klingende Instrumente zu haben. Es war eine denkwürdige Nacht, von welcher einiges live aufgenommen wurde.

1983 war es Peter, der sich darum bemühte, dass ich zu einem großen indischen Festivalkongress eingeladen wurde, zum »East West Music Encounter« in Bombay. Es war die erste große Konferenz mit Musikern aus der ganzen Welt, die eine Verbindung zu Indien hatten und sich zu Diskussionen und Konzerten versammelten. Da die US-Regierung sich geweigert hatte, mein Flugticket zu zahlen, vermittelte Peter, dass das Goethe Institut für meine Reise aufkam. Die Konferenz war gefüllt mit Komponisten und Musikern aus Indien und der ganzen Welt. Unter ihnen Andrej Eshpai, Zakir Hussein, Tom Ross, Peggy Glanville Hicks, Professor Manfred Junius, Walter Zimmermann, Roberto Laneri, Fahimuddin Dagar, Bhimsen Joshi und natürlich Peter Michael Hamel, der eine beeindruckende Klavieraufführung im wunderschönen Tata Theater gab. Es war eine einmalige Gelegenheit für Musiker, mit unterschiedlichen kulturellen Hintergründen zusammenzukommen, ihre Musik füreinander zu spielen und ein Gespür dafür zu entwickeln, was alles aus der musikalischen Tradition Indiens zu machen möglich wäre. Die Diskussionen waren lebhaft und manchmal kontrovers, aber notwendig, um neue musikalische Bereiche, wie den der »Hybrid Modelle«, die alle von der Musik Indiens inspiriert waren, zu erschließen.

Um 2000 besuchte ich Peter und seine erstaunliche Familie in Hamburg, wo er das ehrenvolle Amt des Kompositionsprofessors übernahm, das einst Ligeti innehatte. Er spielte am Klavier, sang und erfreute mich mit der enthusiastischen Stärke einer Musik, die der Motor seines Lebens ist.

Übersetzt von Marie Hamel

Konstantin Wecker

Peter Michael Hamel mit Konstantin Wecker

Als ich 1988 in München Peter Michael Hamels erste Sinfonie »Die Lichtung« unter der Leitung von Sergiu Celibidache hörte, fühlte ich mich um 30 Jahre in die St. Michaelskirche zurückversetzt: wir beide, Quintaner des Wilhelmsgymnasiums, singen mit glockenklaren Stimmen die Solosopranpartien der Bruckner e-Moll-Messe. Es ist unsere Firmung und wir sind ergriffen von dieser himmlischen Musik. Danach trennten sich unsere Wege und wir begegneten uns nur sporadisch.

Ich habe Peter immer bewundert. Er hat schon mit berühmten Musikern zusammengespielt als ich noch in Bars klimperte, und er feierte große Erfolge mit seiner Gruppe »Between«, als meine »sadopoetischen Gesänge« kaum einer hören wollte.

Vor allem mit seinem Kompositionsstudium bei Günter Bialas schritt er einen Weg ein, den ich immer gehen wollte. Allerdings hat mich meine Leidenschaft zum Bänkelgesang daran gehindert, mein Musikstudium konsequent durchzuziehen.

Als ich Peters Sinfonie hörte, bedauerte ich mein mangelndes Durchhaltevermögen sehr. Diese Musik überwältigte mich derart, dass ich zur zweiten Aufführung tags darauf gleich wieder kam, um mich in die Partitur zu vertiefen.

Da ist einer seinen ureigenen Weg gegangen, ohne Anbiederung an Moden und Modernismen, und mit Mut zum großen Gefühl. Ein spirituelles Werk, das sicher nicht entstehen hätte können ohne seine improvisatorischen Erfahrungen.

»Sich selbst begegnen im Gedicht« schreibt Gottfried Benn, und ich begegnete mir auch selbst durch diese Musik, wie Peter es in seinem klugen Buch *Durch Musik zum Selbst* fordert. Und noch einmal begegnete ich uns, als ich die Augen schloss im langsamen Satz seiner Sinfonie: Da saßen wir wieder als Buben am Klavier und spielten uns gegenseitig etwas vor. Jeder versuchte sein Bestes zu geben, wir spielten um unser Leben, als wenn wir geahnt hätten, dass wir später immer wieder so musizieren würden – so ausschließlich und bedingungslos.

Manchmal wünsche ich mir, wir zwei würden noch einmal so miteinander musizieren, ebenso leidenschaftlich wie als pubertierende Jungs, und ohne Rücksicht darauf, was für eine Musik das nun zu sein habe: U oder E oder World oder Rock.

Das war ja schon immer ein Anliegen Peters, ohne Eitelkeit diese Grenzen zu sprengen. Und deshalb können wir uns auch noch als ältere Herren so gut verstehen. Vielleicht sogar noch ein bisschen besser als damals.

Eckart Rahn

Wenn einer als Komponist, Musiker, Autor und Pädagoge lange Zeit tätig war, mag man davon ausgehen, dass er einen gewissen Einfluss auf andere ausgeübt hat; darüber hinaus sagt man über Hamels Leben und Arbeit, dass er »grenzüberschreitend« tätig gewesen sei. Das stimmt aber genau genommen nicht. Er ist wie ein interkultureller Tausendfüßler in den unterschiedlichsten Territorien gleichzeitig zu Hause; es gelingt ihm, auf einem Bein in einem Areal zu verbleiben und gleichzeitig neuen Halt und Orientierung andernorts zu finden. Es geht also nicht nur darum, wen Hamel beeinflussen konnte oder wollte, sondern vielmehr darum, was er an Impulsen aufnehmen, verarbeiten und dann in auf hamelsche Weise verklärter Form weitergeben konnte.

Meine Bekanntschaft mit Hamel, über die Jahrzehnte zur Freundschaft gewachsen, geht auf die frühen Tage des Ensembles »Between« zurück, um 1970. Schon damals war es offensichtlich, dass es keine einfache Sache ist, Hamels Arbeit zu charakterisieren; im Gespräch offenbarte sich schnell das Ambivalente und Tolerante: so verschwinden die Grenzen zwischen improvisierter und komponierter Musik, Schaffung ist identisch mit Interpretation, die Ecksteine sind gleichermaßen in Europa wie anderswo zu finden. Feldman und Jazz repräsentieren auszugsweise das Nordamerikanische, da gibt es eine Verinnerlichung, die in Meister Eckart oder Nikolaus Cusanus und im Buddhismus indischer wie japanischer Prägung gleichermaßen Vertiefung sucht; das Christliche ist wesentlich, aber in antiautoritärer Form, andere Religionen fließen ein, aber ohne den Fluss zum Mahlstrom zu machen. Gleichzeitig wird ein anderer Widerspruch in Frage gestellt, der nämlich zwischen den traditionellen Antipoden des Intellektuellen und des Romantischen. Auch dies ein Merkmal der hamelschen Existenz; als ob sich E.T.A. Hoffmann als Intellektueller und Adorno als Romantiker auf der höheren Ebene einer Entente cordiale treffen könnten, um gemeinsam zu musizieren, wobei die sorgfältigst erarbeiteten Partituren ohne die Kadenzen und Verzierungen des Augenblicks nie komplett wären.

Was nun mich angeht, so war ich als Kind der 60er-Jahre allem Akademischen abhold. Das Alternative war ja die Norm jener Tage. Ich suchte die Freiheit, war der improvisierten Musik mehr zugetan als der komponierten. Obwohl Bach immer wesentlich war und blieb, ging der Ehrgeiz doch mehr zu Fluxus, Raga oder Coltrane, Cecil Taylor oder Ornette Coleman, auch an Weberns Bagatellen, die für mich immer so komponiert schienen, dass zwei Quartette sie nie auch nur annähernd gleich spielen könnten. An Free Jazz hatte ich nie geglaubt; das war auch so ein Klischee der Amateurmusikologen, zu denken, dass ein hoch qualifizierter Musiker »frei« zu spielen in der Lage sein soll; das war eine fast höhnisch verzerrte Wiedergabe des Suchens der Meister um Identität im Neuland. In der japanischen Ausbildungspraxis lernt der Schüler schnell, dass man ohne geschriebene Noten viel akkurater reproduzieren kann, wenn der Lehrer durchblickt und ein Schüler willig folgt. So glichen sich die vermeintlichen tiefen Furchen zwischen notationsbezogener Aufführungspraxis und einer mehr improvisatorischen allmählich aus, und eine neue Ebene des Ackerlands entstand gedanklich.

Vieles davon war mir damals nicht klar, obwohl ich es vielleicht zumindest teilweise instinktiv erahnte. Ein Jahrzehnt später, 1980, fingen wir an, eng miteinander zu arbeiten. Die Aufnahmen von frühen Werken Hamels mit elektronischer Orgel und einem seltenen Synthesizer namens »wave computer« standen am Anfang. Zeitfarben hieß es damals, das Aushorchen tibetischer Räume im Bardo kam später, verband aber bereits die Elektronik mit der westlichen Pfeifenorgel. Ganz organisch schloss sich das Paraphrasieren über Hildegard-Themen im »Organum« an. Kandinskys »gelber Klang« fügte den Zeitfarben noch eine europäisch-avantgardistisch motivierte Nuance hinzu. Das Mittelalter fand im Himalaja wie in Mitteleuropa statt, zeitgleich in der Vision. Den Zeitfarben folgten der Zeitpfeil und der Zeitkreis; Musik war immer eine Sache der Zeit, ewig, im Augenblick verharrend, sich im Fortschreiten erneuernd. Dazu kam der Rhythmus, von den Weltmusikpionieren Orff und Messiaen geprägt, nicht ohne eine Referenz an das Altkoreanische als Grundlage eines deutlich westlichen Streichquartetts.

Das mit den gedruckten Noten kam später. Ein komplizierter Prozess des Umlernens musste dem vorangehen. Meine Beschäftigung mit den klassischen Musiken Asiens zeigte mir den Weg zu einem gemeinsamen Ziel: Die Musik anderen zur Verfügung zu stellen, aber ohne sie in der Interpretation einzuengen. Werktreue als Möglichkeit anderer Sichtweisen, das gefiel mir. Ich erinnere mich an die erste Produktion mit dem »Alexander String Quartet«, bei der Hamel nicht anwesend war. Später sagte er, er hätte vieles unterbunden, wenn er dabei gewesen wäre, aber so, wie es nun geworden sei, wäre es ihm genauso recht. Und als Roger Woodward vor der ersten Aufnahme von Hamels großem Klavierzyklus »Vom Klang des Lebens« unbedingt vor der Produktion mit dem Komponisten die Partitur durcharbeiten wollte, zog es Hamel nach nur ein paar Stunden vor, nach Hause zu fahren und über Nacht einen neuen Satz zu komponieren. Woodward blicke ja durch, hieß es in der E-Mail, und da habe er weiter nichts zu tun.

So wurde ich über die Jahre zum überzeugten Verleger, obwohl ich als junger Mann nie gedacht hätte, je katholische Kirchenmusik zu veröffentlichen. Aber »De Visione Dei« war eine Vision, der ich gerne folgte. Das Gesetz sieht einen Unterschied zwischen Werk und Tonträger, zwischen dem Schaffen und der Reproduktion. Bei Hamel verschwimmt das alles in eins: Im größeren Überblick ist alles Schöpfung, alles verpflichtet dem Höheren, wenn der menschliche Überlieferer auch der eigenen Verantwortung für sein Tun stets verhaftet bleibt.

Zu Leben und Werk von Peter Michael Hamel

Frank Helfrich
Zur Biografie von Peter Michael Hamel

Peter Michael Hamel

Peter Michael Hamel, geboren am 15. Juli 1947 in München, erhielt seinen ersten Klavierunterricht im Alter von fünf Jahren, später kamen Violine, Violoncello und Horn hinzu. 1965–70 studierte Hamel Komposition, erst privat bei Fritz Büchtger, anschließend an der Staatlichen Hochschule für Musik in München bei Günter Bialas. Im gleichen Zeitraum auch Musikwissenschaft bei Thrasybulos Georgiades und Carl Dahlhaus, Soziologie und Psychologie in

München und Berlin, Beschäftigung mit Free Jazz, politischem Kabarett, Musique Concrète und elektronischer Musik.

Zwischen 1969 und 1974 arbeitete Hamel vorwiegend mit amerikanischen Komponisten zusammen, etwa mit John Cage, Morton Feldman und Terry Riley. Er nahm als Mitarbeiter von Josef Anton Riedl an dessen multimedialen Projekten teil, improvisierte mit Jazzmusikern, aber auch mit Luc Ferrari und Carl Orff, experimentierte mit live-elektronischen Mitteln und praktizierte freies Stegreifspiel in der von ihm mitgegründeten international besetzten Improvisationsgruppe »Between«. Ab 1971 begann er als Pianist, Organist, Sänger und Live-Elektroniker mit eigenen Werke aufzutreten und Tourneen zu unternehmen, die ihn unter anderem nach Bombay, San Francisco, New York, Toronto, Seoul, Rom und Paris führten. Auf mehreren Asienreisen ab 1973 beschäftigte er sich mit dem Studium fernöstlicher Gesangstile und Tonsysteme. Sein daraus gewonnenes Wissen sowie ästhetische Reflexionen zur Musik seiner Zeit fasste er in dem 1976 erschienenen Buch *Durch Musik zum Selbst* zusammen (Bärenreiter Taschenbuch).

Als Stipendiat der Villa Massimo in Rom 1979/80 schrieb Hamel sein erstes abendfüllendes Bühnenwerk »Ein Menschentraum«, 1981 in Kassel von Dieter Dorn uraufgeführt. Vortrags- und Konzertreisen führten ihn 1982–1990 durch Europa, USA und Asien. In diesem Zeitraum entstanden neben vielen Kammermusikwerken (darunter das 1986 bei den Darmstädter Ferienkursen uraufgeführte 2. Streichquartett) verschiedene Bühnenmusiken für die Münchner Kammerspiele sowie die Lyrikoper »Kassandra« (uraufgeführt 1987 bei den Frankfurt Festen). Außerdem wurde seine Musik mehrfach bei den IGNM-Weltmusiktagen aufgeführt, ebenso bei den Salzburger Festspielen und den Berliner Festwochen.

Seine erste große Sinfonie »Die Lichtung« erklang 1988 zum Abschluss der 1. Münchener Biennale unter Sergiu Celibidache, bei dem Hamel Phänomenologiestudien betrieb, 1990 folgte ein Violinkonzert für Christiane Edinger in der Reihe Musica Viva in München. 1994–95 lehrte Hamel als Gastprofessor an der Musikhochschule Graz. Als Auftragswerk zum 100. Geburtstag der Münchner Philharmoniker 1995 entstand die erfolgreich aufgeführte »Missa«. Sein vielleicht radikalstes Musiktheater-Projekt, das aus einem Musiktheater und einer Radiokomposition bestehende »Shoah«, setzt sich mit dem Holocaust auseinander (1990–96).

Hamels Orchester-, Chor- und Kammermusikwerke sind bei Bärenreiter, E.R.P. und Schott verlegt, zahlreiche CD-Veröffentlichungen bei Wergo/intuition und Celestial Harmonies, TV-Produktionen, Filmporträts und Stummfilm-Neuvertonungen für den BR (»Passion«, 1997) und das ZDF (SWD, »Der lebende Leichnam«, »Dr. Caligari«). Neuveröffentlichungen auf CD 2007: »Vom Klang des Lebens« für Klavier, sowie Streichquartette 3+4/Streichtrio (Celestial Harmonies).

1997 wurde Hamel als Professor für Komposition und Theorie an die Hamburger Hochschule für Musik und Theater berufen. Mit dem 1995 gegründeten »Interkulturellen Musikinstitut«, Aschau/Chiemgau, dem Hauptwohnsitz seiner siebenköpfigen Familie, schuf er ein über die Grenzen des akademischen Betriebs hinaus arbeitendes Forum für harmonikale Grundlagenforschung, akustische Kunst, Ethnomusikologie, Gruppenimprovisation sowie Stimm- und Atemarbeit.

Seit 2000 ist Hamel Vorsitzender der Musiksektion an der Freien Akademie der Künste, Hamburg. 2006 beendete der Komponist seine 2. Sinfonie »Die Auflösung« (UA 29.4.2008 bei der 11. Münchener Biennale), derzeit arbeitet er an einem umfänglichen Musiktheater-Projekt zum Thema Nahtod-Erfahrung.

Zahlreiche Preise würdigten sein Schaffen, darunter Förderpreise der Städte Bonn (1974), Stuttgart (1975), München (1977), der GEMA-Stiftung (1981). 1988 folgte der Schwabinger Kunstpreis der Stadt München und 1994 ein Preis beim Carl-Orff-Wettbewerb für zeitgenössisches Musiktheater, München. 2007 wird Hamel für seine Chormusik mit dem Gerhard-Maasz-Preis ausgezeichnet.

Informationen im Internet: *www.harmonies.com/www.wergo.de/www.fadk.de/www.baerenreiter.com*

Zuerst veröffentlicht in: Komponisten der Gegenwart. 30. Nachlieferung der Loseblatt-Sammlung. Hrsg. von Hanns-Werner Heister und Walter Wolfgang Sparrer. München: Edition Text und Kritik 2005. Der Abdruck erfolgt mit freundlicher Genehmigung von Frank Helfrich.

Michael Rieger im Gespräch mit Peter Michael Hamel
»Denn mit aller Absicht geht das nicht«

Für deine Entwicklung als Musiker hat die intensive Auseinandersetzung mit Jean Gebser eine entscheidende Bedeutung gehabt. Wann und wie hast du Gebsers Arbeiten kennengelernt?

Das war 1972, in Boswil. Aber Gebser war mir als Name schon geläufig, ich wusste, dass es den gab, denn ein guter Freund, Ronald Steckel, stand zwischen 1971 und 1972 mit ihm in Briefkontakt wegen des Buchs *Trug der Drogen*. Aber ich selbst war als Stipendiat in der Alten Kirche Boswil ein halbes Jahr untergebracht, in der Nähe von Zürich, mit anderen Musikern. Abdullah Ibrahim, damals noch Dollar Brand, war zum Beispiel auch da und hat viel improvisiert. In dem Künstlerhaus war auch eine Bildhauerin, Frau Stauffer. Sie versuchte, integrale, transparente Plastiken zu machen, also den Gebser in bildende Kunst zu überführen – sehr schöne, geschmackvolle Dinge. Und sie war mit der ersten Frau von Gebser sehr befreundet. Einmal hörte sie mich beim Improvisieren am Flügel und sagte: »Wenn Sie so spielen, dann müssen Sie Jean Gebser kennen.« Und in einer Nacht hat sie mir dann *Ursprung und Gegenwart*, die alte Ausgabe aus der Deutschen Verlagsanstalt, in die Hand gedrückt, in Zeitungspapier eingewickelt. Ich hatte nur eine Nacht die Gelegenheit, dieses Buch anzusehen und habe es dann quergelesen. Es war für mich eine Erleuchtung ... oder besser: eine Eröffnung, da ist eine Tür aufgegangen, eine erhellende Angelegenheit. Ich habe das intuitiv, möchte ich sagen, kapiert, obwohl ich ja gar nicht die Zeit hatte, das ganze Buch zu lesen. Vor allem habe ich mir die synoptischen Tafeln am Ende des Buchs angeschaut und mir wurde klar, dass das eine entscheidende Eröffnung war, eine Zusammenschau von allem, was mir damals passierte, wo ich in Widersprüchen war. Bin ich jetzt ein linker demonstrierender Student oder ein meditativer Mensch, der in ein Kloster geht? Mit dem Priesterwunsch aus der Kindheit im Nacken, bis zu der Sehnsucht, einem Heiligen persönlich zu begegnen.

Es wäre in dieser Zeit möglich gewesen, dass du dich in einem Aschram wiedergefunden hättest?

Ja, ich war auch schon fast auf dem Weg zu einer Hindu-Heiligen, Sri Ananda Moyi Ma, die z. B. auch von den Leuten des Living Theatre aufgesucht wurde, die war inzwischen eine achtzigjährige Frau. Und ich habe sie auch besucht, aber nach der Gebser-Lektüre war ich gar nicht mehr in der Lage, rückwärts zu gehen, hinein in schon überwundene Strukturen, um hier Gebsers Terminologie zu verwenden.

Zu dieser Zeit warst du ja schon ein akademisch ausgebildeter Musiker. Wie hast du aus dieser Erfahrung, wenn man das so direkt sagen kann, musikalisch, kompositorisch Konsequenzen gezogen?

Da kommen mehrere Sachen zusammen. Denn parallel zu diesen Sachen spielte eben das Improvisieren mit verschiedenen Leuten bereits eine große Rolle. Da war das Interesse, Gleichzeitigkeit herzustellen in der improvisierten Musik, mit einem schwarzen Conga-Spieler, einem klassisch ausgebildeten Musiker und einem Kollegen, der mit mir zusammen bei Bialas Neue Musik studiert hatte, diese Gleichzeitigkeit der verschiedenen Dinge zum Leben zu bringen, was da als integratives Bewusstsein möglich war. Um nicht hineinzurutschen in die Atomisierung, die Selbstzerstörung und Zersplitterung, darum ging es. Ich war sozusagen auf dem Sprung, weil ich gewissermaßen atomisiert war, durch diese vielen Widersprüche in der Zeit.

Das Lektüreerlebnis Gebser hat etwas verdichtet, was sich schon in dir angedeutet hat?

Ja, bekräftigt, bestätigt ... bestärkt, in jedem Fall. Ich hatte mich schon getroffen mit Free Jazz-Musikern, damals waren die Neue-Musik-Szene und die Free Jazz-Szene auch viel näher beieinander, was typisch war für das Ende der 60er-Jahre. Das kam mir sehr entgegen und über die Zusammenarbeit in der Gruppe »Between« wurde mir bewusst: Wir machen ja eigentlich etwas, was zumindest in diese, von Gebser mitbezeichnete Richtung ging. Dass wir etwas überwinden und einen Sprung machen in ein neues Bewusstsein. Aber wir haben das eben nicht postuliert. Gebser war sicher eine Affirmation, in dem Sinne: Aha, da gibt es also auch eine Terminologie, eine Richtung, wie ich mir das überhaupt selber klar machen kann. Und im Frühjahr 1973 haben wir in der Musikhochschule München Aufnahmen gemacht, da gab es einen Moment, wo ich gesagt habe, jetzt mache ich etwas, von dem ich möchte, dass der Gebser das bekommt. »Dharana« hieß das Stück. Ich wusste, er ist nicht gesund. Und am Tag drauf, am Morgen, haben wir das Stück abgemischt und lesen in der Süddeutschen eine Meldung, eine kleine Kulturnotiz: »Jean Gebser gestorben«. Danach bin ich dann mit seiner zweiten Frau, Jo Gebser, in Kontakt getreten, aber ich gehörte da nicht irgendeinem spirituellen Club an, mich interessierte jetzt mehr, wie die gebserschen Gedanken, also »Ursprung und Gegenwart«, kurz gesagt, zu vertonen wären. Was sich dann in dem Orchesterstück »Diaphainon« manifestiert hat. Ich habe gedacht: Jetzt machen wir auf integral, ich sag's jetzt mal salopp, und dann haben wir in zwei, drei Jahren das Integrale gebacken, aber dann wurde mir immer bewusster, dass das eine Lebensgeschichte, eine Lebensaufgabe ist. Wenn ein Leben überhaupt reicht. Denn mit aller Absicht geht das nicht. Außerdem – vielleicht gibt es integrale Musik gar nicht. Das wäre dann vielleicht Stille. Deshalb interessiert mich Stille im Moment am meisten.

Noch einmal zurück zum Jazz – der Free Jazz hat dich damals stark beeinflusst. Wie genau sah das aus?

Vielleicht schlug meine erste integrale Stunde, als ich mit Don Cherry spielte, 1971 ... Aber schon viel früher war da ein Einfluss. Über meinen Vater, der Abteilungsleiter für Unterhaltung / Fernsehspiel beim Südwestfunk war, kannte ich Joachim-Ernst Berendt, der in der Fernsehabteilung vom SWF damals »Jazz – gehört und gesehen« machen konnte, der Jochen mit seiner dicken, schwarzen Brille. Bei diesen halböffentlichen Konzerten habe ich all die Größen live erlebt, Coltrane, Miles, Louis Armstrong ...

Anfang der 70er-Jahre sind diese verschiedenen Momente zusammengekommen: Du hattest als ausgebildeter Musiker nicht nur Miles im Ohr, sondern auch schon die Free-Jazz-Musiker, und du wusstest, dass du in dieser Richtung Musik machen wolltest und nun kam Gebser noch als Bestätigung hinzu.

Es war ja noch mehr. Es war der Versuch, auch mal einen Schlager, ein Musical zu schreiben, Samba hat mich interessiert ... und was den Jazz angeht, mich haben die Sessions in der Bebop-Szene sehr interessiert, mit Mal Waldron damals im »Domizil« in München. Der hat die Finger nicht so schön gekrümmt wie Claudio Arrau, sondern hielt sie ganz steif, und da war Improvisieren erlaubt, anders als Zuhause, wo ich ja nicht »klimpern« durfte, sondern Etüden üben sollte. Ich bin deshalb auch nie der klassische Pianist gewesen, ich hab von früh an mehr das Improvisatorische gepflegt, sonst wäre ich vielleicht Kapellmeister geworden und hätte Sänger begleitet, aber das konnte ich nicht so gut. Da bin ich dann in die Clubs gegangen und habe mir einen Conga-Spieler gesucht, der es mir beibringt. Das war zuerst der Charlie Campbell vom Musical »Hair«, dann Cotch Black, das war dann Jeffrey Biddeau aus Trinidad, der eine schamanische Voodoo-Oma hatte, der tauchte plötzlich in München auf, der hat mir das Gehen beigebracht, dass ich Groove, dass ich Rhythmus hab, Puls hab. Und diese Musiker waren dann bei »Between« natürlich auch mit dabei.

Das Zentrum dieser Musik ist die Improvisation, aber war das nicht etwas, was einem Musiker, der aus der Carl-Dahlhaus-Ecke kam, völlig fremd hätte sein müssen?

Ja, so war das ja auch. Gerade das war mein Problem beim Dahlhaus. Dahlhaus hatte gar keinen Sinn für Improvisation. Da war ein Kollege von mir, Möllers, mit dem habe ich dem Dahlhaus einmal vorgespielt, vorimprovisiert. Ich habe 17/8 gespielt, also so ungerade Rhythmus-Sachen, und Möllers war total »free« auf der Klarinette. Und daraufhin hat Dahlhaus dann sein Pamphlet geschrieben, dass Improvisation keine Kunst sei, einen richtig ablehnenden Artikel. 1971. Das war die Quittung. Und deshalb habe ich dann auch bei ihm meinen Doktor nicht gemacht, denn ich hätte über irgendeine Gluck-Oper schreiben müssen anstatt über mein Thema Improvisationsformen. Stattdessen habe ich dann mein Buch geschrieben: *Durch Musik zum Selbst*. Es sollte eigentlich *Selbsterfahrung mittels Musik* heißen. Das erste Exemplar habe ich dann dem Dahlhaus geschickt. Er hat nie geantwortet, aber nach seinem Tod hat mir seine Witwe gesagt, er hat weiß Gott wie drin gelesen.

Das war 1976 – zu dieser Zeit hast du ja nicht allein improvisierte Musik gemacht, sondern auch Kammermusik und Orchesterstücke komponiert, die auf ihre Weise eine Gestaltung von Gebsers Gedankenwelt waren.

Ja, in dem einen Fall des schon erwähnten »Diaphainon«, das Hans Zender 1976 uraufgeführt hat, wo ich versucht habe, das richtig, fast ordentlich in Abfolge zu komponieren, es nachzuvollziehen. Der erste Teil ist die Atomisierung, die Urangst, der Moment der Dekonditionierung, die Panik, der Horror, der Riss – die Eisenkette, die herunterfällt, und dann geht eine andere Dimension auf, wir bewegen uns durch eine schamanische, magische Welt, gestaltet durch Ostinato-Rhythmen, mit großen Trommeln, und daraus entsteht das mythische Bewusstsein, dem musikalisch eine Pentatonik entspricht, die kommen aufeinander zu, da ist auch eine Free-Jazz-Stelle, und dann kommt der große Rausch, fast Ravel-artig, so war es, aber so geht's nicht weiter, denn dann kommt der Sprung ins Integrale, und da hab ich auf der letzten Seite der Partitur nur ein großes Kästchen. Da hat der Zender, der Dirigent, die Freiheit, es länger oder kürzer zu dirigieren, das heißt, du spielst potenziell unendlich weiter. Aber die Uraufführung war leider nicht so ... Und durch diese Ravel-Stelle gab es dann Applaus von der falschen Seite.

Weil es zu der Zeit so unverhofft harmonisch war?

Ja, ja, genau. Es hieß: »Ah! Endlich mal wieder schöne Musik.« Triumphe der Schönheit und so. Ich hatte Riesenhymnen und bekam den Münchner Musikpreis und war plötzlich in der ersten Reihe der geförderten Komponisten. Danach habe ich nur einen Fehler gemacht, denn in Donaueschingen bin ich dann mit einer tibetischen Jacke und geschorenem Kopf aufgetaucht und habe tiefe Töne gesungen, ich habe zwei Conga-Spieler gehabt, die sind dann durch den Raum gegangen, das war eine Tabuverletzung für die Kritiker. Die Kritiken lauteten dann ungefähr so: Der Kitsch-Apostel oder ... Wenn sich Pop und Fernost treffen, dann kommt eh nichts dabei heraus. Siehe Stockhausen. Mit fünfundzwanzig oder so haben mich die großen Zeitungen also auch ganz schön verrissen. Ich musste das auch irgendwie auffangen. Heute würde ich sagen, es war ideal, dass ich verrissen wurde, denn sonst hätte ich mich vielleicht nicht entwickelt, sondern nur wiederholt.

Eine Masche gefunden.

Ja, ja, davor ist niemand sicher.

Aber du selbst warst mit dem »Diaphainon« rückblickend ja auch nicht zufrieden, weder mit der Aufführung noch mit dem Ende des Stücks.

Weil ich damals einfach nicht fähig dazu war in dem Alter. Wenn ich heute meine eigenen Studenten sehe, wie sollen die denn mit Anfang zwanzig schon eine eigene künstlerische Identität haben? ... Ich habe ja auch ganz andere Sachen gemacht, Stummfilme vertont, Bühnenmusiken für Peter Stein oder Dieter Dorn geschrieben, und ich habe ja auch dreißig Jahre freiberuflich existiert oder die Weisheit des ungesicherten Lebens genossen, wie das bei Alan Watts heißt. Aber in mir ... ich habe Seitenwege beschritten, Irrwege, Umwege gemacht. Wie Gebser geschrieben hat, dass Umwege wichtig seien.

Oder wie Peter Handke sagt: sich entschlossen verirren.

Wunderbar, genau, in diesem Sinn. Nach der Lektüre von *Ursprung und Gegenwart* oder der *Asienfibel*, konnte ich nicht mehr in eine defiziente Situation kippen. Ich saß direkt vor dem Bhagwan, das musst du dir mal vorstellen, in Poona, aber bevor mir diese Frau da die Kette mit dem Bild vom Bhagwan umhängen konnte, da hab ich gesagt: »Nein, ich will nicht.« Und da rief er dann: »I touch you and you will get crazy.« Irgendwie musste ich dabei an Orff denken: »Peter, es gibt ein Licht das leuchtet und ein Licht, das blendet, und das letztere, das ist der Teufel.« Da bin ich schnell wieder raus. Einerseits habe ich gedacht: bist du zu eitel, zu egomäßig, dass du das nicht kannst? Aber andererseits war ich befreit. Keine Sekte, kein Club. Vorbei. Und natürlich die Idee, dass ich auch kein Gebser-Missionar sein will und bin. Als »Säulenheiligen« sehe ich ihn, so habe ich das mal gesagt. Wie auch Nikolaus Cusanus.

Nach dessen Texten du »De Visione Dei« komponiert hast.

Ja, seine Idee der »coincidentia oppositorum« hat ja auch wieder viel mit Gebser zu tun, nämlich mit dem Ineinanderfallen der Gegensätze. Der Kreisel, der sich so schnell dreht, dass er still zu stehen scheint.

Du sagst: Ineinanderfallen der Gegensätze. Wenn wir das als Moment der Entwicklung einer integralen Musik nehmen, wenn es sie denn gibt, wo siehst du integrale Aspekte in anderen Werken, bei anderen Komponisten?

Im »Stundenbuch« und im »Buch der Klänge« von Hans Otte, der den Sprung macht über Zen, womit sich der Gebser ja auch sehr beschäftigt hat. Und in dem späten Orchesterstück von Morton Feldman, »Coptic Light«. Im Grunde genommen bin ich ja mit meinem »Diaphainon« damals nicht fertig geworden, denn den Sprung ins Achronon, den Sprung in die Zeitfreiheit habe ich dem Orchester überlassen, aber das hätte ich auskomponieren müssen. Und bei Feldman, da habe ich das gefunden – das, denke ich, das ist es, so hätte es sein müssen, als klingendes Beispiel. Ich habe später in »Die Lichtung« versucht, wieder daran anzuknüpfen. Das Stück ist von Celibidache uraufgeführt worden, aber bis heute nicht veröffentlicht.

Und wie ist es mit Messiaen, der ja noch weiter zurückgeht, vor die magische, vor die archaische Phase, und mit den Vogelklängen eine Musik integriert, die nicht menschlich oder vormenschlich ist?

Aber ja, natürlich. Und sicher auch bei einem Messiaen-Schüler, bei Gérard Grisey, der zu den so genannten Spektralisten gehört. »Spektraler Klang« deshalb, weil sie sich auf die Obertonreihe beziehen. Das ist für mich einer, der ... also wenn der Gebser das gehört hätte, weiß ich nicht, ob er dann gesagt hätte: »Das ist integrale Musik!« Aber für meine Vorstellungen ist da etwas enthalten, und zwar ein ganz komplexer Klang, z.B. in dem Stück »Modulations« aus dem Zyklus »Les Espaces acoustiques« mit forte, fortissimo und dahinter ist ein leises Obertongebilde, das man nicht hört, aber in dem Moment, in dem der Fortissimo-Klang weg ist, bleibt das übrig und plötzlich ist da eine vierdimensionale Situation.

Wie lassen sich Elemente einer integralen Musik auf Begriffe bringen?

Ich würde von Klangzuständlichkeit sprechen. Mit einem tonalen Zentrum, aber nicht mehr funktional. Etwas Reduziertes. Etwas sich gegenseitig Bedingendes. Gegensätze, die sich auflösen und aus der Zeit fallen. Weil ja die Uhrzeit ohnehin keine musikalische Zeit ist. Das ist genau so, wie wenn ein Kind spielt, dann vergeht eine Stunde wie eine Minute, das kennt doch jeder. In dieser Zeitfreiheit kann Musik das machen. Und bei Luc Ferrari, wieder ein Messiaen-Schüler, gibt es das auch. In seiner »Histoire du plaisir et de la désolation« ist das auch enthalten, und in Vorformen ganz sicher auch in der Gleichzeitigkeit bei Charles Ives, »Three Places in New England«, und in Xenakis' »Metastaseis«. Aber noch wichtiger ist, dass es nicht mit dem Wollen geschieht, nicht mit der Absicht. Ich werde nie vergessen, wie ich John Cage einmal fragte: »Was ist denn das – das Ziel Ihrer Musik? Wollen Sie die Leute verstören?« Und der alte Mann sagte dann nur: »My music is non intention.« Und lacht.[1] Die Frage war dann völlig verflogen. Wie bei einem Koan. Der Vogel singt, die Sonne scheint, die Blume blüht, absichtslos. Da habe ich einmal einen Zen-Meister, den Nagaya, kennen-

---

[1] Das Gespräch mit John Cage fand am 17. November 1987 im Münchner Kulturzentrum am Gasteig statt und wurde für das Kulturjournal des Bayerischen Rundfunks produziert. Ein deutschsprachiger Abdruck findet sich in: Musica Nr. 3 (Mai/Juni 1988), S. 268 ff.

gelernt, bei einem Sesshin ... Ein uralter Mann, um die neunzig, der hatte sehr auffällige künstliche Zähne. Und der hat dieses Koan zitiert, also Vogel singt, Sonne scheint und so weiter ... und in dem Moment, in dem er dann das »absichtslos« sagte – »app-sichs-loss« – in dem Moment fielen ihm die Zähne raus! Und wir alle: Oh ... Das zu sehen, das war wie ein Blitzschlag, wie in der Nacht, als ich das Buch von Gebser zum ersten Mal in der Hand hatte: Das ist es. Eine Erhellung. Absichtslos.

Du sprichst von der Gleichzeitigkeit verschiedener Elemente. Aber ist das dann bereits eine neue Form? Wie entsteht in diesem Sinn eine neue Form? Kannst du das konkreter machen?

Da fällt mir ein Beispiel ein. In einer Kölner Kirche sitzen drei Orchestergruppen. Jede Gruppe spielt ein notiertes Stück, »Three Orchestras« von John Cage. Sie spielen als Gruppe von den Seiten, die immer 45 Sekunden dauern, aber wie die drei zusammen sind, zusammen klingen, das ist jedes Mal anders. Die Leute saßen auf den Stühlen, aber ich bin in der Kirche herumgegangen. Und als die Musiker das Stück noch einmal spielten, war die eine Orchestergruppe schneller bzw. langsamer als die andere. Sie spielten eine Sequenz, aber die war aufgelöst durch das Zusammenspiel. Vorher hatte ich andere Zusammenhänge gehört. Und plötzlich wurde es durchsichtig.

Der Klang wurde durchsichtig?

Ja, das war diaphan. Man wusste, ja, ah, da kommt die Tuba an dieser Stelle, aber beim nächsten Mal, da hatte es sich umgedreht, da hörte man die Tuba an einer ganz anderen Stelle, weil die eine Gruppe jetzt etwas langsamer gespielt hatte als vorher. Das waren drei Zeiten gleichzeitig. Man könnte also sagen, es gab da eine Zufälligkeit, eine vom Free Jazz herkommende Zufälligkeit als Prozedere, aber das Ganze hatte eine Form gefunden, sodass du dir heraussuchen konntest, was du hörst. Du selbst suchst dir einen Weg durch das Orchester.

Ein Klang, in den man hineingehen kann. Ein bewegliches Gebilde.

That's it. Und du bist selbst Teil des Klangs.

Aber wir leben heute ohne Frage in Zusammenhängen, in denen man akustisch permanent überwältigt wird. Anstatt in Klänge hineinzugehen, will man vor den akustischen Belästigungen lieber flüchten. Was hörst du selbst noch, wenn du es dir aussuchen kannst?

Ich produziere zwar selbst Tonträger, aber ich höre doch sehr wenig. Das Schönste ist es fast, Musik innerlich zu hören, die Partitur zu lesen und zu hören. Mir aus dem Lesen vorzustellen, wie es klingen soll. Eben wegen der ständigen Beschallung brauche ich an einigen Tagen im Jahr diese Stille, da fliege ich weg, da habe ich Pinien, die rauschen auf eine gewisse Weise im Wind, und da gibt es die Zikaden und ansonsten nichts. Es ist erst wie ein Schock. Ich brauche richtig Zeit, um in die klingende Stille hineinzukommen. Und ich schaue und höre mir dann zu, wie ich die Stille höre.

Durch deine Funktion an der Hochschule bist du in einer Situation, in der du ständig neue Kompositionen liest und hörst. Vor ein paar Tagen war ich auf einem Konzert eines sehr avancierten Ensembles und es war doch auffällig, wie das Klappern mit den Ventilklappen oder das Greifen in die Klaviersaiten in jedem Stück exzessiv, eigentlich bis zur Lächerlichkeit ausgereizt wurde. Natürlich findet sich das auch im Free Jazz oder bei Keith Jarrett oder bei Lachenmann ...

... wo es ja aber authentisch ist und die andern kupfern es nur ab. Ich würde das eine einäugige, einseitige Betrachtungsweise des Materialfortschritts nennen. Ich bin mit Helmut befreundet, aber er hat wohl noch nicht gemerkt, wie viele kleine Lachenmänner er sich da herangezogen hat. Das ist nicht so leicht. Wir haben eine Szene Neue Musik, die noch fundamentalistischer geworden ist, als sie es früher war. Ich habe das ja mal ganz offen und ehrlich gesagt, das ist ein Club unter sich. Hätte ich nicht tun sollen, denn ich allein ändere die Welt nicht. Daraufhin bin ich von den Redakteuren in den verschiedenen Sendeanstalten einfach gestrichen worden, einfach durchgestrichen. Denn es war nicht nur das, sondern ich habe ja auch etwas verletzt, musikalisch, dass man wieder tonal komponiert, neotonal, heißt es dann immer, oder in einer neuen Einfachheit etwas macht, minimalistisch, gerade auch durch die Begegnung mit anderen Kulturen wie eben der indischen. Es gibt immer noch eine Altavantgarde in Deutschland, die das nicht erträgt. Ein junger deutscher Komponist muss hier die Kackenkratzebürsteklänge machen, sonst gilt er als deutscher Traditionalist. Irgendwer hat auch gesagt, ich imitiere Terry Riley, dabei habe ich für mich selbst repetitive Sachen erfunden zu einer Zeit, als ich keine Ahnung hatte von Terry Riley. Das war eine Art Selbsttherapie. Oder ich sei mit dem Rucksack durch Indien gegangen und hätte die Ragas eingepackt, den Indern ihre Ragas geklaut, so etwas Hirnrissiges. Natürlich hat das Studium dieser Musik meine Sachen mitbeeinflusst, in der Idee des Konzentrischen vielleicht, aber ich weiß genau, was für ein Schatz diese Musik ist, und anstatt indische Sachen zu zitieren, bin ich mittlerweile ein Purist, wenn es um klassische indische Musik geht.

Aber nach wie vor gilt – das Harmonische ist das Böse, das Reaktionäre?

Ja. Man muss es geradezu verstecken, wenn etwas tonal ist. Aber Terry Riley aus Kalifornien oder der Steve Reich aus New York, die dürfen das machen. Mittlerweile, denn am Anfang wurden deren Sachen ja auch als Maschinenmusik denunziert, von Clytus Gottwald, bis der kapiert hat, dass da ein ganz anderer rhythmischer Vorgang ist. Und dass diese Musik ein Bedürfnis war für die Menschen.

Wenn du zurückblickst auf die Zeit mit »Between« oder die Zeit des »Diaphainon« – das sind jetzt mehr als dreißig Jahre. Sind deiner Meinung nach die Voraussetzungen für integrale Ansätze besser oder schlechter geworden? Wie sieht das Umfeld aus?

Ich glaube, dass es heute viel schwerer ist, eine eigene »tone signature« zu finden. Mikrotöne und Geräuschhaftigkeit gehören zum guten Ton. Außereuropäische Musik spielt aber keine Rolle. Im NDR z. B. wird nicht eine Sekunde außereuropäische Musik gesendet.

... obwohl überall von Globalisierung gesprochen wird.

Was aber nur eine Worthülse ist. Natürlich, es gibt überall die interkulturellen Sachen, die Festivals wie in Berlin, da gibt es Gamelan-Musik und so weiter – ja ja, aber die Komponisten haben sich davon bitteschön fernzuhalten! Es ist ja auch einfacher, sich auf ein Pferd zu setzen, wo man sicher sein kann, dass man auch oben sitzen bleibt. Die Musikredakteure wie im Deutschlandradio Berlin, die wissen gar nicht, was sie da anmoderieren und senden ganz andere Sachen als sie ankündigen. Das ist schon peinlich. Dann kann man es auch nicht vermitteln, wenn die verantwortlichen Leute es selbst nicht mehr wissen. Musikethnologie existiert heute nicht mehr, stattdessen werden interkulturelle Sprüche geklopft, aber wir gucken nicht mehr übern Tellerrand hinaus. Wir wollen ja gar nicht so genau wissen, was die Chinesen machen, aber wir erlauben es nicht, dass die Politiker mit dem Dalai Lama sprechen, wenn er nächstes Jahr nach Hamburg kommt. Es geht doch nur um den Airbus und einen schnellen Zug. Aber wir haben keine Ahnung mehr von alter chinesischer Musik und die Chinesen auch nicht. Vor dreißig Jahren ist da etwas gewesen an Bewusstsein, das ist heute völlig weg. Und damit auch Erfahrungen, die nötig wären, um den Eurozentrismus zu überwinden, eben auch auf der musikalischen Ebene. Dadurch dass du weg bist von dir, raus, am Himalaja, in Kalifornien, und dich darauf einlässt, lernst du auch dich selbst kennen. Der Sprung kommt auch nicht einfach so zustande. Das habe ich kapiert, das ist nicht so schnell zu haben.

Was machst du heute? Welches sind deine aktuellen Arbeiten?

Ich habe versucht – wieder eine »coincidentia oppositorum« – aus der eigenen Improvisation heraus Klavierstücke zu schreiben, die heißen »Vom Klang des Lebens«. Das wurde durch die Geburt der Kinder, durch das Erlebnis des werdenden Lebens angeregt. Das sind zwölf Stücke, es sind aber alles »In memoriam«-Stücke. Zufällig war 1992 das Todesjahr von Messiaen und Cage, Miles Davis war Ende 1991 gestorben ... und Roger Woodward hat das jetzt eingespielt. Und dann sind Streichquartette produziert worden, 3. und 4. Streichquartett, wo ich Modi verwende und Mikrotöne ... ich weiß nicht, wie man es genau nennen soll.

Wird man dir da wieder vorwerfen, dass es zu harmonisch ist?

Nein, diesmal nicht, das kratzt schon mehr. Dann habe ich eine 2. Sinfonie nach dem »I Ging« geschrieben, »Die Auflösung«, mit großem Chor. Da habe ich zwei verschiedene Texte, original tibetische und den 150. Psalm »Alles, was Odem hat«. Da habe ich das Glück, dass die 2008 in München aufgeführt wird. Und ich arbeite an einem Opernprojekt, oder vielleicht besser Musiktheaterprojekt, mit Ronald Steckel, über Nahtod-Erfahrungen.

Über NATO-Erfahrungen?

Nahtod! Ha! Klasse ... nein . . Das wurde ausgelöst durch Intensivstationsgeschichten, durch das Sterben meiner Eltern und meines besten Freundes Stranz, dieses lange Dahingehen mit sechzehn Kabeln und diese Reanimationsgeschichten. Da gibt es viele Berichte, in denen sich immer die gleichen Muster wiederfinden, von Bergsteigern oder Leuten, die klinisch tot waren und dann zurückgeholt wurden. Darüber möchte ich etwas machen. Am besten mit achtzig Statisten im Rollstuhl.

Also Living Theatre?

Ja, in dem Sinne. Mit Krankenschwestern, alles in einer Klinik oder im Altenheim. Aber nicht mehr mit Vorhang auf und Orchester im Graben und so, sondern völlig offen.

Das Interview fand im Dezember 2006 in Hamburg statt. Zeitgleich veröffentlicht in: Neue Zeitschrift für Musik (4/2007). Schott's Söhne 2007. Der Abdruck erfolgt mit freundlicher Genehmigung von Michael Rieger.

Siegfried Mauser
Musik als Bewusstseinsprozess
Zur Ästhetik von Peter Michael Hamel

Peter Michael Hamel mit Siegfried Mauser

Komponisten, die vieles und wortreich zu ihrer Ästhetik äußern, müssen langfristig damit rechnen, in Verteidigungsposition zu geraten. Die vermeintliche Klärung fördert häufig in gleichem Maße Missverständnisse: Ob sie glorifizierende Apologien oder feindselige Kritiken hervorruft, der Kommentar droht in der Rezeption nicht selten in sein Gegenteil umzuschlagen.

Der Autor ist dann in die unangenehme Rolle des rastlos Kommentierenden gezwungen, der Übertreibungen und Unterstellungen gleichermaßen abzuwehren hat, um auch nur halbwegs den unvoreingenommenen Zugang zum Werk sicherzustellen.

Peter Michael Hamel, der nicht nur in seinem weit verbreiteten Buch *Durch Musik zum Selbst* (überarbeitete Ausgabe: Bärenreiter 1980) weitläufig Stellung zum eigenen Komponieren nimmt und dieses systematisch und historisch in einen breiten Kontext einbindet, sieht sich zusehends mit einer derartig problematischen Situation konfrontiert. Da seine Ausführungen in vielen Punkten mit der modischen Esoterikwelle der 70er-Jahre zeit- und deckungsgleich schienen, ereilte ihn schnell das Klischee des New-Age- und Meditationskomponisten, der sich schärfstens von der primär rational orientierten Avantgarde der europäischen ernsten Musik absetzt und eine intuitive Musikkultur als Alternative bietet. Dementsprechend diagnostizierten weite Kreise der Neuen-Musik-Szene bei Hamels »Musik aus dem Bauch« schwerwiegende Verluste an struktureller Dichte und formaler Stringenz – ohne sich allerdings der Mühe eines konkreten Nachweises auszusetzen. Damit geriet der Komponist in einen Sog, der den geschlossenen, weiträumigen disponierten Werkverläufen z. B. des umfangreichen Klavierstücks »Zeit der Steine« (1987) oder der sechsteiligen Sinfonie »Die Lichtung« (1987/88) nicht mehr vorurteilslos gerecht zu werden droht.

Vor allem das Klangbild der kollektiven Improvisationsgruppe »Between« – ihre Einspielungen erschienen kürzlich erneut –, die in den 70er-Jahren einen enormen Erfolg verbuchen konnte, wurde vorschnell mit dem Idiom des Komponisten Hamel gleichgesetzt, der dieses auch bemerkte: »Between‹ hat zwar einen großen Namen bekommen, hat aber meine Identität als Komponist erschwert ...« (aus einem nicht publizierten Interview des Jahres 1987). Zusätzlich schrieben das emphatische Rekurrieren auf Gemeinsamkeiten mystischer Traditionen der westlichen und östlichen Welt, das daraus abgeleitete Konzept einer kulturübergreifenden Weltmusik, die sich auf die naturgegebenen Normen einer obertonorientierten Klanglichkeit beruft, sowie die ersten kompositorischen Realisierungen in »Dharana« (1972) oder »Samma Samadhi« (1972/73) ein bestimmtes Hamel-Bild nachhaltig fest, dem der Geruch oberflächlicher Adaption anhaftete. Die einseitige Fixierung belastet zusehends, da spätestens seit der Oper »Ein Menschentraum« (1979/80) die Elemente mystischer Intuitionsästhetik zurücktreten und strukturell-konstruktive Verfahren verstärkt hervortreten.

Während die Begriffe Meditative Musik – »Seit Meditation in Mode ist, hat der Begriff Meditative Musik kaum noch Konturen« (*Durch Musik zum Selbst*, S. 157) – New-Age-Sound – »Das seichte New-Age-Ding ist in jedem Fall abgelaufen« (aus einem Interview in: Flensburger Hefte 1987, S. 57) –, ja selbst die weiterhin hochverehrte Minimal Music eines Terry Riley oder Steve Reich zusehends distanziert und selbstkritisch kommentiert werden, tritt jetzt der Begriff der »integralen Musik«, den er dem Werk des Schweizer Kulturphilosophen Jean Gebser entlehnt, zusehends in den Mittelpunkt der hamelschen Ästhetik. Dieser Begriff zielt auf eine Vermittlung zwischen rationalen und vorrationalen Bewusstseinsprozessen, deren scharfe Trennung auf einem kulturgeschichtlichen Missverständnis beruht, das es innerhalb einer erneuten Bewusstseinswandlung aufzuheben gilt. Ergebnis könnte dann eine musikalische Erfahrung sein, die sich als ganzheitlicher Bewusstseinsprozess erfüllt – »Musik aus dem Bauch« verwirklicht sich als »Musik im Kopf« und umgekehrt, die künstliche Polarisierung zwischen intuitiver Klanglichkeit und rationalem Strukturbild würde hinfällig. Derartige Tendenzen verfolgte Hamel bereits in Werken wie »Integrale Musik« (1975/76) oder »Gestalt für Orchester« (1980), verstärkt in den Arbeiten der letzten Zeit, die generell »rauer, weniger glatt« ausfallen als die vorangegangene Produktion.

Eine weitere bedeutsame Komponente der hamelschen Musik ist ihr jederzeit intendiertes soziales Engagement. Neben der Versöhnung von Struktur und Intuition, Rationalität und Mystik beschäftigten ihn kompositionstechnisch besonders die Möglichkeiten einer Integration spiritueller Musikalität und politischer Wirksamkeit. Entscheidend geprägt durch die Generation der 60er-Jahre sucht Hamel eine erlebbare Prägnanz der »politischen Implikationen kontemplativer Musik«, die er vor allem in seinem Werk für Musiktheater »Kassandra« (1987), einer Art mahnendem Lyrodram nach Gedichten von Erich Arendt, auf den Begriff zu bringen trachtete. Das ästhetische Konzept der Integration bezieht die gesellschaftliche Dimension als zwangsläufigen Träger intuitiver wie rationaler Welterfahrung mit ein; der intendierte ganzheitliche Bewusstseinsprozess als Ziel der musikalischen Erfahrung kann sich nicht außerhalb sozialer Bedingtheit ereignen.

Innerhalb der musikalischen Parameter muss, nach Hamel, primär die strukturell eingesetzte Klangfarbe zum Hauptträger einer möglichen integralen Hörerfahrung werden: »Die Wiederentdeckung der Klangfarbe als Träger des Seelischen«, … »ihre spezifischen Wirkungen auf den Hörer ermöglichen eine Begegnung mit dem kollektiven Unbewusstsein« (*Durch Musik zum Selbst*, S.144 f.): »Die suggestiven Kräfte der musikalischen Schwingungen sind immer der Klangfarbe zuzuordnen.« Klangfarbenorientierte Musik beinhaltet zugleich Aspekte »intellektuellen Rationalismus'« und »technischer Konstruktion«, ist somit als zentrale kompositionstechnische Kategorie zur Schaffung integraler Werkcharaktere geeignet. Ergebnis dieser ästhetischen Überlegungen sind in Hamels Musik häufige und weitgespannte Klangfarbenräume mit vielfach abgetönten und differenzierten Binnenstrukturen. Ihre meist ostinat ausgeschrittenen Vibrationsfelder kehren Fläche und Farbe nach außen und evozieren zumeist einen statischen, auf die Modellierung des klanglichen Einzelereignisses gerichteten Hörvollzug. Zeitaufhebung und Farbwahrnehmung werden zu Kehrseiten derselben Münze; sie intendieren eine gelöste Wachheit, in der geistiger Nachvollzug und intuitive Sinnlichkeit zusammenfallen. Trotz aller ästhetischen Überlegungen weiß Hamel jedoch, dass das vollkommene Gelingen integraler Werkkonzeptionen und entsprechender Hörerlebnisse letztlich ein unerreichbarer Idealtypus bleibt, ein Ziel, dem sich der Komponist antiregressiv und jenseits oberflächlicher Klischees von Werk zu Werk anzunähern trachtet.

Leicht überarbeitete Fassung eines Programmheft-Textes für das Schleswig-Holstein-Musikfestival 1988. Der Abdruck erfolgt mit freundlicher Genehmigung von Prof. Dr. Siegfried Mauser, Rektor der Hochschule für Musik und Theater, München.

Philosophisches / Spiritualität
Peter Michael Hamel
Ein neuer Ton: Musik der Dauer – Musik der Stille

Beim Thema Lob und Leid der Schöpfung denke ich in erster Linie an die drohenden und bereits voll wirksam hochgelobten, aber leidvollen Neu-«Schöpfungen», die in unserer Industriegesellschaft mittels der Musik Anwendung finden: Mechanisierung, Kategorisierungssucht, Einordnungswahn, Katalogisierungswut, Zuordnungsfetischismus, Kästchendenken, Material-Fortschrittsdenken, Technologiehörigkeit, Muzak-Verkabelung.

Wir sind umgeben, eingekesselt, überschüttet mit Klängen und Geräuschen. Nirgendwo mehr Stille, nichts mehr von Dauer. Im Radio, Auto, Wartezimmer, Flugzeug, Kabel-TV, Aufzug, Restaurant, Kaufhaus, Supermarkt und WC »hören« wir leichte Musik, Unterhaltungsmusik, Schlagermusik, Opern- und Operettenmusik, Musical- und Tanzmusik, ernste Kammermusik, Orchestermusik, romantisch, klassisch barock, alte Musik, frühe Musik, geistliche, neue, virtuose, »schöne«, avantgardistische, elektronische, volkstümliche, Pop-, Rock-, Marschmusik. Wir werden berieselt und beschossen von Musik. Von Musik? Beim Autofahren, Einkaufen, Essen, Feiern, Unterhalten, Aufstehen, Einschlafen, Frühstücken, Lieben, Telefonieren usw. Hören wir Musik? Fast nie! Aber sie läuft ... im Fernsehen, Kino, Lokal, Büro, Arbeitsplatz, Fußballplatz – immer läuft Musik, und wir nehmen sie nicht mehr wahr. Sie ist Kulisse geworden, unbewusste Konditionierung, mechanischer Hintergrund des Alltags: ein ruhiger Kirchenraum als rettender Ort!

Carl Maria von Webers Klage von 1802 (!) ist heute berechtigter denn je: »Die Zeiten werden schwieriger für den Komponisten; es wird jetzt zu viel Musik gemacht; das Publikum ist von Jugend auf zu sehr an sie gewöhnt, die Reizbarkeit dafür geht immer mehr verloren. Dasselbe Tonstück, das sie heute unbewegt lässt, weil ihr Ohr ganz tonsatt ist, würde sie sehr ergreifen, wenn sie ein Jahr über gar keine Musik gehört hätten.« Klassische Musik wird inzwischen produziert für ein bestimmtes Publikum, das die Opernarien und Solokonzerte schon kennt, Rockmusik wird produziert für ein bestimmtes Publikum, das die einschlägigen Gruppen schon kennt. Der Hörer ist im Allgemeinen kaum in der Lage, seine Musik-«Klassenzugehörigkeit« zu verändern. Selbst klassisch-ernstseriöse Musik wird nicht selten nur aus kommerziellen Gründen veröffentlicht, Marketing und Werbestrategien unterscheiden sich in nichts von der Unterhaltungsindustrie. Der Zwang zur Wirtschaftlichkeit solch eines Schallplatten-Unternehmens verbietet es geradezu, Musik aus künstlerisch-idealistischen Gründen zu publizieren, auch bei geistlicher Musik ist das nicht immer anders.

Der größte Prozentsatz der zivilisierten Bevölkerung nimmt Musik nicht oder nicht mehr bewusst wahr. Auch die Mehrzahl der Kirchgänger registriert die Begleitmusik einer Messe überhaupt nicht mehr. Weder im Kaufhaus noch im Restaurant wird die akustische Kulisse wahrgenommen, auch nicht oder gerade nicht, wenn sie besonders laut ist. Sie wirkt dann unterschwellig, manipuliert Kauf- oder Esslust ...

Unser Ohr, nicht nur das der Walkman-Hörer ist geschädigt, der Umweltkrach macht unser Gehör unsensibel und stumpf, von Hörsturz, Gehörtrauma, Geräuschhalluzinationen und von physiologisch messbaren Hörschäden einmal ganz abgesehen.

Andererseits, oder vielleicht gerade deshalb, hat sich eine Supertechnik der Wiedergabe von Musik entwickelt: Stereophonie, Kopfhörer, High Fidelity, Kunstkopf, Digital-Audio-Tape, Compact Disc – ein Riesenmarkt an Tonbandgeräten, Schallplatten und Kassettenrekordern existiert. Wir hören Massen von Musik, aber hören sie, wenn überhaupt, in fixierten, werbe- und industriefreundlichen Kategorien. Unsere Hörerfahrung ist dermaßen konditioniert, dass Töne außerhalb des Ohres wahrgenommen, als Bilder oberflächlich registriert oder mit vorgeformten, bildungsmäßig vorfabrizierten Gefühls- und Stimmungsinhalten identifiziert werden. Wir kennen die Art der Erkennungsschablonen oder den Stil der bevorzugten Musikrichtung meist ziemlich genau, benennen diese und geben uns damit auch gleich einen gesellschaftlichen Standort. »Ich bin eben für Rockmusik«. – »Wissen Sie, am meisten liebe ich Beethovens Siebente.« – »Also, den Udo höre ich doch am liebsten«. Kein Zweifel, jeder »hört« seine Musik, kennt sich mehr oder weniger aus, hat den Wiedererkennungsgenuss, den Interpretationsvergleich und verbindet mit den gehörten Stücken gewisse emotionale, mentale und auch unbewusste Assoziationen. Der Charakter der Tonwelt, mit der wir uns identifizieren, kann oft identisch mit dem eigenen inneren Stimmungszustand sein, Musik, du holde Tröstern ... So fristet »neue«, zeitgenössische, experimentelle und avantgardistische Musik, mit der Notwendigkeit apperzeptiven, »gehirntätigen« Hörens immer noch ein Schattendasein. Die Furcht vor Dissonanz und scheinbarer Zusammenhanglosigkeit schafft nach wie vor unüberwindliche Barrieren. Da bleibt es bei den wenige Hunderte zählenden Fähnchen der Aufrechten pro Großstadt, die allerdings in ihrer »avancierten Abgehobenheit« gerne unter sich bleiben. So konnte in solchen Kreisen manche totalitäre fundamentalistische Materialfortschritts-Doktrin gedeihen, der ästhetische und ethische Wert eines Kunstwerkes bestimmte sich dann einseitig aus der Betrachtung der angewandten Mittel. Industriefreundlich (und nicht selten ökologiefeindlich) wurde solch Materialfortschritt insgeheim konservativ untermauert (IRCAM, IGNM).

Da sehe ich wenig von dem, sich weiterentwickeln, was in der Aufbruchstimmung einer Bewusstseinsintensivierung vor 25 Jahren geahnt und proklamiert wurde. Was damals als repetitive Musik, später als »minimal« abklassifizierte Bewegung aufkam, war immerhin ein faszinierender Versuch, organisches Wachsen, inneres Atmen, archetypisches Erfahren und magisch-mythisches Erleben in die konstruktivistisch erstarrte, eurozentrisch begrenzte Kopfmusik der Nachkriegsneutöner wieder einzubringen. Und in der modernen Konzertmusik der 70er-Jahre gab es die Hinwendung zu größerer Verständlichkeit, zu einer tieferen aber unangebiederten Kommunikation mit dem Hörer, den Trend auch zur expressiven Sinfonik als notwendig gegenläufige Bewegung zur Empfindungs- und Gefühlsskepsis Neuer Musik in den 50er- und 60er-Jahren.

Dennoch haben sich im Bereich der modernen E-Musik, der Jazz- und Rock-Szene die vielen Visionen und Konzepte von »Weltmusik« und »new simplicity« von »ganzer Musik« und »neuer Tonalität« nicht eben durchgesetzt. Gerade jetzt werden sie von den Fundamentalisten einer ehemaligen kritischen Avantgardeszene als Vorläufer der »Postmoderne« abqualifiziert. Unser Kästchendenk- und Kategorisierungsdrang teilt Musik weiterhin säuberlich ein in Jazz und Pop, Ernstes und Unterhaltendes, Pures und Traditionelles, aber auch »bedenklich Verschwommenes«, »stilistisch Uneinheitliches«, weil nicht Einteilbares. Ganzheitliches, »integrales« Hören, Denken, Musizieren und Komponieren wurde schnell zum Randgebiet erklärt, Trittbrettfahrer nivillierten den Anspruch und der Popanz »New Age« vermochte manche Abwehr vor einem »neuen Ton« zu aktivieren.

Die übergeordnete Idee

Im Herbst 1972 machte ich die erste Bekanntschaft mit den Schriften des Schweizerischen Kulturphilosophen Jean Gebser, der in seinen Hauptwerken *Abendländische Wandlung* und *Ursprung und Gegenwart* für eine Bewusstseinswandlung plädierte, die ihm in unserem Zeitalter als dringend notwendig erscheint:

»Heute steht das rationale Ich-Bewusstsein, dessen stärkste Waffe die technische Atomspaltung ist, vor einer katastrophalen Situation des Versagens – und deshalb könnte es durch ein neues Bewusstsein überwunden werden. Indem wir zu den Wurzeln der menschlichen Entfaltung zurückgehen, um von dorther alle Strukturen des Bewusstseins zu betrachten, wird sich uns nicht nur unsere Vergangenheit, nicht nur der gegenwärtige Augenblick unseres Daseins enthüllen, es wird sich uns auch der Blick in die Zukunft erschließen, jener Blick, der uns mitten im Zerfall unserer Epoche schon die Züge einer neuen Wirklichkeit sichtbar macht. Ein *Neuer Ton*, eine neue Sicht wird dort wahrnehmbar werden, wo wir heute nur Schrei und Dissonanz zu hören glauben.« (Gebser: *Ursprung und Gegenwart*, Schaffhausen: Novalis Verlag.)

In den beiden letzten Jahrzehnten wurde von einigen Komponisten deutschsprachiger Länder versucht, Gebsers Konzeption der verschiedenen Bewusstseinsstufen – archaisch-magisch, mythisch, mental, integral – in eine musikalische Sprache zu übertragen. Der Sprung in eine integrale Bewusstheit beruht nach Gebser auf der »diaphanen«, d. h. durchscheinenden Gleichzeitigkeit der magischen, mythischen und mentalen Bewusstseinsanteile im Menschen. Auf die Tonwelt übertragen bedeutet das für mich eine ganzheitliche Vereinigung des körperlich-magischen Hörens, des seelisch-mythischen Erlebens und des mental-strukturellen Erfassens. Einer magischen Hör- und Seinserfahrung, die dem Medium Klang mittels des Ohres ohnehin eignet, entsprechen alle rhythmischen Urformen, das Trommeln, abgrundtiefe Gesänge mit »gesplitterter« Oberton-Stimme, der Schamanenbogen. Zum mythischen Erleben können wiederum einstimmige, modale Skalen und ihre heterophone Entwicklung in Persien, Arabien, Indien und Indonesien gezählt werden, aber auch antike und frühchristliche Musik. Und aus dem mental-rationalen Bewusstsein schließlich resultieren – analog der Entwicklung der Perspektive in der Malerei – die Mehrstimmigkeit, der Kontrapunkt, aber auch funktionale Harmonielehre, Dodekaphonie, Serialität und alle Errungenschaften der Avantgarde dieses Jahrhunderts.

Den Sprung in eine integrative Bewusstheit, zu einem integralen, ganzheitlichen Hören, Musizieren und Komponieren muss jeder Einzelne freilich selber »leisten« (besser: »zulassen«). Es geht hier um ein selbstverständlich untrennbares Sowohl-als-auch von Kopf, Herz und Bauch. Leicht gesagt ... Schon das Durchbrechen historischer oder ethnozentrischer Begrenzungen lässt jemanden mit einer ganzheitlichen Haltung jede Menge Vorurteile und Abwehrstrategien sich einhandeln. Die Offenheit für den multikulturellen Dialog, die schöpferische Begegnung mit der Kunst anderer Kulturen, etwa Alt-Indiens, wird leichtfertig des neokolonialistischen Denkens verdächtigt, und das Wort »Integrierung« erhält wieder den Beigeschmack von Aneignung. Dabei studierten viele europäische und amerikanische Musiker solche ethnischen Kulturen auch, um diese durch westlichen Industrialisierungseinfluss von der eigenen »primitiven« Kultur Entfremdeten an ihre im Schwinden begriffenen Schätze zu erinnern. Vorläufer einer Universalität im Musikalischen waren in den 30er-Jahren der französische Komponist Olivier Messiaen, der in seinen frühen Orgelwerken südindische Rhythmen einarbeitete, und der Amerikaner John Cage, der sein Klavier so präparierte, dass Klangwirkungen ethnischer Kulturen assoziiert werden konnten. Wir wollen diesen beiden, zu den Größten dieses Jahrhunderts zählenden und beide 1992 verstorbenen Komponistenkollegen gedenken.

1970 berichtete schon Karlheinz Stockhausen bei den Darmstädter Ferienkursen Folgendes: »Wir haben ganz stetig das Handwerklich-Rationale des Musikmachens in nie gekanntem Maße für das Intuitive geöffnet (und ich schreibe dies, nachdem ich in Spanien, Indien, Mexiko authentische Improvisationsmusik erlebt habe und gerade von längeren ›Hör-Expeditionen‹ in Bali, Japan und Ceylon zurück bin) ... Der krasse Dualismus zwischen ›alt‹ und ›neu‹, ›traditionell‹ und ›modern‹, ›primitiver Musik‹ und ›Kunst-Musik‹ – ja, auch ›asiatischer‹ und ›europäischer‹ Musik ist aufgelöst worden. Was heute der beherrschende Ton der Musikkritik und die Meinung der meisten Komponistenkollegen ablehnt (mit jenem bedauernden Unterton: ›Er ließ sich von irrationalen, fernöstlichen-japanischen, indischen Ideen beeinflussen ...‹) wird sich als eines der wichtigsten Ereignisse herausstellen: der Beginn einer wirklichen ›Symbiose‹ europäischer, asiatischer, afrikanischer und südamerikanischer Musik.«

Dieter Schnebel, der experimentelle Komponist, der selbst als evangelischer Theologe einer spirituellen Musik im Sinne Stockhausens eher distanziert gegenübersteht, formuliert dagegen 1972: »Die neue Musik hat sich mit mancherlei Exotischem, zumal aus dem östlichen Asien, angereichert: andauernde Klänge, denen nachzuhören ist, unbekannte Instrumentalfarben, Zitate der fernen Musik, Improvisationspraktiken, fremdartige Aufführungsrituale, Musik aus anderem Geist und andere Philosophie der Musik ... Was jedoch selbst in der universeller gewordenen Musik noch aussteht, ist die Musik der Welt. Sie bedürfte vor allem der Anstrengung, das Fremde und Eigenartige der vielen Arten exotischer Musik zu erfahren – und das hieße: sie wirklich kennenlernen« (aus dem Weltkulturen-Katalog der Münchner Olympiade).

Musik der Dauer – Musik der Stille

Damit das heute Entstehende an Kompositionen nicht im isolierten, ausgegrenzten Expertenkreis unter sich ausgehandelt wird, wäre die innere und äußere Friedenslosigkeit als Hauptbedrohung unseres Daseins der für mich entscheidenste Impuls. Der tönende Aufschrei, die Anklage, das Aufrütteln und auch die plötzliche Pause, das Nichtsmehr – wird denn das vom uneingeweihten Zuhörer überhaupt noch als musikalische Aussage wahrgenommen? Erreicht denn unsere tönende Botschaft ein lauschendes Ohr noch und macht es womöglich mitbetroffen? Was wird denn vom aufgeschlossenen Zuhörer zeitgenössischer Musik noch als sinnlich relevant akzeptiert? Was wird erwartet? Müssen die Komponisten mit ihrer Arbeit, ihrem Schaffen nicht stets über den Musikbetrieb hinausreichen? Wird dieser nicht gerade von der etablierten Avantgarde bedient? Auch und gerade in den Bereichen kirchengebrauchsmusikalischer »Moderne«? Aber was lässt sich mit Musik denn überhaupt bewegen, bewirken? Werden nicht meist nur diejenigen angesprochen, die es sowieso schon wissen oder zu wissen glauben? Und lässt sich Musik überhaupt mit Worten und Definitionen vermitteln, ist sie nicht nur jenseits des Denkens erfahrbar, wie Sergiu Celibidache in seinen Phänomenologie-Vorlesungen betont: »Wer Musik in sich selbst erlebt hat, sagt nur: So ist das.«

Der bedrohte Frieden als musikalisches Programm – wie verschieden doch die klanglichen Aussagen sind: bruitistische Kraftakte, elektronische Aufschreie, aber auch leise Verzweiflung, Stille, Trauerarbeit, Verstummen. Ein »neuer Ton« hinter der Musik der Stille und der Musik der Dauer? Erst in der Stille, in hörbarer Stille, wäre der Mensch in der Lage, seelischen Abgründen standzuhalten, Urvertrauen wieder zu erspüren, seinen inneren eigenen Ton zu erfahren. Erst in der Stille sind wir in der Lage, Töne wahrzunehmen, die Luigi Nono »schweigende Gesänge« nannte, »aus anderen Räumen, aus anderen Himmeln, um auf andere Weise die Hoffnung nicht fahren zu lassen.«

»Musik der Dauer« und »Musik der Stille« – mögen sie erklingen als subversiver Beitrag gegen die horrende akustische Um- und Innenweltverschmutzung, gegen Muzak-Entmündigung und Medien-Kabel-Inflation! Und mögen die rettenden Orte offen stehen – die atmenden Kirchenräume, in deren Stille dieser »neue Ton« in jedem Einzelnen erklingen könnte.

Leicht gekürzte Fassung der Künstlerrede zum Aschermittwoch 1998. Zuerst veröffentlicht in: »Die ungleichen Brüder«. Künstlerreden zum Aschermittwoch. Hrsg. von Pater Georg Maria Roers. München: Verlag Sankt Michaelsbund 2005.

Peter Michael Hamel
Musik als Träger spiritueller Erfahrung

Konzentriere dich auf den kosmischen Laut – das tiefe Summen zahlloser Atome, das auf der empfindsamen rechten Seite des Kopfes ertönt. Das ist die Stimme Gottes. Fühle, wie sich der Laut über das ganze Gehirn ausbreitet. Höre sein ununterbrochenes rhythmisches Rauschen. Jetzt höre und fühle, wie er in die Wirbelsäule strömt und die Türen des Herzens aufsprengt. Fühle, wie er in jedem Gewebe, jedem Nervenstrang, jeder Empfindung widerhallt. Jedes Blutkörperchen und jeder Gedanke vibriert im rauschenden Meer dieser Schwingung.

Beobachte, wie sich der kosmische Laut weiter ausdehnt. Er braust durch Körper und Geist und dringt in die Erde und die sie umgebende Atmosphäre. Und du bewegst dich mit ihm in den luftlosen Äther und in die Millionen stofflicher Universen hinein.

Meditiere über die endlose Ausdehnung des kosmischen Lautes. Er hat die stofflichen Welten hinter sich gelassen und jene feinen, leuchtenden Strahlen erreicht, aus denen die ganze Materie aufgebaut ist.

Nun mischt sich der kosmische Laut unter Millionen vielfarbiger Strahlen. Er hat die Gefilde kosmischer Strahlung erreicht. Höre, schaue und fühle, wie sich kosmischer Laut und ewiges Licht umfangen. Jetzt dringt der kosmische Laut in den feurigen Kern kosmischer Energie, und beide verschmelzen im Meer kosmischen Bewusstseins und kosmischer Freude. Der Körper löst sich im Universum auf. Das Universum zerschmilzt in der lautlosen Stimme. Der Laut zerschmilzt im alles erleuchtenden Licht. Und das Licht geht in den Schoß der unendlichen Freude ein.«
Paramahansa Yogananda: Meditationen zur Selbstverwirklichung

»Der Musiker muss der Leere, dem Schweigen anhängen. Dann treten die Schallereignisse von selber in ihr Dasein. Damit jeder Ton der Buddha werde.«
John Cage

1

Im extremsten Zustand des psychischen Zusammenbruchs,
im extremsten Zustand selbstzugefügter Psychose,
im extremsten Zustand des Ich-Verlusts, der Todesangst:
Da öffnet sich manchmal die große Tür –
für den ewigen Augenblick –
das reine Sosein –
manifestiert in einem sphärischen Klang–
manifestiert in klingender Stille –
der Ur-Ton des ewigen Jetzt.
Allzuschnell kehrst du zurück
ins Reich der Dualität, des Vergleichs,

des Wertens und Messens,
des Haltenwollens und Fassenwollens:
»Kann ich vielleicht ein paar Strahlenpartikel hinüberretten?«
»Gibt es Strukturen und Gesetze für diesen Ur-Ton?«
»Gibt es Fassbarkeit, Fasslichkeit für diesen All-Klang?«
Das Wissen um die Sphärenharmonie liegt weit zurück,
verschollen, geheimsektiererisch verschüttet.
So gehen wir auf die Suche, oriente lux.
Wir entdecken Tibets tiefe archaische Gesänge,
den Mythos indisch-persischer Tonreihen,
die chinesisch-japanischen Klangfarben der Stille,
die indonesischen Orchester und die afrikanischen Trommeln.
Überall klingt dort der innere Ur-Klang auf,
wenn man die Quellen findet und sich loslässt.

2

Die Erfahrung mit außereuropäischer Musik war schon den ersten mystischen Musikern des beginnenden 20. Jahrhunderts zugänglich: dem Russen Alexander Skrjabin mit seinen mystischen Tonskalen, den Exotikern Debussy und Ravel und den skurrilen Rosenkreuzern Jos. Matthias Hauer und Erik Satie, um nur einige zu nennen. Und später war es John Cage, der 1938 die Saiten des Klaviers »präparierte«, um den Klang afrikanischer Perkussion zu imitieren. Schon 1939 verwendet dann der große französische Komponist Olivier Messiaen in seinem Orgelwerk »Les Corps Glorieux« indische Rhythmen und Ragas, und Karlheinz Stockhausen bezieht in seinen Kompositionen »Monophonie« und »Stimmung« das Obertonsingen der Mongolen mit ein, als sogenannte Spektralharmonik: Nur eine einzige Oberton-Skala wird 75 Minuten lang in reiner Stimmung gesungen, und innerhalb jedes dieser Stimmtöne ist die ganze Harmonik auf den – mit besonderer Vokaltechnik hervorgehobenen – vertikalen Teiltonverhältnissen im Vokal (vom 2. bis zum 24. Teilton) aufgebaut.

In den 60er-Jahren finden dann die ersten Konzerte mit westlicher Meditationsmusik statt. Sie werden ausgeführt von den Amerikanern La Monte Young und Terry Riley, die beide den gleichen musikalischen Lehrer haben, den indischen Khyalsänger Pandit Pran Nath. La Monte verwendet in seinen mehrstündigen Versenkungen einen vom Sinusgenerator hergestellten Grundklang, zu dem er nur die einfachsten Intervalle singt (Quinte, Quarte und Oktave). Die »ewige Einförmigkeit« findet zumeist in seinem »Dream House« statt, einer Räumlichkeit, die in rot-bläuliches Licht getaucht ist und in welcher Dia-Environments seiner Frau sich in Zeitlupe verändern. La Monte schrieb dazu 1964: »Diese Häuser werden uns eine Musik ermöglichen, die nach einem Jahr, zehn Jahren, hundert oder mehr Jahren ununterbrochenen Klingens nicht nur ein lebendiger Organismus mit eigenem Leben und eigener Tradition sein, sondern sogar die Fähigkeit besitzen würde, sich durch eigene Kraft vorwärts zu treiben. Diese Musik könnte Tausende von Jahren ohne Unterbrechung spielen ...«

Terry Riley benützt für seine Meditationsmusik zumeist mehrmanualige Orgeln, auf denen er unendlich oft zu wiederholende modale Figurationen spielt. So hat er typische Motive entwickelt, die er wahlweise in der rechten oder linken Hand immer wieder repetiert, bis es die Hände sozusagen von selbst tun. Er »lässt sich spielen« und benützt gregorianische Skalen (phrygisch, mixolydisch etc.) oder die Tonreihen der indischen Ragas. Zu seinem Stück »The Persian Surgery Dervishes« schreibt er: »Die ersten Aufführungen bestanden aus endlosen Wiederholungen verschiedener Muster. Dies erweckte den Eindruck, als ob sich Sätze verschiedener Länge gleichzeitig in ihrem Zyklus wiederholten. Bei dieser Art von Musik ist es wichtig, dass beide Hände alle Sätze spielen können, sodass Kombinationen spontan gemacht werden können. Diese kurzen Sätze erzeugen eine solche Energie, dass mit ihrer Hilfe große Improvisationsteile über dem bestehenden Muster in Gang gebracht werden.« Terry Rileys Musik befruchtete und inspirierte eine ganze Anzahl amerikanischer und europäischer Musiker der Avantgarde-, Pop- und Jazzmusik.

Auch in der Jazzmusik-Szene trennten sich einige Musiker ab, um ihrer eigenen spirituellen Entwicklung akustisch gerecht zu werden. Schon 1964 veröffentlichte der bekannte Jazzklarinettist Tony Scott die Schallplatte »Music for Zen-Meditation (and Other Joys)«, auf der er ein westliches Auditorium erstmals mit der zenbuddhistischen Koto-Musik Japans konfrontierte. Für viele war dieser etwas kitschige Versuch der wichtige erste Einstieg in eine westliche spirituelle Musik.

Dann entdeckten 1966/67 die Beatles Indien, die Meditationsmethode des Guru Maharishi Mahesh Yogi und den Sitarspieler Ravi Shankar. Der Publicity-Effekt dauerte nicht länger als ein paar Monate, und doch – viele haben damals für sich etwas entdeckt (wenige freilich im Vergleich zu den kommerziell sich lohnenden Massen). Einige wenige Musikstücke mit »Indientouch« der Beatles und anderer Gruppen blieben, und wenig gute klassische indische Musik ging in die Schallplattenvertriebe. Bereits die süßliche Indien-Adaption des »Taj-Mahal-Flötisten« Paul Horn oder die beiden großartigen Schallplatten der englischen Gruppe »The Ear Band« waren wieder »Insider«-Tipps. Meditation war nicht mehr »in«, meinten die Produzenten, die Begegnung mit außereuropäischer Musik und Kultur wirkte jedoch im Stillen weiter.

Anlässlich der Olympiaausstellung »Weltkulturen und moderne Kunst« in München 1972 schrieb dann Dieter Schnebel, einer der bedeutendsten neuen Komponisten: »Östliche Tendenzen verdeutlichen die Abweichung von der westlich-kapitalistischen Kultur. Die Abwendung von der ›westlichen Weltanschauung‹ mochte mit den zunehmend unerträglichen Widersprüchen im Spätkapitalismus der Industrieländer zu tun haben ... Musik wird nun dadurch in einen Zustand ständiger Regeneration versetzt, dass die Ausführenden kurze Motive repetieren und zugleich geringfügig variieren. Es entsteht ein andauernder und irisierender Klang, der sich allmählich ändert, ohne dass sich seine Substanz wandelt.« Und Walter Bachauer, der die Musikfestivals in Berlin organisiert, schrieb ebenfalls 1972 in einer Einführung: »Das Beispiel der Konzentration eines Kollektivs auf die Suggestionen asiatischer Solisten kann für die jüngsten Tendenzen der euro-amerikanischen Musik von größerer Bedeutung sein, als sie es sich im Moment träumen lässt. Musik zu schreiben oder zu improvisieren, die größeren statistischen Gruppen unmittelbare, vielleicht musikalische archetypische Botschaften vermittelt, wird nicht länger unters Tabu fallen dürfen. Man gerät jetzt an musikalische Bewusstseinsschichten, die eher mit der Magie verdrängter klanglicher Energien zu tun haben als mit einer Erweiterung kritischer Theorie. Zumindest die primitivste Energie der Musik ist aus dem Schussfeld der Verbote geraten: Magie durch Dauer. Musik als Zustand des Bewusstseins, das nicht länger einer simplen Spannungs-Entspannungs-Dramaturgie untertan ist, wird man künftig ebenso ins Kalkül ziehen müssen wie die Ansätze einer kompositorischen Poetik, die sich bislang eher noch hilflos in die Obhut Asiens und Afrikas begibt, weil die vitalen Traditionen musikalischer Suggestion in Europa so gut wie vernichtet sind.«

3

In allen frühen Weltkulturen stand die Musik im Dienst des Rituals, des Gottesdienstes, der Bewusstseinsintensivierung, kurz, der tiefsten menschlichen Erfahrungen aller Individuen. Es ist auch und gerade heute notwendig, eine Musik zu machen, die in solcher Weise wirkt: eine Musik, die den Einzelnen zu den meist brachliegenden Erfahrungsmöglichkeiten führt, die sein Bewusstsein für seine kollektiv-gesellschaftliche Situation weckt, eine Musik, die entprofanisiert ist und dennoch auch von jenen aufgenommen werden kann, die durch Umwelt, Erziehung und politisches System zu einem Dasein von Automaten verdammt sind.

Also eine Musik, die auf die Popularisierung eines neuen Hörbewusstseins und eines in allen stilistischen Richtungen (Pop, Rock, Avantgarde, Jazz und E-Musik) wirkenden archetypischen, meditativen, »neuen« Ur-Musik-Verständnisses hinwirkt. Die fernöstlichen Kulturen besitzen diese Kenntnis einer kollektiven, klassenlosen Urmusik noch, die bei entsprechendem Studium (Yoga, Atmung, Meditation, Singen) auch für den westlichen Menschen bewusst zu erleben ist.

Diese westliche »meditative«, »periodische« oder »integrale« Musik hat jedoch nichts mit den Traditionen und politisch-ökonomischen Gesellschaftsformen des Fernen Ostens oder Afrikas zu tun. Zwar steht die tibetanische Musik mit ihren existenziellen tiefen Tönen Pate, altindische Musik wirkt ein, deren Spielprinzip unseren Dualismus von intellektueller Reflexion und spontaner Intuition auflöst – oder Musik des Zen, die erst möglich wird in der Identität zwischen der

Musik und dem inneren Seinszustand des Spielers. Aber es kommt hier zu keinem exotischen Stil. Vielmehr setzt eine Wiederentdeckung der eigenen, freilich weit zurückliegenden Urmusik-Quellen ein. Es möchte eine Integration von westlich-apperzeptivem und östlich-meditativem Hörbewusstsein folgen.

Hauptaspekte dieser neuen spirituellen Musik sind Periodizität der Bewegung, unendliche Repetition von kurzen modalen Motiven, Statik des Klangs – ähnlich dem Bordun des Mittelalters oder der indischen Tambura, die den Grundton aushält – und schließlich die Wiederentdeckung der modalen Skalen: die parallelen Strukturen indischer Ragas, arabischer Maqams und gregorianischer Kirchentonarten.

Interessant ist nun die Beobachtung, dass sehr viele rational fixierte westliche Menschen sich von dieser »neuen« (alten) schönen Musik abgestoßen fühlen, wenn sie auf Schallplatte oder im Radio erklingt. Instinktiv sind diese Menschen an ihr Nicht-Erfahren-Wollen geklammert. Sie wissen nicht mehr (oder noch nicht), dass sie in einem Lichtmeer leben und auch in einer von Klängen erfüllten Welt. Sie haben »das Wort« vergessen und sind noch nicht in der Lage, das »Om«, den Klang der Sphärenmusik zu vernehmen, der sich manifestieren kann im Meeresrauschen, dem Glockenklang, in Zimbeln, Trommeln, Flöten, im Klang der Laute und des Gesangs.

In der industrialisierten Welt scheinen die Laute und Töne, die überall an unser Ohr dringen, weniger die Stimme Gottes als vielmehr der höllische Lärm zu sein. Die meisten von uns verbringen ihr Leben inmitten eines ungeheuren Infernos misstönender Laute, die – wie die Wissenschaft aufgezeigt hat – der körperlichen und geistigen Gesundheit äußerst schädlich sind. Magengeschwüre, Hypertonie, Degenerationskrankheiten der Arterien und nervöse Erschöpfung sind nur einige der üblichen Leiden, die die Wissenschaft nun teilweise unserer geräuschvollen Umgebung zuschreibt. Versuche haben deutlich gezeigt, dass bei längerer Einwirkung Lärm über etwa 90 bis 100 Phon Gehörschäden hervorruft. (Eine Autohupe hat zum Beispiel einen Lärm von 110 Phon.) Es ist jedoch klar, dass dieser Zustand für den Stadtbewohner völlig akzeptabel ist, da er sich der verheerenden Auswirkungen auf seine Person nicht bewusst ist. Er ist an den ohrenbetäubenden Hintergrund seines Lebens sogar gewöhnt, sodass die geringen Geräusche auf dem Land, die ganz niedrige Phonzahlen haben, anfangs für ihn schmerzhaft und erschreckend sind.

In dieser Situation sollte Musik heilend auf Ohr und Gemüt wirken. Das meint nicht »heile Musik« und heile Welt vortäuschen, sondern Musik als Energiekraft zur Wiederherstellung einer ausgeglicheneren Lebenshaltung. Solche Musik muss nicht laut gehört werden, aber wach und bewusst. Solche Musik verhilft zur Bewusstseinsintensivierung, in welcher ein integrales Hören möglich wird: Erleben der magischen Vitalität, Erfahren der mythischen Seelenschau, Erfassen der mentalen Struktur. Die Integration dieser verschiedenen Hörweisen ermöglicht eine Art durchsichtigen Zustand, in dem sich der Hörer mit dem musikalischen Geschehnis vereinen kann.

Dadurch kann der westliche Mensch auf der Ebene zwischen rationalem Erfassen, emotionalem Erleben und intuitivem Wahrnehmen eine Fähigkeit zur inneren Ruhe und zur körperlichen wie seelischen Ausgeglichenheit gewinnen, ohne die ihm keine wirkliche gesellschaftliche Weiterentwicklung möglich ist.

Der Einfluss solch »kollektiv-unterbewusster« Ur-All-klingender Musik will an einer positiven sozialistischen Veränderung mitwirken und die Menschen von innen her revolutionieren.

4

Neben der afrikanischen Rhythmusmusik, die Jeffrey Biddeau aus Trinidad in Europa lehrt und die den Amerikaner Steve Reich zu seiner Minimal Music inspirierte, neben den arabischen Maqams, die Mounir Bachir aus Bagdad uns spielte, neben den Urformen der lateinamerikanischen Musik, die der Argentinier Roberto Détrée nach Europa brachte und neben den tiefen Gesängen der tibetischen Mönche, die beim Berliner Metamusik Festival 1974 erklangen, war es doch immer wieder die klassische indische Musik, die den ungeschulten westlichen Hörer in seine inneren Räume führte. In Berlin spielte Ram Narayan auf der Sarangi, Ustad Vilayat Khan auf der Sitar, es sang Salamat Ali Khan aus Pakistan – und 1975 bereicherten, wie schon seit Jahren, der jüngere Bruder Vilayats, der Surbahar-Spieler Imrat Khan, der phänomenale Tablaspieler Sankha Kumar Chatterjee und erstmals der große Sänger Pandit Patekar aus Benares die Musikszene in Deutschland, Holland und Großbritannien.

Da macht man sich Gedanken zur indischen Musik und zur indischen Situation. Liest man Berichte von den Hungerkatastrophen, dann sieht man Indien nämlich als äußerlich unterentwickeltes Land an. Besucht man gar Indien und geht durch die Armenviertel Kalkuttas oder Bombays, vergisst man, dass man dies Land um seiner großen Kultur willen besucht, um seiner Musik willen. Indien ist jetzt ein brodelnder Hexenkessel mit politischen und gesellschaftlichen Unruhen, Korruption und Nepotismus. Millionen von Flüchtlingen und Hungernden müssen in Slums leben. Der »aufstrebende« Inder der kleinen Oberschicht hat seinen Glauben, bildlich gesprochen, gegen ein Transistorradio eingetauscht und gegen die undurchsichtige Sonnenbrille. Er beginnt sich am Konsumrausch der westlichen Industriegesellschaft zu orientieren und hat dabei die Beziehung zu seiner eigenen Kultur verloren.

Die mehr als vierhunderttausend Musiker Indiens imitieren jetzt zumeist die triviale Unterhaltungsmusik des Westens und vermischen sie mit ihrer eigenen Tradition zu einem für das westliche Ohr entsetzlichen Mischmasch. Sie müssen überleben, sie müssen ihre Familien ernähren. Die wenigen klassischen Musiker, welche die innere spirituelle Kraft ihrer Tonkunst noch verwirklichen können, leben meistens arm, abgeschlossen, unerkannt und unbekannt, oder sie werden in wohlhabenden Kreisen von unkonzentrierten Privilegierten herumgereicht.

Es ist ein großes Glück, einem Musiker zu begegnen, der den alten religiösen Hintergrund seiner Musik noch kennt und lebt, der bewusst Musik macht und die geistige Kraft seiner Väter verwirklichen kann. Ein paar dieser Meister, neben Imrat Khan und seinem älteren Bruder Vilayat sind dies wenige Unbekannte, haben in Europa und Amerika Konzerte gegeben, die nicht nur eindrucksvolle Perfektion oder exotisches Flair verbreiteten, sondern vielen jungen und auch älteren Menschen das innere Ohr geöffnet, sozusagen ein spirituelles Erwachen in Gang gebracht haben. Jene westlichen Menschen, die sich mit Yoga oder Meditation beschäftigen, asiatische Mystik studieren, die allmählich bewusster ihr Inneres erfahren, finden zur indischen Musik immer mehr Zugang.

Anfangs freilich kann sie ziemlich »eintönig« und fremdartig wirken. Sind wir es doch gewöhnt, Musik entweder bildhaft, nach außen gewendet zu hören, eingeübt in die verschiedensten emotionalen und rationalen Mechanismen und Erwartungskästchen, oder aber nur die äußerste Wahrnehmungskontur zu vernehmen, die umso wirksamer ist, je drastischer und plötzlicher sie sich verändert. Das Hören eines einzelnen Tones über längere Zeit oder einer stets wiederkehrenden Tonfolge macht uns eher nervös, als dass es beruhigend oder angenehm auf uns wirkt. Indische Musik setzt ein entspanntes »Sich-Loslassen« voraus, ein erwartungsloses Verharren, die Fähigkeit des passiven Eindringens in Bereiche, in denen Gedanken nicht existieren.

Alle die Reize des mentalen Hörens – etwa die Kompliziertheit eines syntaktischen Formablaufs oder die seit der Zeit des Kontrapunkts immer mehr verfeinerten Verzahnungen verschiedener Stimmen und Abläufe – werden in der indischen Musik eingespart zu Gunsten einer »primitiven«, stets gleichen Form: der »Alap« zur Einstimmung und allmählichen Entfaltung des Ragas, der rhythmische Beginn des »Jor«, dann ein Thema mit variationsartigen Solis (»Gat«) und schließlich das sich steigernde virtuose Ende, »Jhalla« genannt.

Viel wesentlicher als das Beobachten des musikalischen Ablaufs, das kritisch-distanzierte »Erfassen«, ist hier die Fähigkeit, »mit dem Herzen« zu hören. Im Westen wird dieser Zustand meist mit »emotional« verwechselt und manch schwülstige Verlogenheit damit identifiziert. Dieses »mit dem Herzen hören« ist jedoch ein sehr wacher und klarer Zustand, der die Fähigkeit des Empfindens mit dessen bewusster Weiterentwicklung voraussetzt. Dringt man erst einmal in die indische Musik ein, so wird mit einemmal die Monotonie so vielfarbig und differenziert, dass der ganze Reichtum an tieferen Dimensionen zu Tage tritt. Die auch in dieser Musik möglichen himmelweiten Qualitätsunterschiede werden ebenso hörbar wie die verschiedenen Wirkungen, die von den einzelnen Stilen und vielfältigen Tonskalen ausgehen.

Im Laufe ihrer Entwicklung blieb die indische Musik einstimmig, das bedeutet, alles bezieht sich auf einen Grundton, der sich nicht verändert: Es gibt keine Begleitung mit wechselnden Harmonien, vielmehr bleiben der Grundton und dessen erste Obertöne (Oktave und Quinte) als Bordun immer liegen. Die Musik gibt ein gutes Bild von der Verschiedenartigkeit der Kultur- und Bewusstseinsgeschichte der Menschheit in Ost und West. Im Abendland hat sich alles immer weiterentwickelt: Die Formen, die Systeme, die Stile veränderten sich, es wurde fortgeschritten und fortgeschritten, die klassischen Formen wurden abgelöst durch »Ausdrucksmusik«, Programmmusik, späte Romantik, 12-Ton-Technik, serielle Musik, Elektronik, konkrete Musik, Geräuschmusik. Wie eigenartig, dass heute gerade diejenigen Musiker des Westens, welche diese Entwicklung im Geschwindschritt nachvollzogen haben, nun wieder auf die Suche nach den alten objektiven Grundtönen gehen.

Demgegenüber gibt es in Indien heute noch eine lebendige klassische Musik, die in der Improvisation täglich neu entsteht, die ihre ursprüngliche, an strenge Regeln gebundene Gestalt behalten und ihren geistigen Hintergrund bewahrt hat. Was uns an dieser Musik in der Tiefe bewegt, geht allerdings jetzt in Indien selbst verloren. Das Industriezeitalter, der »Fortschritt« haben dort ihren Einzug gehalten, bringen Ruhelosigkeit, Unsensibilität und Entmenschlichung mit sich. Viele indische Musiker sprechen bereits von einer erhofften Wiedergeburt der altindischen Ragamusik im Westen. In der Tat hat sich das Verhältnis des Europäers und Amerikaners zu den fernöstlichen Musikkulturen gewandelt. Die Klänge aus Asien sind ihm nicht mehr bloß exotischer Reiz und Attraktion des Fremden, sondern werden ihm zunehmend eigene Erfahrung mit dem inneren Hören.

Die indische Musik, die, wie gesagt, die ausschließliche Bindung an den eigenen Kulturkreis verloren hat, ist zunehmend die Basis für eine Weltmusik-Sprache geworden, während sie im eigenen Land mehr und mehr verwaschen wird. Asiatische Musik in ihrer reinen Form kann uns hier im Westen genau das vermitteln, was wir dringend benötigen: die Fähigkeit zum inneren Stillwerden und Loslassen; wache, klare Ruhe und Entspannung.

Auch die tibetischen Gesänge haben diese Kraft des Beruhigens in sich. Sie werden von den Mönchen in tiefster innerer Gelassenheit gesungen, und eben dieser Zustand kann sich auf den westlichen Zuhörer übertragen. Nicht Rausch oder Trance wird hierbei angestrebt, sondern ein waches Bewusstsein der Kontemplation.

Wir können indische Kultur und buddhistisches Gedankengut natürlich nicht einfach kopieren, jedoch sind wir in der Lage, durch die Energie ihres musikalischen Ausdrucks zu unserem eigenen Kern zu finden. Beschäftigung mit exotischen Religionen führt nicht selten zum eigenen Ur-Christentum, zur Basis aller Religionen: zur Liebe. Und die tausend Jahre unserer anders verlaufenen Bewusstseinsgeschichte ermöglichen uns, schließlich die Integration des magischen und mythischen Bewusstseinszustandes mit dem unseren, dem mentalen, zu vollziehen.

In dieser integralen Weltsicht, der Vision eines Aurobindo, eines Teilhard de Chardin und eines Jean Gebser, löst sich dann auch der Dualismus zwischen gesellschaftsbezogenem, nach außen gewendetem Denken und der gelassenen, nach innen gewendeten Betrachtung dessen, »was ist«, auf: Die gemeinsame Substanz von mystischer Weisheit und neuester wissenschaftlicher Erkenntnis könnte sich vereinen. Ost und West hätten dann beide ihren notwendigen anderen Teil, ihre lebensnotwendige andere Seite gefunden.

Mandala aus einer Partitur des Verfassers

Zuerst veröffentlicht in: »Der unverbrauchte Gott«. Neue Wege der Religiosität. Hrsg. von Ingrid Riedel. Bern / München / Wien: Scherz Verlag 1976.

Peter Michael Hamel
Die Quellen zu »Organum«
Protokoll einer Einführung in der Kapelle der Cusanus – Akademie Brixen

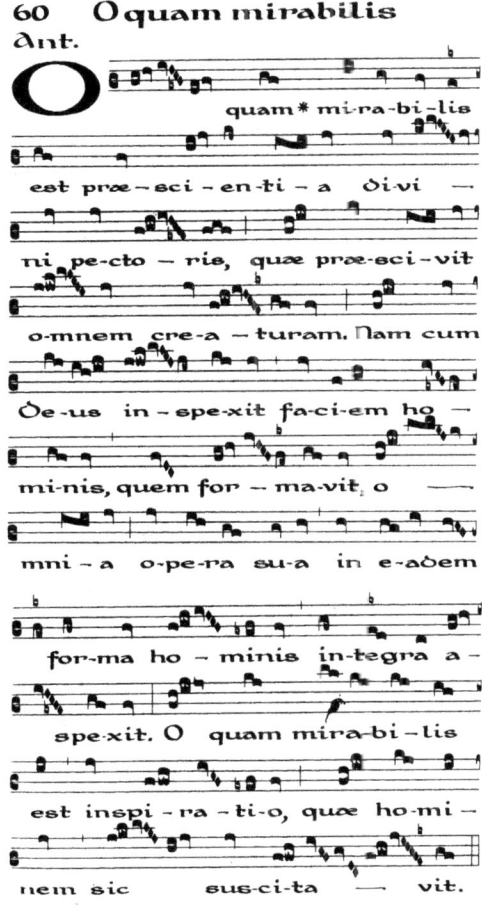

Notenbeispiel A: Antiphon der hl. Hildegard: „O quam mirabilis"

Notenbeispiel A

Ich bin kein professioneller Choralsänger, habe aber seit meinem zwölften Lebensjahr im erzbischöflichen Konvikt St. Bernhard (Erzbistum Freiburg) Schola gesungen. Diesen Gesang habe ich als Selbsterfahrung erlebt. Selbsterfahrung nicht im Sinne dessen, was uns abtrennt von Gott, sondern was uns hinführt zu ihm. Es ist eine Frage der Definition, was das Selbst, die Suche nach dem »Selben« sei. Mit Egozentrik jedenfalls ist diese nicht befasst, vielmehr zielt sie darauf ab, das Ich zu transzendieren.

Diese Antiphon entstammt einer Ausgabe von komponierten Werken der Hl. Hildegard von Bingen, die 1969 veröffentlicht wurde. Sie hat mich fasziniert, weil ich in dieser Zeit ganz andere Musik aus ganz anderen Kulturen studierte: nämlich sogenannte außereuropäische Musik, wenngleich dieses Wort unglücklich gewählt ist. Weil mir auch der Terminus »exotische Musik« fragwürdig erscheint, ziehe ich die Bezeichnung »ethnische Musik« nichteuropäischer Hochkulturen vor. Ihnen allen sind modale, also einstimmige Strukturen gemeinsam. Während meiner Studien in Indien lehrte mich Pandit Patekar, Hindulehrer aus Benares, den Raga Yaman-Kalyan, der täglich zu einer bestimmten Uhrzeit in der Gesangschule erarbeitet wurde.

Notenbeispiel B: Raga Yaman-Kalyan

Notenbeispiel C: Antiphon »Maria Lichtmess«

Dieser Raga erinnerte mich in seiner Verwandtschaft zum lydischen Modus an eine gregorianische Melodie, die ich alljährlich zu Maria Lichtmess im erzbischöflichen Konvikt St. Bernhard gesungen hatte: »Lumen ad revelationem gentium«. Für mich eine ungeheuerliche Entdeckung: Ich fahre in eine Weltkultur, die angeblich so weit von mir entfernt ist, und treffe dort auf musikalische Ursubstanzen, die auch unsere abendländische Musik mitkonstituieren. Allerdings sind sie im Bewusstsein des Europäers längst verschüttet, weil der musikgeschichtliche Unterricht hierzulande ja oft erst bei Johann Sebastian Bach beginnt. Nun aber stieß ich auf die gemeinsamen Wurzeln zweier Hochkulturen: Die indischen Modi stehen zu den europäischen Kirchentonarten in einer inneren Korrespondenz, die strukturell für den ungeübten Hörer eine Unterscheidung nahezu unmöglich macht. Unser Ohr hat die Differenzierungsfähigkeit für den Reichtum einstimmiger Musik durch das Vorherrschen der Mehrstimmigkeit, vor allem aber auch aufgrund der permanenten Beschallung unseres Alltags eingebüßt. Wir leben vor einer ununterbrochenen Geräuschkulisse, in der die Stille zu einem Faktor der Beunruhigung und Beängstigung geworden ist.

Für mich als Musiker stellt sich damit die Frage, ob ich den Zustand der Welt, wie ich ihn erlebe, aber auch meine subjektive Befindlichkeit zu den Objekten meines Komponierens erheben soll. Der Münchner Komponist Karl Amadeus Hartmann zum Beispiel hat den Schrei einer Generation über die Zeit des Nationalsozialismus formuliert, und ich finde das durchaus legitim. In der Situation allerdings, in der ich mich befand, versuchte ich, mich durch Musik selbst zu therapieren, mit ihrer Hilfe zu einer neuen Gotteserfahrung zu gelangen. Auf diese Weise bin ich als »Neutöner« überhaupt erst auf die einstimmige Musik gestoßen. Eine extreme Konstellation fand ich vor, als ich mich in jungen Jahren im Kreis der Avantgarde um Karlheinz Stockhausen, Maurizio Kagel, Josef A. Riedl, Dieter Schnebel, Morton Feldman und Luc Ferrari bewegte. Da waren Musiken zu hören, die z. B. nur noch aus Geräuschen bestehen oder Partituren zu sehen, die ausschließlich aus Punkten zusammengesetzt sind, sowie serielle Verfeinerungen dessen, was die Zwölftonmusik grundgelegt hat. Lustigerweise bin ich ausgerechnet durch die Beschäftigung mit der Dodekaphonik auf die einstimmige Musik gekommen. Denn unser Gehör und unser Bewusstsein sind ja beständig mit Harmonie beschäftigt; sobald ich aber darangehe, eine Reihe zu entwickeln, treffe ich notwendigerweise auf Modi, auf die einstimmigen Linien. Mir gefielen auch jene Komponisten besonders, die modal-harmonisch gearbeitet haben. Sie entwickelten eine völlig neuartige Begleitung für die Einstimmigkeit, die ja eigentlich nicht funktional begleitet werden kann und soll. Allerdings war für meine Hinwendung zur Modalität nicht nur die dodekaphonische Theorie ausschlaggebend; neben dieser Tätigkeit des Notierens von Musik, die ich durchaus weiterpflege, war ich immer auch mit Musikern zusammen, die kaum oder gar nicht in der Lage waren, Noten zu lesen, die also hauptsächlich improvisierten. Das war ein entscheidender Impuls; denn es war ja »verboten« zu improvisieren, sowohl zu Hause als auch in der Musikschule. Die Maxime des Unterrichts lautete: »Übe zuerst deine Etüden, und dann darfst du noch eine halbe Stunde klimpern.« Heute ist mein Beruf ganz und gar auf diesem Klimpern aufgebaut. Die Orgel ist die einzige Nische, wo das Improvisieren noch erlaubt ist. Dass Bach, Liszt und Wagner allesamt grandiose Improvisatoren waren, ist längst der Vergessenheit anheimgefallen. Selbst mein Lehrer Carl Dahlhaus hielt nichts von Improvisation: künstlerisch akzeptabel sei nur das auskomponierte Werk. Das ist eine Haltung, die ich durchaus nachvollziehen kann. Andere Professoren wiederum empfanden den Prozess des Improvisierens sehr wohl als spannend. Thrasybulos Georgiades etwa pflegte die altgriechische Musik nicht nur wissenschaftlich zu erforschen, sondern auch vorzutragen. Auch bin ich neben meiner Ausbildung zum »klassischen Komponisten« mit Musikern zusammengekommen, die modal-improvisatorisch musizierten: hier vor allem die Begegnung mit dem 60er-Jahre-Jazz. In den Vereinigten Staaten wurde eine modale Improvisationspraxis entwickelt, die sich der gregorianischen Tonnamen bedient. Miles Davis und John Coltrane etwa haben mit ihr gearbeitet und entdeckt, dass die einstimmigen Skalen mit allen Weltkulturen kommunizieren. So haben ganze Generationen von Jazzmusikern mit Kirchentonarten improvisiert. Für mich war dabei faszinierend, dass ich mit Hilfe der Einstimmigkeit in einen Dialog mit vielen musikalischen Kulturen einzutreten vermochte. Freilich wurde die Begegnung mit anderen Kulturen nicht nur begrüßt, sondern auch beargwöhnt: diese seien fremd und bedrohlich und das Interesse für sie komme einer Flucht gleich. Nun besteht immer das Problem, dass eine Idee, durch Trittbrettfahrer zur Mode verkehrt, denunzierbar wird. In meinem Arbeitsbereich wimmelt es mittlerweile von Kategorien, mit denen ich nichts zu tun haben will: Meditative Musik, Minimal Music, New Age, Postmoderne – das sind Termini, mit denen ich meine Kompositionsweise nicht benennen würde. Wohl aber verweisen sie auf eine geistesgeschichtliche Zäsur. In dem Stück 4'33'' für Klavier von John Cage findet sie einen entscheidenden Niederschlag. In diesen 4 Minuten und 33 Sekunden geschieht nichts. Der Pianist setzt sich an den Flügel, öffnet ihn und hat nach dem Ablaufen dieser Zeitspanne nichts anderes zu tun, als ihn wieder zuzumachen. Je nach künstlerischer oder kabarettistischer Fähigkeit wird dies eine lustige Darbietung oder nicht. Was bedeutet es, wenn wir 4'33'' lang mit der Stille konfrontiert werden? Und was bedeutet ein Werk, das nur noch sichtbar, aber nicht mehr hörbar wird, wie Dieter Schnebels »Mono«, das durch Diaprojektion z. B. nur eine kleine Note auf eine Leinwand wirft, deren Klang der Vorstellung des Publikums überlassen ist? Eine revolutionäre Theorie würde mit solchen Werken einen Punkt Null markieren, an dem alles aufhört und – anfängt!

Dieser Punkt Null – so meine ich – ist auf der ganzen Welt gesetzt worden, und zwar durch die Rückbesinnung auf den »einen Ton«, auf das Phänomen, dass in einem Ton alle Töne enthalten sind. Mich hat diese Erkenntnis veranlasst, in meinem kompositorischen Prozess erst einmal innezuhalten. Und aus dieser Stille, aus dieser inneren Ruhe heraus habe ich erfahren, was man heute »harmonikales Hören« nennt. Ich habe die Obertöne, die Naturtonreihe gehört. Zu meiner Überraschung habe ich den Zugang zu dieser Welt gefunden, als ich zum ersten Mal mit dem Synthesizer arbeitete, also mit einem scheinbar ganz ungeistigen Gerät. Mit dem Synthesizer gelang es mir jedoch, die Natur zu simulieren, die Natur der menschlichen Stimme und jene der verschiedenen Klangfarben, die ja durch die Auswahl aus dem Spektrum der Obertonreihe entstehen. Durch die Begegnung mit mongolischen und tibetanischen Kulturen stieß ich dann auf archaische Riten, die mit einem einzigen Ton vollzogen werden. Letztlich erklingt dabei aber immer die Säule der Obertöne, die in der mythologischen Überlieferung oft als »Jakobsleiter« bezeichnet wird. Das war ein Impuls für viele Komponisten und ich will hier nur Karlheinz Stockhausen, La Monte Young, Morton Feldman und Giacinto Scelsi als Beispiele anführen. Die Neuentdeckung des »ersten Tones« versetzte sie gewissermaßen in die Lage, von diesem Nullpunkt aus die gesamte Musikgeschichte noch einmal nachzuvollziehen. Aus dem Wissen heraus, dass unser physischer und psychischer Mechanismus durch diesen Urton in Bewegung gehalten wird, eröffnete sich – gestützt auch durch quantentheoretische Erkenntnisse – von neuem jener Zugang zur Einstimmigkeit, den ich schon als kindlicher Scholasänger durch die gregorianischen Linien gefunden hatte. Und plötzlich war ich nicht mehr in der Lage, sie am Klavier zu begleiten, weil Einstimmigkeit mit temperierten Instrumenten nicht zu vereinbaren ist. Das temperierte Tonsystem ist ein genialer Kompromiss, der die Musik von Johann Sebastian Bach bis weit in die Moderne erst ermöglicht hat. Und dennoch ist die Musik, die uns körperlich und geistig viel tiefer affiziert, untemperiert. Deswegen glaube ich auch, dass einstimmige Musik untemperiert und somit unbegleitet sein muss, um sie nicht ihrer substanziellen Wirkung zu berauben. So wie die Begegnung mit fernöstlichen Kulturen – die gar nicht so fern sind, wie man uns weismachen will – in einer Weise der Achtung und nicht der Aneignung erfolgen soll. Zweifellos erscheint auch mir die Vermarktung von ethnischer Musik Afrikas oder Asiens als sehr fragwürdig; so bin ich zum Puristen der klassischen indischen Musik geworden, weil diese durch die von westlichen Kulturen aufoktroyierten Werte ihre ursprüngliche Reinheit vielerorts bereits verloren hat. Es gibt eine ganze Reihe krauser Vermischungen von Kulturen, von denen ich mich distanzieren möchte. Denn ich bin der Meinung, dass wir der indischen Musiktradition ihre Eigenständigkeit belassen sollten, so wie wir selbst gut beraten sind, unsere mittelalterliche Kultur zu achten und zu pflegen. Denn die einstimmige Musik lässt uns auf uns zurückfallen, das ist Gottesdienst im eigentlichen Sinne. Wir aber ziehen ja den Prunk in unseren Kirchen vor. Wenn er uns denn affizierte ohne großartige Äußerlichkeiten, dann wären wir vielleicht auch bereit für einfache einstimmige Musik. In Irland beispielsweise ist diese Tradition noch lebendig, wie überhaupt an der Peripherie Europas – auch in Südspanien, Griechenland und in der Bretagne – modale Formen noch existieren. Dem Hörer meiner Improvisation »Organum« ist nun nicht aufgetragen, die einzelnen thematischen Elemente – seien sie nun europäischen, indischen oder arabischen Ursprungs – genauestens zu lokalisieren. Vielmehr geht es mir darum, dass dies alles in einem bestimmten Zusammenhang mit Bewusstseinsebenen steht, die durchaus kontrovers in einem Komponisten existieren und die sich ganzheitlich verbinden wollen. Zu dieser Ganzheitlichkeit gehört für mich natürlich auch der Gedanken der Ökumene. Der Dialog zwischen den Konfessionen, nicht die Abgrenzung und Abschottung ist für mich maßgebend, was auch immer die Amtskirche dazu sagen mag.

Als ich der Musik Hildegards von Bingen begegnete, war ich auch von ihren Texten sehr angetan. Hier die deutsche Übersetzung der Antiphon, die ich in mein Werk integriert habe:

»O wie wunderbar ist doch das Wissen im Herzen der Gottheit, das urewig jedes Geschöpf hat erschaut. Denn Gott, da er blickte ins Antlitz des Menschen, den er gebildet, sah all sein Werk insgesamt in dieser Menschengestalt. O wie wunderbar ist dieser Hauch, der also den Menschen erweckte.«

Mit anderen Worten: in uns selbst ist Gott, und nicht außerhalb. Deshalb ist auch zu unterscheiden, wo das Selbst Gott nahe ist, und wo es sich als Ego von ihm entfernt. Wenn Sie nun den kompositorischen Weg dieses Werkes verfolgen, so werden Sie keine fertige Partitur vorfinden, sondern einen großen Zettel, auf dem lediglich die Orgelregistrierung aufgezeichnet ist, die ich im Laufe der letzten drei Tage erarbeitet habe. Beim Spiel schau ich mir selbst zu, wie es geschieht. Natürlich habe ich einen Ablauf, an den ich mich halten kann; weil die Orgel im Brixner Dom aber ein Glockenspiel besitzt, werde ich ihn während dieses Konzertes modifizieren. Denn die Klangfarben des Glockenspiels vermischen sich optimal mit den Zimbeln, die zum Instrumentarium von »Organum« gehören. Zimbeln sind glockenartige Metallplatten, die auf Interferenzen gestimmt sind, d.h. die Tonhöhe ist nicht genau festgelegt, sondern befindet sich in einer Schwebung. Dieselbe Eigenschaft besitzen die Mixturregister der Orgel, im Gegensatz zu Zimbeln allerdings unfreiwillig. Diese Unfreiwilligkeit habe ich zur kompositorischen Absicht umfunktioniert. Im Verbund mit den Zimbeln wird das Glockenspiel mit der Introduktion des Werkes betraut, die gewissermaßen eine klangliche Überwelt schaffen soll. Dies nur als Beispiel dafür, wie nicht nur das thematische Material, sondern auch das Instrument, auf welchem es erklingt, zur Inspirationsquelle der Improvisation erhoben wird.

Notenbeispiel D: Grundmotiv von »Organum«

Notenbeispiel E: Ostinato-Welle

Der zweite Teil ist ganz aus der Idee des mittelalterlichen Organums entstanden. Ein Grundmotiv wird im Pedal gespielt und auf der Tastatur in doppelten Werten imitiert. Diesem Motiv überlagert sich eine wellenartige Figur, die ich mit Hilfe einer Walze allmählich anschwellen lassen kann. Wenn keine Walze zur Verfügung steht, erhält diese Figur notwendigerweise einige Unterbrechungen. In einem solchen Fall versuche ich, den technischen Mangel in einen kreativen musikalischen Reiz umzuwandeln. Das Grundmotiv wandert in der Folge durch verschiedene harmonische Veränderungen, allerdings nicht im funktionalen Sinne, sondern im Sinne der modalen Skala selbst, indem jeder ihrer Töne einmal zum Grundton der Harmonie wird. Das ist das modalharmonische Prinzip, das Olivier Messiaen in vielen seiner Kompositionen zur Anwendung bringt. Die an Messiaen erinnernden Klänge meiner Improvisation sollen als Hommage an den für mich größten lebenden Komponisten geistlicher Musik betrachtet werden. Auch er hat sich mit den Rhythmen und den verfeinerten Modi der indischen Musik eingehend auseinandergesetzt.

Mit dem Grundmotiv der Improvisation springe ich gewissermaßen von Kultur zu Kultur, ohne allerdings eine davon genauestens zu imitieren, weil etwa ein Raga allein durch die Klangfarbe der Orgel in eine ganz neue Dimension gerückt wird. Wenn ich in Bombay auf einer Orgel indische Modi vorspiele, erleben es die indischen Hörer als westliche Musik. Erst dann, wenn ein indischer Musiker selbst mit seinem Instrument und seiner typischen Phrasierung mitgeht, kommt der ursprüngliche Charakter dieser Musik zum Tragen. Das liegt vor allem auch an den verfeinerten Techniken der Modalität, deren gleitende Tonschritte durch Orgel oder Klavier nicht reproduzierbar sind.

Die »Mehrschienigkeit« meines Verfahrens – Improvisieren, Notieren, Zitieren, Entlehnen aus verschiedenen Kulturen – hat den tieferen Grund, dass es mir um eine Sprache geht, die einen meinen Vorstellungen entsprechenden Atem und Horizont hat. Es geht für mich nicht mehr an, ein eurozentrisches, um mich selbst und meine Zwölftonreihe herum avantgardisiertes Stück zu schreiben, das drei Fachleute gerade noch verstehen, deren einer zufälligerweise der Kritiker der größten Tageszeitung ist. Das wäre unter sich ausgehandelte Musik, dagegen habe ich mich seit jeher gesträubt. Was ich hier an der Orgel treibe, hat sicherlich experimentellen Charakter; was aber klingt, wird dem Hörer manchmal auch vertraut erscheinen. Das schließt nicht aus, dass ich einen Cluster erreiche oder einen geräuschhaften Klang, wenn ich etwa ein Register nur halb herausziehe. Aber im Grunde geht es mir um eine Sprache, die mit dem Hörer kommunizieren will. Und deshalb suche ich aus verschiedenen Quellen und Welten eine neue, eigenartige Musik zu erstellen, ohne damit die einzelnen individuellen Kulturen zu nivellieren. Ich achte sie viel zu sehr, um ein bloßes Konglomerat aus verschiedenen Zitaten zu produzieren. Aus diesem Grund erscheint mir oftmals der Begriff »Weltmusik« als fragwürdig.

Auch dem Hörer des »Organum« ist es freigestellt, sich mehrdimensional zu verhalten. Er ist nicht angehalten, diese Musik ausschließlich rational zu entschlüsseln. Genausowenig strebe ich einen genießerischen Hörer an, der sich in konsumierbaren Bilderwelten verliert. Vielmehr sollte die Musik auf mehreren Ebenen gleichzeitig wahrgenommen werden.

Alle Elemente und Ebenen des »Organum« aber lassen sich auf einstimmige Linien, auf den »einen Ton« zurückführen, der hier als ein »Fis« dem indischen Muschelhorn entsteigt. Das ist ein ritueller Gegenstand einer nicht christlichen Religion, die ich dennoch faszinierend finde, weil sie auch unseren Herrn Jesus Christus wie selbstverständlich in sich einbinden kann. Ich habe einen Hindutempel gesehen, da stehen die Bildnisse des Buddha, des Jesus Christus, der Gottesmutter Maria sowie eines Affen- und eines Elefantengottes friedlich nebeneinander. Ich weiß nicht, ob diese Form von Ökumene für viele zu weit gedacht ist: jedenfalls meine ich damit nicht einen Versuch, den christlichen Glauben aufzugeben und sich in anderen Ländern andere Religionen überzustülpen. Vielmehr bin ich durch meine Pilgerreisen zu anderen Kulturen in einer urchristlichen Weise zu einem transzendenten Christentum zurückgekehrt.

Zuerst veröffentlicht in: »Symposium Brixen: Choral und Mehrstimmigkeit«. Hrsg. von der Brixner Initiative Musik und Kirche. Brixen: Verlag A. Weger 1990.

Peter Michael Hamel
Coincidentia Oppositorum
Nikolaus von Kues und der Zusammenfall der Gegensätze in seiner Bedeutung für einen heutigen Komponisten

»Sis tu tuus et ego ero tuus.« Ich betone das mittlere Wort dieses Satzes aus dem »Liber pius de visione Dei« des Nikolaus von Kues: »Sis tu tuus *et* ego ero tuus.«

»Sei du dein *und* ich werde dein sein« übersetzt die lateinisch-deutsche Studien- und Jubiläumsausgabe von 1964. Sollte hier ein entweder Meinsein oder Deinsein etwa überwindbar werden zu Gunsten eines »sowohl mein als auch dein?« Eugen Drewermann allerdings, der diesen Kernsatz zum Schlusswort seiner Streitschrift »Kleriker – Psychogramm eines Ideals« machte, übersetzt »so« statt »und«: »Sei du dein, *so* werde ich dein sein« und er betont somit das ursächlich Konsequente des zweigliedrigen Satzes des Nikolaus von Kues: Nur wenn der Mensch sich selbst gehört, bei sich selbst sich befindet, in sich selbst ruht, nur dann könne er auch Teil Gottes, besser: ganz in Gott sein.

Finden hier nicht Selbsterfahrung und Individuation, von der römischen Glaubenskongregation gerne ausgegrenzte Selbstverwirklichungs-Praktiken (etwa eines auf mittelalterlicher Mystik basierenden ekstatischen Erlebens) – finden hier nicht Selbsterfahrung und Individuation immerhin die geistliche Rechtfertigung eines Kardinals, dem seine Amtskirche manchen Vermittlungsversuch im Kampf um die Einheit verdankt? Wer war dieser Kardinal Nikolaus und was macht ihn zu einem meiner »Säulenheiligen«, wie sich Helmut Rohm, der Musikredakteur des Bayerischen Rundfunks, ausdrückte?

»Sei du dein, dann werde ich dein sein.« Ein solcher dem orthodoxen Herzensgebet entsprechender Selbstheilungsversuch, ganz in sich selbst zu sein, ist für mich persönlich die daktyle Annäherung meiner Finger an das losgelöste Spielenlassen gewesen, die andauernde Wiederholung einzelner Töne und Motive, was ich als »continuous creation« bezeichnet habe. Ende der 60er-Jahre hatte ich solches Musizieren und Komponieren ganz für mich alleine entwickelt, die »prepared piano performance«, nicht wissend, dass etwas in der Luft lag, das sich bald als repetitiv definierte und schließlich als Minimal Music bezeichnet wurde.

Anfangs fühlte ich mich in einem vermeintlichen Zwiespalt zum damaligen Zeitgeist eines abgeschotteten, säuberlich in Kästchen und Gegensatzpaare aufgeteilten Musiklebens. War das, was da tönend entstand, nun noch tonal oder schon atonal, leicht oder schwer, Jazz oder Avantgarde, Klassik oder Pop, E oder U? Gäbe es womöglich irgendein »Sowohl-als-auch«, eine »Koinzidenz« der Genres, wie ich sie später mit der international besetzten Improvisationsgruppe »Between« zu verwirklichen suchte. Erst einmal nannten wir unsere Versuche »Syn«, nach »Sophrosyne«, der altgriechischen Tugend der Ausgeglichenheit.

Zu gerne habe ich dann bei Carl Gustav Jung die »coniunctio oppositorum« aufgegriffen und die absichtsvolle Verknüpfung der Gegensätze auf mein Ansinnen des musikalischen »Sowohl-als-auch« angewendet.

Nikolaus von Kues und der Zusammenfall der Gegensätze

Erst 1972 bin ich Nikolaus von Kues und seinen Schriften begegnet, ausgerechnet angeregt von Jean Gebsers *Ursprung und Gegenwart*, worin ein Zitat aus *De Ludo globi* (*Das Globusspiel*) enthalten ist, das mir im Zusammenhang mit phänomenologischen Überlegungen wichtig wurde: »Die verständige Seele ist auch nicht der Zeit unterworfen, sondern geht der Zeit vorher wie das Sehen dem Auge.«

So wie dem Schweizer Kulturphilosophen Jean Gebser sein »integrales Bewusstseinsmodell« in einer »gnadenhaften Stunde mystischer Erleuchtung« offenbar wurde, so war es bei Nikolaus von Kues »das Prinzip des Zusammenfalls der Gegensätze« (coincidentia oppositorum) – konkret in der docta ignorantia sich manifestierend –, welches ihm auf einer Schiffsreise, aus Griechenland heimkehrend, »von oben« zuteil wurde, wie in Werner Schulzes *Harmonik und Theologie bei Nikolaus Cusanus* zu lesen ist, »als Geschenk von oben, vom Vater des Lichts«.

Sinnlich erlebbar wurde mir der Zusammenfall der Gegensätze wie in einem Gleichnis für die Paradoxie: Obwohl meine »konzentrische« Musik für Tasteninstrumente äußerst rasch und geschwind zu realisieren ist, stellte sich beim Spieler und bei manchen Hörern die Erfahrung einer Verlangsamung bis zum scheinbaren Stillstand ein. Die andauernde Repetition stellte hierbei das Prinzip des Kreisels dar, den Nikolaus von Kues als Analogie zu einer coincidentia oppositorum ansah: Befindet ein Kreisel sich in höchster Geschwindigkeit, so scheint er gleichzeitig stillzustehen: das Ineinsfallen von Stillstand und Bewegung. Und so wurde denn das schnellste Stück meiner »konzentrischen« Phase mit »Slow Motion« betitelt, einer Bezeichnung für das langsame Tanzen in Zeitlupe.

Wer war nun dieser Nikolaus Cusanus, wie er in der latinisierten Form heißt? Hierauf gibt wiederum der Wiener Musikologe Werner Schulze in seinem Aufsatz *Musik und Harmonik bei Nikolaus von Kues* Auskunft: »Geboren 1401 in Kues an der Mosel. 1413 verlässt er als Zwölfjähriger das Elternhaus. Er kommt zu den ›Brüdern vom gemeinsamen Leben‹ in Deventer, genießt Unterricht in mystischer Frömmigkeit im Sinne von Thomas a Kempis ›Nachfolge Christi‹. Als Fünfzehnjähriger wird er Student in Heidelberg, und was er dort und in Padua studiert hat, ist typisch für die damalige Zeit: Mathematik, Astronomie, Physik, Medizin, die traditionellen Denker und die Strömungen des beginnenden Humanismus. Er schließt seine Studien in der Jurisprudenz ab, hat aber schon während all dieser Zeit eine besondere Liebe zur Mathematik entwickelt. Erst anschließend beginnt er das Theologiestudium ... Dann beginnt er eine kirchliche Laufbahn: Sekretär des Erzbischofs von Trier, Advokat am Basler Konzil. Dort hatten sich zwei Parteien gebildet: die eine, die dem Papst zugetan war, und die andere dem Konzil zugetan. Cusanus war zuerst Befürworter der konziliaren Idee, niedergelegt in seinem Frühwerk, der großen Schrift *De concordantia catholica*. Anschließend allerdings sieht er Vorzüge bei den Papisten, weil bei ihnen doch eher die Einheit der Kirche erreicht werden könnte. Er wird Kardinal, Bischof zu Brixen, er ist Generalvikar in Rom, gleichsam die ›rechte Hand‹ des Papstes ...«

1464 ist das Sterbejahr des Cusanus, und drei Tage später stirbt auch sein Freund Papst Pius II. Enea Silvio Piccolomini. Begraben ist Cusanus in S. Pietro dei Vincoli in Rom. Sein Herz allerdings – und das war ein Wunsch, den er ausgesprochen hat – ist in einer Stiftung in Kues an der Mosel, in der dortigen Stiftskirche beigesetzt. In der Broschüre des Cusanus-Geburtshauses hat Helmut Gestrich, der Vorsitzende der Cusanus-Gesellschaft, deutlich gemacht, dass sich Nikolaus von Kues in seinem philosophischen Denken von der Tradition gelöst habe und eine eigenständige Philosophie entwickelte: »Sein grundlegendes Werk ist die 1440 vollendete ›De docta ignorantia‹. Auch hierin benutzt er mathematische Symbole als eine neue Methode des Forschens; er sieht die Geometrie als eine sich entfaltende Welt an. Wenn die Gerade eine unendliche Linie ist, so sagt er, so ist sie zugleich das unendliche Dreieck, der unendliche Kreis, die unendliche Kugel. Im Unendlichen fallen also die Figuren zusammen. Unser begriffliches Denken kann diesen Zusammenfall nicht erfassen, doch zwingt uns die Vernunft, den Zusammenfall der Gegensätze (coincidentia oppositorum) im Unendlichen, in Gott, anzuerkennen. Nikolaus, der die Erkenntnis des Kopernikus philosophisch vordachte, macht den menschlichen Geist zum Mittelpunkt der Welt, seine Philosophie steht am Beginn der Neuzeit.«

Mit dem Thema der coincidentia oppositorum, dem Zusammenfall der Gegensätze, sei das Hauptstück der cusanischen Gotteslehre angesprochen, führt Werner Schulze aus, eine Menge wissenschaftlicher Abhandlungen gehe auf diesen zentralen Gedanken zurück, als Einstieg sei ein prägnant formulierter Satz zitiert: »Sodass wir die Gegensätze im verbindenden Ursprung vor der Zweiheit sehen, also noch bevor sie zwei entgegengesetzte Dinge sind.« Was besagt diese Redeweise von einer ursprünglichen Einung des Entgegengesetzten? Welche Art von Gegensätzen wird gemeint und wo sind diese überwunden? »Das Koinzidenzprinzip stellt für die Theologie zweifelsohne eine Einsicht von weitreichender Bedeutung dar. In der neuplatonischen Tradition vorgegeben, wurde es jedoch erstmals von Cusanus in solcher Schärfe gedacht. Die coincidentia oppositorum ist Wesenskennzeichnung des Absoluten und methodischer Zugang zugleich. Wie Zahlreiche große und im ersten Hinblick ›selbstverständliche‹ Gedanken der Philosophiegeschichte gründet auch die Koinzidenzaussage in einem intensiven Ringen um die Wahrheit und wurde in plötzlicher Erleuchtung vollends gegenwärtig. Der Ursprung dieser Idee liegt in der radikalen Offenheit des Geistes für die Realität des Absoluten. Nach erfahrener Einsicht befindet sich der Mensch in einem neuen Zustand des Wissens – ein Wissen, welches sich der Paradoxie seines Nicht-Wissens oder Nicht-Wissen-Könnens bewusst ist, oder eine Unwissenheit, die als solche zugleich eine wissende ist: die docta ignorantia – scio nie nihil scire. Ich weiß, dass ich nichts weiß. Wissende Unwissenheit, ein Nichtwissen, das darum weiß, dass es ein Nichtwissen ist, und das deswegen ein belehrtes Wissen ist.«

Aus einem Brief gehe hervor, bemerkt Schulze, dass der zentrale Gedanke der docta ignorantia Cusanus eben auf dieser Mittelmeer-Schiffsreise plötzlich offenbar geworden sei: die Denkmöglichkeit des Unbegreifbaren in der Form der docta ignorantia. Viele große Denker haben, wie gesagt, ihren zentralen Gedanken in einer plötzlichen Erleuchtung empfangen, die nicht selten einer mystisch-ekstatischen Erfahrung gleichgekommen ist.

Den Gedanken des Zusammenfalls der Gegensätze im Unendlichen versuchte Cusanus durch mehrere mathematische Symbole anschaulich werden zu lassen. Die berühmtesten nennt Werner Schulze in seinem Harmonik-Aufsatz: »Vieleck und Kreis: Das unendliche Vieleck wird zu einer neuen Qualität, nämlich zur Qualität Kreis. Vieleck und Kreis sind zueinander opposita ... aber im Unendlichen koinzidieren Vieleck und Kreis.

Ein zweites Beispiel: Dreieck und Gerade. Stellen wir uns ein Dreieck vor, wo eine Seite unendlich groß wird. Dann wird aus diesem Dreieck eine Gerade. Wieder fallen im Unendlichen die Gegensätze zusammen, sie fallen in eins.

Oder denken wir an einen Kreis, dessen Radius unendlich groß wird. Dann wird der Kreisbogen zur Geraden ...

Hier nur als Anmerkung: In Gott fällt das unendlich Kleine mit dem unendlich Großen zusammen ... Gegensätze, die zusammenfallen in der höchsten Einheit, in der höchsten Eins, welche Gott darstellt.«

Die Musikanschauung des Cusanus

Über seine Beziehung zur Musik finden wir im zweiten Buch *De coniecturis* (Mutmaßungen) von 1440 folgende Äußerung des Cusanus:

»Wenn du von der Musik darüber hinaus mehr wissen willst, dann mache den ›circulus universorum‹ zu ihrem Wesenssinn und betrachte die eine Weise der Musik als vernunfthaft losgelöste, die andere gleichsam als sinnliche und die Dritte als verständige. In all dem vermagst du zu Bewunderungswürdigem zu gelangen, falls du dich in diesen Dingen in eifriger Meditation übst.« Aber viertens sei Musik um der göttlichen Transzendenz willen zu betreiben. Soweit sie dem Gottesdienst geweiht ist, hebe die Musikausübung den Menschen »in eine größere Nähe zum Absoluten« hinein. Der Mensch selbst werde dann zur klingenden Saite, zum tönenden Instrument.

»Dass die Musiklehre im Blick auf die Zahlengrundlage der Intervalle schon seit der Antike das Monochord als Demonstrationsinstrument benützt, weiß Cusanus, und er nennt es auch mehrfach, zum Beispiel am Beginn der Schrift vom Globusspiel. Damit sind die beiden Hauptmotive der rationalen Musikanschauung genannt, nämlich: mathematische Proportionslehre, und zweitens das Monochord als Demonstrationsinstrument. Eine ausgeprägte Proportionslehre wird man freilich bei Cusanus vermissen. Selbstverständlich zählt er bis zur Zahl vier: Er weiß, 3:2 ist die Quinte, 4:3 die Quarte, 4:1 die Doppeloktave, 2:1 die Oktave. Aber eine Proportion 9:8 kommt schon nicht mehr vor, wenngleich er den Begriff Ganzton kennt … Ansätze eines Tonsystems sind nicht vorhanden. Die philosophische Intuition überwiegt die tatsächlich dargelegte wissenschaftliche Theorie.«

»Zuletzt als vierte Stufe, als oberste Stufe, der Lobpreis Gottes. Man darf wohl mit Recht behaupten, dass der theologische Aspekt den wesentlicheren Gesichtspunkt der Musikanschauung des Cusanus ausmacht … Kurz gesagt: ›Gott zurückgeben, was Gottes ist.‹ Diese Rückgabe müsste in der Geschlossenheit eines vierfachen Denkschrittes gesehen werden:

1. Gott entlässt aus sich die Natur, seine Schöpfung.
2. Kunst imitiert Natur (so ist zumindest die Auffassung des Cusanus); der Natur entströmt gleichsam die Kunst, weil die Kunst eine ›imitatio naturae‹ darstellt.
3. Die Kunst verursacht die Freude des Menschen, ihre ›causa finalis‹ ist die ‹delectatio›, die Freude.
4. Und diese Freude des Menschen wird nun Gott wieder zurückgegeben.«

Die Koinzidenzlehre des Cusanus könnte im Übrigen auch als Schlüssel für folgende teils mystische, teils ekstatische Zustände dienen, denen ein künstlerisch empfindsamer musizierender Mensch – und nicht nur dieser – empirisch zu begegnen vermag:

- das Innehalten jenseits von aktiv und passiv,
- das Zuschauen oder Zuhören, wie etwas von selbst sich entfaltet,
- die Haltung der Absichtslosigkeit,
- Bereitschaft für den Zustand des nicht denkenden Denkens,
- wenn das Denkobjekt, der Denker und der Vorgang des Denkens in eins fallen,
- wenn das Werk, die Improvisation, der/die Musizierende und der Akt des Spielens in eins fallen,
- wenn Anfang und Ende in eins fallen.

Zustände, die auch gemeinsam erfahrbar sind kraft der »intersubjektiven Betreffbarkeit« in phänomenologischem Sinne.

Die Koinzidenzlehre des Cusanus ist auch der »Nichtzweiteilbarkeit« Altindiens verwandt, »Adhvaita« in Sanskrit, »Onepointedness« auf Englisch. Nikolaus von Kues war ein universaler Geist, seine Universalität behielt gegenüber wissenschaftlicher Akribie die Oberhand.

Literatur:

Werner Schulze: »Harmonik und Theologie bei Nikolaus Cusanus«, Wien: Braumüller 1983; ders.: »Musik und Harmonik bei Nikolaus von Kues«, Freies Musikzentrum München 1984.
Helmut Gestrich: »Nikolaus von Kues: Leben und Werk«, dargestellt in seinem Geburtshaus, Bernkastel-Kues, o. J.

Leicht gekürzte Fassung. Zuerst veröffentlicht in: »Symposium Brixen: Mystik und Ekstase«. Hrsg. von der Brixner Initiative Musik und Kirche. Brixen: Verlag A. Weger 1998.

Musikologisches / Geschichtliches / Weltmusik

Peter Michael Hamel
Eine »Missa« für München
Warum ich doch immer noch für Chor und Orchester komponiere

Gerade wenn der heutige Komponist einen eigenen Klangausdruck sucht, der auch unübliche Spieltechniken miteinbezieht, dann können ihn bestimmte Erfahrungen im Umgang mit den Orchestern schon demotivieren und davon abhalten, mit dem symphonischen Apparat umgehen zu wollen. Wer will sich schon demütigen, frustrieren, lächerlich machen lassen: Hat ein Tonsetzer sich unter Umständen monatelang an einer schlecht oder gar nicht bezahlten Partitur die Finger wundgeschrieben und nun wird sein Werk mit viel zu wenig Proben, in den USA manchmal ganz ohne, lustlos, ja bewusst ablehnend heruntergespielt. Ausprobieren wird beargwöhnt (»der weiß nicht, was er will«) und die Solidarität des Dirigenten ist womöglich auf Seiten des Orchesters, der noch junge unbekannte Komponist wird arrogant ausgegrenzt, nicht selten von den Proben nach Auseinandersetzungen ferngehalten. Das ist nicht immer so, zum Glück, es gibt wohltuende Ausnahmen. Und nach der Uraufführung bestaunt dann die Kritikerin auch noch (das ist eine wirkliche Geschichte) die hohen Qualitäten des Orchesters und macht abfällige Bemerkungen über das Stück. Die Hörerschaft hatte sich im Übrigen mit einem Buhkonzert vom Komponisten verabschiedet, vielleicht wurde in der Schlagzeuggruppe noch ostentativ eine Spielstimme zerrissen, was alles nichts Erfundenes ist, hier nur überspitzt »alles auf einmal« dargestellt.

Nach einem solch blamablen Erlebnis hörte ich erneut den Rat einiger guter Freunde: »Lass es doch sein mit dem schwerfälligen Orchester, lass die ihren Brahms spielen, ein Orchester mit Kapellmeister ist doch anachronistisch! Schau, ich hab jetzt 12 Computer / Sampler / PC-Systeme mit Keyboard, die mir sämtliche Klänge eines Orchesters synthetisch simulieren können, da bist du nicht auf entfremdete Beamte angewiesen, denen Punkt 13.00 Uhr der Bogen aus der Hand fällt!« –

Ich hatte mich ja von Anbeginn mit den Möglichkeiten elektronischen Komponierens befasst, war dank Freunden aktuell informiert und technisch versiert.

Aber die Verlockungen unerhörter Klangwelten aus dem Synthesizer konnten mir dennoch die Lust nicht nehmen, mich diesem vielstimmigen Organismus Orchester auszusetzen, sind doch in den letzten 20 Jahren aus meiner Feder mehr als 20 Orchesterpartituren entstanden (und aufgeführt worden).

Elektronik hingegen ist für mich eine Möglichkeit für Verstärkung und Verräumlichung, sie war gut zur Weiterentwicklung der elektronischen Orgel, für Tonträger und Medienproduktion und konnte mir im Schauspiel und Hörspiel hervorragende Dienste leisten, wurde aber nie ein Ersatz für akustisches Musizieren. Die Begegnung mit Celibidache vor zwölf Jahren bestärkte mich schließlich im vorhandenen sicheren Gefühl, dass das menschliche Tun, das gemeinsame Atmen, der Fingerdruck, Arm- und Körperarbeit, natürlicher Puls, auch das Unwiederholbare, Spontane, nicht Quantifizierbare so etwas wie Grundvoraussetzungen sind, damit Musik überhaupt entstehen kann. So habe ich mich trotz mancher Enttäuschung und Einschüchterung nie vom Orchester abgewandt und darf mich wohl bald als Hauskomponist der Münchner Philharmoniker fühlen, deren Spitzenmusiker mich inzwischen erfolgreich um bald ein Dutzend Kammermusikwerke gebeten haben.

Eine wichtige Rolle für eine positive Haltung zur Orchesterarbeit spielte die Begegnung mit prägenden Werken des letzten Jahrzehnts. Drei Beispiele, die mir zeigten, dass die Möglichkeiten der Orchesterpalette noch lange nicht ausgeschöpft sind:

1) Luc Ferrari: »Histoire du plaisir et de la desolation« – ein großes Orchester mit rhythmisch kraftvoller zusätzlicher Perkussion, welches sämtliche hypertrophen Orchestermittel ausschöpft, eine Brücke von skrjabinscher Harmonik zum kalifornischen »drone« schlägt und unverwechselbaren Humor hat, ein Seltenheitswert in der neuen Musik, eine Liebeserklärung bei gleichzeitiger Infragestellung der Hierarchie des Apparates.

2) Morton Feldman: »Coptic Light« – ein komplexes Verwobensein, Schaffung eines Orchester-»Pedals«, ein fliegender Teppich, dessen Sogwirkung aus haptischem, »koptischem« Licht besteht – über den Tod hinaus komponiert (Feldmans letzte Orchesterpartitur), ein geistiger Raum. Von der FAZ zur schlechtesten amerikanischen Partitur erklärt, so ist das. Dabei wurde eine unmögliche Aufführung rezensiert, probenlos vom Blatt gespielt nach Aussage des Komponisten, inzwischen rehabilitiert durch das Sinfonieorchester des Hessischen Rundfunks.

3) John Cage: »30 Pieces for 5 Orchestras« – ein unvergessliches Erlebnis in der Kölner Kirche St. Maria im Kapitol mit Cage selbst auf dem Bischofsstuhl sitzend. Das WDR-Sinfonieorchester war in fünf Kammerorchestergruppen aufgeteilt, räumlich weit voneinander postiert, mit fünf Dirigentinnen, welche nach fünf separaten Partituren dirigierten, die lediglich zeitlich koordiniert waren: 30 Minuten. Jedes der dreißig Stücke hat Cage auf zwei Seiten notiert.

Zeitklammern von 45 Sekunden, die bei der Zweitaufführung am gleichen Abend sich immer anders überlappten, sodass ein faszinierend lebendiger Organismus entstand, jedesmal unwiederholbar im Ganzen und doch identisch und individuell im Detail. John Cages Probenbericht von der Uraufführung 1981 in Metz ist es wert, hier zitiert zu werden:

»Ich habe kürzlich eine interessante Erfahrung gemacht: Diejenigen, die – im Allgemeinen gesprochen – am wenigsten Zeit für neue Musik aufwenden, sind die Orchestermusiker. Und zwar deswegen, weil sie sich nicht nach musikalischen Anforderungen, sondern nach der Musikergewerkschaft richten, nach Vorschriften, wie viele Stunden sie arbeiten müssen. Dies wissend habe ich mir im letzten Jahr, als ich ein Orchesterstück für Metz schreiben sollte, vertraglich die Klausel ausbedungen, dass zehn volle Proben für das Stück angesetzt würden. Das bedeutet 30 Stunden Probezeit. Bis zur letzten Minute aber schickte man mir keinen Probenplan, und so telegrafierte ich, dass ich nicht an dem Festival teilnehmen würde, wenn ich nicht vorher den Plan erhalten hätte. Schließlich kam der doch noch an, und mir wurden zehn dreistündige Proben bewilligt. Im Laufe dieser Zeit entwickelten alle beteiligten Musiker Interesse an dem Stück, weil sie sich ausgiebig damit beschäftigen konnten.« (Programmheft »Nacht-Cage-Tag«, WDR 1987)

Ungewöhnlich ausgiebig konnten sich auch die Münchner Philharmoniker mit der Uraufführung meiner Sinfonie »Die Lichtung« 1988 unter Maestro Celibidache befassen. Eine ganze Woche lang hat das Orchester einen einmaligen Arbeitsprozess ermöglicht (nachzulesen in meinem Gespräch mit Wolfgang Schreiber im Jahrbuch 87/88). Hatte ich dank Celibidaches Unerbittlichkeit doch immerhin einen neuen Zugang erfahren zur »Balance der Holz-, Blech- und Streichergruppen, zur Deutlichkeit der musikalischen Linien, zur richtigen Verwendung der jeweiligen Instrumente und ihrer Eigenart«. Der Maestro hatte die ganze Partitur (77 Seiten 36-zeiliges Notenpapier!) auswendig gelernt und wollte das, was von mir kam, noch stimmiger machen, bewirken, dass alles symphonisch hörbar wurde. So wurde es tatsächlich die Verwirklichung dieser Utopie, dass ich gleichzeitig Uraufführung, Revision und Neufassung erleben konnte. »Die armen Musiker während der Probenzeit: sie sahen jeden Tag etwas Neues in ihren Stimmen!« Und auch ich sah und las hinterher manchen Kommentar in den Noten, den ich hier nicht wiedergeben möchte. Es war auch ein ungeheuer anstrengender und nervenaufreibender Prozess für alle und es war toll, dass sie mitgemacht haben.

In diesem Sinne möchte ich auch um eine ganze Woche Probenzeit bitten, wenn 1994/95 meine »Missa« von den Philharmonikern aus der Taufe gehoben wird, zumal auch der philharmonische Chor daran beteiligt sein wird, der noch mehr Zeit benötigt, um sich das ungewohnte Material anzueignen. Zum

100. Geburtstag des Orchesters habe ich nämlich neben Krzysztof Penderecki, der seine 3. Symphonie zur Uraufführung bringen wird, einen Kompositionsauftrag für diese abendfüllende »Missa« für Solosopran, 2 Chöre, Orgel und großes Orchester erhalten. Handschriftliche Skizzen liegen bereits vor, sodass das Orchester keine Katze im Sack bestellt hat.

Eine Missa für München

Schon 1988, als Maestro Celibidache mich zu dieser Messe anregte, habe ich mit der Arbeit an dem achtteiligen opus magnum begonnen. (»Peter, ich hab ein Attentat auf dich, schreib' du eine Messe, urchristlich, nicht klerikal – Gott war da, bevor es der Mensch wusste. Beim Chor sollst du nicht an Laien, sondern an Engel denken, der liebe Gott soll dir den Bleistift halten!«) Immer wieder wurden Skizzen sowie die Konzeption des gesamten formalen Ablaufs mit dem Maestro gemeinsam erörtert, in Frage gestellt, verworfen oder zur Weiterarbeit »abgesegnet«. Ich habe von der Insistenz Celibidaches profitiert, nur Authentisches und Unroutiniertes gelten zu lassen, wohingegen er ästhetische oder stilistische Eingriffe unterließ.

Die entscheidenden Ideen in formaler Hinsicht haben sich erstaunlicherweise unabgesprochen mit denen des Komponisten gedeckt: zum Beispiel, mit dem »Amen« zu beginnen. Hier wird eine geistige Affinität deutlich. Von Anfang an ging es um eine »dritte Instanz«, die vielleicht mit »soli deo gloria« umschrieben werden kann: der Komponist als mediales Werkzeug, selbst ein demütiges Instrument und nicht so sehr der selbstherrliche Macher.

Celibidache wollte in erster Linie meine eigene Ausdrucksbreite orchestral deutlich werden lassen und mich »vor meinen eigenen Schwächen schützen« (mechanischer Ablauf einmal gefundener Strukturen, Auf-der-Stelle-Treten, prolyx Mehrfachgesagtes). Andererseits konnte ich auf meinen Ausgangspunkten beharren: modale Konsequenz statt Modulation, Zentraltonbezug, Zwölftonordnung, Statik des Klingens. Dafür habe ich aber all die Instrumentationsanregungen, die Orchestererfahrung des Maestro, seine Fähigkeit, spontan musikalische Verläufe beim Lesen, mehrfachem Lesen, zu erleben, dankbar angenommen und aufgegriffen.

Nicht nur in dieser »Missa«, auch bei meinem Violinkonzert habe ich aus der lebendigen Probenerfahrung und dem Austausch mit einzelnen Musikern für die Instrumentierung profitiert. So denke ich beim Komponieren oft an ganz bestimmte Musiker in den verschiedenen Gruppen; beginnt in meinem Violinkonzert die Solistin doch einen imaginären Gang, eine Wanderung durch die hinteren Reihen des Orchesters, wo die »Einzelgänger« residieren (Harfe, Klavier, Tuba, Schlagzeug). Es ergeben sich da Dialoge der Soloviline mit diesen vertrauten »Gesichtern« des Orchesters. Durch die vielen Kammermusikstücke für

Musiker, z. B. der Münchner Philharmoniker, habe ich bei den Proben einzelnen Instrumenten besser zugehört, sie besser kennen und achten gelernt, manche Philharmoniker haben mir Entscheidendes über ihr Instrument vermittelt. Hier denke ich freilich auch an Fellinis unvergesslichen Film »Die Orchesterprobe«, in dem jeder sein Instrument (als einziges) in den Himmel hebt.

Selbst dem orchesterfernsten Elektronikspezialisten wird es einleuchten, dass ein Komponist unter Celibidaches »Supervision« und quasi als Hauskomponist eines Orchesters die Chance nutzen wird, mit dem akustischen Instrumentarium umzugehen und symphonische Erfahrungen und Kenntnisse zu sammeln. Schon früh habe ich übrigens dem Orchester ein elektronisches Zuspielband hinzugefügt, so in »Dharana« ein Kontro-Des aus dem Synthesizer, sowie einen durch Wasserrauschen modulierten elektronischen Orgelklang in »Maitreya«, eine Art Computer-Bordun, das durch Sturm- und Windklänge modulierte Auf- und Absteigen der Obertonleiter.

Aber dennoch wird der atmende, singende, musizierende Mensch immer im Zentrum meines Schaffens stehen. Das Schwingen der Saite und Luftsäule wird nicht durch den Sinusgenerator ersetzbar. Die Ausgangsbasis des vom Menschen hervorgebrachten Tones, die harmonikale Bewandnis der Natur ist letztlich nicht simulierbar, auch wenn es der virtuelle Zauber vorgaukelt.

Leicht gekürzte Fassung. Zuerst veröffentlicht in: Jahrbuch der Münchner Philharmoniker 1994/95.

Gabriele E. Meyer im Gespräch mit Peter Michael Hamel anlässlich der Uraufführung der »Missa« 1995
»... ich konnte nicht anders, als sie so zu komponieren ...«

Lass uns ausgehen von der Fragestellung Adornos zu Beethovens »Missa solemnis«, es sei eine Paradoxie, dass Beethoven überhaupt eine Messe komponiert habe und man verstünde das Werk erst dann, wenn man wüsste, warum er es getan habe. Das schon damals manifeste Unbehagen, die Liturgie zu vertonen, nach Aufklärung und französischer Revolution, gilt wohl in gesteigertem Maße für einen Komponisten gegen Ende des 20. Jahrhunderts.

Ich bin nie das gewesen, was man einen Kirchenmusiker nennt. Aber ich habe mein ganzes bisheriges Leben mit dem Kirchlichen verbracht und nicht erst seit Eugen Drewermanns *Kleriker – Psychogramm eines Ideals* weiß ich auch warum. Katholisch aufgewachsen, habe ich alle Repressionen hinsichtlich dessen, was Kirche ist, in meiner Kindheit, neben meinem Elternhaus durchlitten, wenn auch nicht eigentlich wissend. Die Geborgenheit, die Getragenheit, all das, was Mutterkirche impliziert, hielt mich zeitweise so gefangen, dass ich fest entschlossen war, Priester zu werden. So kam ich in ein erzbischöfliches Gymnasialkonvikt im Badischen, wo ich Latein, Griechisch und auch Gregorianik lernte. Ich war so fasziniert von dem Priesterdasein, hoffte ich doch nach der Trennung meiner Eltern eine Mutter in dieser kirchlichen Geborgenheit zu finden – und damit die Freiheit, nicht mehr auf die Familie Rücksicht nehmen zu müssen. Die Heimerfahrungen aber waren furchtbar und die Kirche wurde plötzlich zum Grausamsten. Nach diesen, so ernüchternden Erfahrungen gab ich meinen Wunsch auf und wusste, du musst den Gott woanders suchen.

Für mich ist nicht die (katholische) Menschwerdung oder das (evangelische) Karfreitagsgeschehen zentraler Betrachtungsaspekt, sondern »Tod und Verklärung«. Die Messe hat ohnehin beinahe die Bedeutung von einem Requiem, allein schon wegen des diesbezüglichen Textanteils. Da geht es aber auch über den Tod hinaus, möglicherweise nicht nur ins Paradies, sondern auch in Richtung Wiedergeburt in einer transzendierenden Vorstellung, die schon von den Mystikern des Mittelalters ausgesprochen wurde – und auch verfolgt worden ist.

Ernst Bloch spricht im »Prinzip Hoffnung« davon, dass der Kirchentext von Tod und Verdammnis seit hundert, fast zweihundert Jahren von den meisten Menschen nicht mehr geglaubt werde, trotzdem in der Musik lebe, sie gar archetypisch präge.

Dem scheint zu entsprechen, dass die Zahl der Requiem-Vertonungen vor allem im 20. Jahrhundert stark zugenommen hat. Ich erinnere nur an die betitelten Werke von Benjamin Britten, Hanns Eisler, György Ligeti, Krzysztof Penderecki, Kurt Weill und Bernd Alois Zimmermann, an die den Todesgedanken aufgreifenden Instrumentalkompositionen von Alban Berg, Karl Amadeus Hartmann und Arthur Honegger, auch an die apokalyptischen Schreckensvisionen Franz Schmidts. Warum hast du dein Stück nicht Requiem genannt trotz des großen Textanteils aus der Totenliturgie, auch nicht Messe, sondern lateinisch »Missa«?

Ich habe mich für »Missa« entschieden, weil ich ausschließlich lateinische Messe- und Requiemtexte verwende, eine coniunctio schaffend zu dem urchristlichen Glaubensbild. Natürlich hätte es andere Möglichkeiten gegeben, zu hören beispielsweise bei Bernd Alois Zimmermann, der ein Gedicht von Nelly Sachs einbezogen hat oder bei Dieter Schnebel in dessen »Dahlemer Messe« die in der Person Martin Niemöllers dem Widerstand der Bekennenden Kirche im Dritten Reich gewidmet ist. Schnebel verwendete in seinem hyperkomplexen Werk sehr viele Texte, die aber dem musikalischen Verarbeitungsprozess untergeordnet wurden. Verbales Verständnis ist hier nur über das Lesen im Programmheft möglich.

Ich hätte auch meine Texte gehabt, Widerstandstexte oder Mystisches von Romano Guardini, die beweisen könnten, dass ich nicht mehr im vorigen Jahrhundert lebe, dass zwei Weltkriege und Auschwitz nicht vergessen sind. Mein Weg war ein anderer. Ich wollte die »Missa«, das »Amen« nicht anderssprachig, weil hier das Semantische für mich keinerlei Präferenz hat. Ich gehe davon aus, dass jeder weiß, was »Kyrie« bedeutet. Der Titel Requiem hätte das Pastose zu sehr betont. Mein Musiktheater »Shoah« etwa bedeutet in erster Linie Trauerarbeit. Dort versuche ich die Verletzung unseres Jahrhunderts darzustellen, »die Endlösung«, wobei sich unwillkürlich die Überlegung einstellt, ob diese Schrecknisse überhaupt vermittelbar sind. Hier, in der »Missa«, steht die Idee, trotz aller Bedrängnisse – ausgedrückt mit Hammerschlägen, Holzratschen, Fortissimo-Akzenten und sirenenartigem Geheul im »Dies Irae« und im »Miserere« – die Menschen nicht im Bewusstsein des Grauens zu entlassen. Ich möchte weiterführen, hoffentlich. Deshalb das Gleichgewicht von Leidens- und Verherrlichungsarchetypen.

»Requiem« impliziert eine Begrenzung. Auch deshalb wählte ich den Gattungsterminus »Missa«: »gesandt« gewissermaßen durch den Tod hindurch. Schon in meinen Opernversuchen »Ein Menschentraum« und »Kassandra« wollte ich über den Tod hinaus komponieren. Alles, was sich direkt auf den Tod bezieht, das »Dies Irae«, das »Libera Me« versuche ich hinter mir zu lassen, um über das »Sanctus«, das »Lux Aeterna« und das »Hosanna« eine ganz große Freiheit erahnen zu lassen. Wenn es nicht so merkwürdig klänge, würde ich von meiner »Missa« als einer Reanimierten-Messe sprechen, nicht zuletzt aus den Nahtod-

Begegnungen heraus, die urplötzlich ungeheure Visionen von Freitod und innerem Frieden freisetzen.

Das Unbehagen, liturgische Texte zu vertonen, ist – wie schon gesagt – zu Beginn des 19. Jahrhunderts manifest, umso mehr noch für einen Komponisten an der Schwelle zum dritten Jahrtausend nach Christus. Nach welchen dramaturgischen Kriterien hast du die Textauswahl getroffen?

Die rituelle Abfolge, der »Canon Missae« war nie beabsichtigt. Meine »Missa« beginnt mit dem »Amen« im Sinne des »in principio erat verbum« – am Anfang war das Wort. Es folgen »Kyrie«, »Dies Irae«, »Miserere«, »Libera Me«, »Sanctus«, »Lux Aeterna« und »Hosanna / Amen«. Auswahl, Abfolge und Aussparung der verwendeten Messe- und Requiemtexte entsprechen einem aus persönlichen Erfahrungen resultierenden musikdramaturgischen »Programm« hinsichtlich Leben, Tod und Verklärung. Außerdem zitiere ich noch das selbst als Bub gesungene »Jubilate Deo« von Orlando di Lasso, die Maria-Lichtmess-Antiphon »Lumen Ad Revelationem Gentium« (Licht zur Erhellung der Völker) und, zuletzt, das »Saecula Saeculorum« der Hildegard von Bingen.

Grundsätzlich meine ich, dass diese Texte über die Bedeutungsebene hinausgehen, anders gesagt: mein Hinterfragen besteht aus dem bewussten Verzicht beispielsweise auf das »Credo«, auf das »Unam Sanctam Catholicam«, Verzicht also auf jedes Dogma, jeglichen wie auch immer benannten Fundamentalismus, weil ich aufgrund der schon angedeuteten Repressionen nicht mehr gläubig sein konnte, wenigstens nicht im amtskirchlichen Verständnis.

Die »Missa« ist eigentlich eine Auferstehungsmusik, gibt es doch hinter dem Tod und dem Ritual noch so etwas wie Urvertrauen, ein Urvertrauen zumindest der Klänge. Da wollte ich die Situation vor und hinter dem Sterben, vor und während der Geburt tönen lassen.

Ich stelle meine Frage nach den Auswahlkriterien noch ein wenig anders. Welche klassischen Vorbilder, möglicherweise auch Komponistenkollegen haben dich beeinflusst?

Im »Amen« ist das Orchester auf die Bassinstrumente, zwei Bassklarinetten, zwei Fagotte, Kontrafagott, drei Posaunen, Basstuba, tiefe Pauken und Glocken, Orgelpedal und tiefe Streicher reduziert. Diese Tiefenmischungen erinnern von ferne an ein tibetisches Mönchsorchester, in ihrer repetitiven Figuration aber auch an die Pattern-Technik meines amerikanischen Freundes Terry Riley.

Im darauffolgenden »Kyrie«, einer Hommage an meinen Lehrer Günter Bialas und seinen heterophonen Klangsatz, wird das kontrapunktisch geführte Chorfugato von einem auf Streicher und zwölfstimmige Soloblaser beschränkten Orchester begleitet. Und plötzlich bildet sich im Verlauf der Fuge ein aus übereinandergelegten Quarten und Quinten bestehender Akkord – ein Bialas-Akkord.

Der dritte Teil, das »Dies Irae«, stellt neben der Orgel ein Blechbläser-Oktett in den Vordergrund, eine Kombination aus drei Trompeten, drei Posaunen, aber nur einem Horn und einer Tuba. Die Männerchöre singen hier allein. Die Intensität des Ausdrucks und die Konzentration auf die Blechbläser gemahnt an die Bekenntnismusik von Karl Amadeus Hartmann, verwendet ein Anfangsintervall seiner Klaviersonate »27. April 1945«: Hartmanns Aufschrei einer, seiner Generation sollte hier Eingang finden.

Das »Miserere«, der vierte Teil der »Missa«, beschränkt sich auf die Frauenstimmen und den Solosopran. Da wird mit einer Glissando-Technik gearbeitet, der ich in »Stille und Umkehr«, Bernd Alois Zimmermanns erschütterndem Ausdruck von Verzweiflung, erstmals begegnet bin. Alle Streicher spielen eine leere Saite gleichzeitig mit demselben auf einer tieferen Saite gegriffenen Ton. Durch kleinste Verschiebungen entstehen Drittel-, Viertel- und Sechsteltöne, die mit der mitschwingenden leeren Saite Schwebungen und Interferenzen auslösen und dann von den Frauenstimmen aufgenommen werden.

Natürlich ist es gefährlich, expressis verbis auf solche Bezüge hinzuweisen, weil dann mancher meint, dass ich imitiert hätte. Dem aber ist nicht so. Es gibt keine Stilzitate als solche, es wird lediglich aus den Techniken dieser Komponistenkollegen mal ein Akkord, mal eine Melodiesequenz, mal ein Verarbeitungsverfahren, mal ein Klang, ein Rhythmus oder eine besondere Instrumentierung einbezogen, immer jedoch anverwandelt.

Im »Libera Me« kommt dann der gesamte Apparat zum Einsatz: Schlagzeug-Ostinati im Rhythmus drei gegen zwei und vier gegen drei, rotierender Sprechgesang, Befreiungsruf aus vollen Kehlen in größter Intensität, Stimmengeflüster im äußersten Pianissimo, gehaucht von Holzratschen und Orchesterflageoletts begleitet. Carl Orff ist dieser Satz gewidmet, auch in seiner eingestandenen Nähe zum Strawinsky von »Les Noces«.

Das anschließende »Sanctus« baut auf Chor- und Blechbläserakkorden von strahlender Dichte auf. Das Numinose soll hier im leuchtenden Bassklang des Orchesters als stärkste Kraftentfaltung auf knappstem Raum ertönen, in genau 52 Takten, wie bei Anton Bruckners f-Moll-Messe. »Sanctus« auch im Gedenken an den 1992 verstorbenen großen französischen Komponisten Olivier Messiaen und an sein »Et expecto resurrectionem mortuorum«.

Introvers, am tiefsten nach innen gewandt, klingt der siebente Teil, das »Lux Aeterna«, für achtstimmigen Kammerchor und ein »sphärisches« Schlagzeug, das aus Glockenspiel, Zimbeln, Vibraphon (mit dem Bogen gestrichen) und Weingläsern, die gerieben werden, besteht. Statische, schwebende Chorklänge erinnern an Morton Feldmans »Koptisches Licht«, aber nur reminiszensartig. Ich dachte daran, wie Morton in seinem letzten Orchesterwerk das Licht hörbar machen wollte. Man hört es natürlich nicht real, so etwas klingt auf einer subtileren Ebene. Hier wird auch die Maria-Lichtmeß-Antiphon intoniert, die ich selbst als Chorknabe gesungen habe.

Im folgenden »Hosanna«, das dem Komponisten Celibidache zugeeignet ist, werden mittels Rumbarasseln, Maracas, Timbales und Marimba ethnische, nicht abendländische Rhythmen einbezogen. Außerdem ist eine Tonreihe zu hören, die Celibidache in seinem »Taschengarten« verwendet hat, einem sehr witzigen und frechen Werk für Kinder. Celibidache sagte einmal, dass alle hiesigen Musiker mal jazzen sollten, um Rhythmus zu erfahren. Eine Maracas-Rassel ist natürlich absolut tabuverletzend für einen deutschen Komponisten, zumal in einer Messe. Ich wollte ein wenig von dieser ekstatischen Religiosität einbringen, sind doch so viele »Nichtzentraleuropäer« in all ihrer ausgelassenen Rhythmik wesentlich näher an Gott, als wenn hier einer nach Noten vom Blatt singt. Wie kann ich wenigstens ein bisschen auf die Welt des Tanzes, der Trance, auf eine uns verlorengegangene Gottverherrlichung aufmerksam machen? Indem ich improvisatorische Momente einbrachte.

Im dem ursprünglichen Sinn des griechischen »kata holon«, des Ganzen, ist die »Missa« dann doch wohl ein katholisches Stück. So treten über einem Sambaartigen »Hosanna«-Motiv im lydischen Modus, der auch in Lateinamerika vorkommt, alle »Missa«-Themen übereinandergestellt und ineinander verzahnt noch einmal auf. Der Solosopran intoniert Lassos »Jubilate Deo« und führt zum »Amen« zurück, sodass sich in der Tat der Anfang im Ende und das Ende im Anfang findet. Die letzten Takte sind eine Reverenz an Hildegard von Bingen.

Du beginnst mit dem traditionell beschließenden »Amen«. Hat das, etwas vereinfachend gesagt mit Celibidaches Sichtweise vom Ende der Musik schon in ihrem Anfang zu tun?

Für mich ist »Amen« eigentlich »Aeioum«, die Gesamtheit der möglichen Vokale in einem Ton, so wie das der altbuddhistische Mönch oder Hindupriester sagt, ein antiker Urgesang ... logos. Logos nicht in dem Sinne von Wort, sondern von Klang. Im Anfang war die Ursilbe und damit die Schwingung. Deshalb verkürzte ich das Wort »Amen« zunächst auf den mantrisch klangfarblichen Gehalt. Der Chor beginnt mit asemantischen Vokalisen. »Amen« ist für mich ein Synonym, wo die Zeit von vorne nach hinten springt, wo du nicht mehr denken kannst, ob es war oder sein wird. Es bedeutet Zeitfreiheit im hic et nunc, natürlich symbolisch gesehen, weil es klingende Musik außerhalb der Zeit ja nicht geben kann.

Der Schluss der »Missa« war schon fertig konzipiert, als ich den Anfang niederschrieb. Ich wusste immer, dass da ein bestimmter Akkord zu stehen kommt, einen Bogen spannt vom F des Anfangs zum F des Endes. Dort zitiere ich Hildegard von Bingen, den Schluss von »Saecula Saeculorum«. Ähnlich wie zu Beginn der »Missa« ist wiederum nur der Klang im mantrischen Sinne entscheidend, seine Obertöne.

Grundsätzlich versuche ich eine coniunctio oppositorum, also Dinge zu verbinden, die sich für unser historisches Verständnis gegensätzlich entwickelt haben. Gegensatz nicht mehr als Gegensatz. Ich erlebe nicht mehr, atonal gegen tonal, ist doch das Geräusch bei Luigi Nono ebenfalls tonale Musik gewesen. Wenn ich es nämlich pythagoräisch definiere, so ist auch die Dissonanz irgendwann einmal ein harmonikales Naturphänomen geworden. Hier bin ich auch am Urpunkt meiner Aussage: die Überwindung einer nur scheinbaren Gegensätzlichkeit, die »Coincidentia Oppositorum« in der Tatsache, dass in einem Ton alle Töne enthalten sind.

Heutzutage sind die Probleme für einen Komponisten sehr vielfältig. Sie beginnen schon bei der Wahl der Mittel, formal, tonal, instrumental, von inhaltlichen Kriterien ganz zu schweigen. Auf der einen Seite steht immer noch die, möchte fast sagen, klassische Avantgardeposition Donaueschingen und Darmstadt, auf der anderen Seite der permanente Versuch der bewussten Abkehr von diesem radikal elitären Denkansatz zu dem immer noch diskutierten Stichwort »postmodern«. Ich stelle jetzt nur die Gretchenfrage nach der Tonalität in der »Missa«.

Es war progressiv, wirtschafts- und industriefreundlich, innovatorisch zu sein. Dieser Fortschrittspositivismus, musikalisch etwa von Pierre Boulez (als einem insgeheim konservativ Denkenden) zementiert, verbot Tonalität als reaktionär. Interessanterweise aber hat der gesellschaftlich klassenkämpferische Gestus eines Hanns Eisler die Tonalität als Recht der Arbeiterklasse eingefordert. Plötzlich auch legt ein grüner, ökologisch orientierter Pioniergeist bewahrende Grundsätze an den Tag. Paradigmenwechsel? Ja, das Konservative, das Bewahrende als Einstellung hinsichtlich der Erhaltung der Erde vor menschlicher Hoffart und Zerstörung besitzt nun progressive Qualität.

In der »Missa« experimentiere ich mit einer Ur-Tonalität. Stilistisch lineares Fortschrittsdenken hinsichtlich des Materials versuchte ich zu Gunsten eines Vernetztseins aller Mittel, angefangen von der Gregorianik bis hin zu den ethnisch-archaischen Urtönen, von Glissando- und Cluster-Techniken des modernen Orchesters bis zu Mikrointervallen und Obertonreihen im Bereich der menschlichen Stimme. All diese divergierenden Techniken sind in einer Zusammensicht verbunden, die im Ansatz dem kybernetischen Denken eines Frederic Vester nahekommt, der Vision Teilhard de Chardins, dem integralen Yoga des Inders Sri Aurobindo, der mehrdimensionalen Diaphanität Jean Gebsers.

Das ganze Stück ist also atonal, aber eben anders. Es gibt freilich keinen Dominantseptakkord zu dem zugrundeliegenden F-Bereich, also keinen funktionalen Bezug. Ich höre die Tonalität in einem viel älteren Sinne, modalharmonisch gewissermaßen. Akkorde werden durch Linien verbunden. Messiaen machte das mit einem begrenzt transponierbaren Modus, so ist auch hier eine Berührung hörbar, allerdings nur vom Ansatz her, von der Grundidee.

Ich weiß sehr wohl, dass ich die »Missa« für Donaueschingen ganz anders hätte komponieren müssen, um vor der elitären Kunstkritik bestehen zu können. Dieses Stück ist aber schon wieder ein Hamel, weicher, harmonischer, weniger aggressiv – obwohl Schärfen nicht ausgespart wurden. Es ist mir einfach nicht möglich, Klänge ohne Rücksicht auf Verluste zu riskieren wie Hespos oder Lachenmann, so sehr mich deren Resultate faszinieren.

Ich kann mich des Eindrucks nicht erwehren, dass du die Quadratur des Kreises versucht hast oder die Verwirklichung einer Utopie ...

Es war wieder der Versuch etwas Unmögliches zu machen, das darin besteht, dass alles, im Tiefsten oder Höchsten zusammenhängt. »To try the impossible«, sagte John Cage einmal zu mir. Allerdings verwirklicht sich so etwas nur in Absichtslosigkeit. Wenn du es machen willst, willentlich, strengt es an. Du musst die Leichtigkeit, eine ganz gewisse Naivität einfach zulassen. Wie kann ich meinen philosophisch-geistigen, auch stilistischen Anspruch einordnen (lassen)? Wer bist du denn als Komponist? Zwölftönig, atonal, modal, Cluster ... Wo ist das Ganze, die Einheit? Ich kann nur sagen: die »Missa« ist entstanden.

Ich erzähle hier eine eigene, selbsterfahrene Geschichte, die eher in einer psychotherapeutischen Sprache erklärbar ist: Angst kommt von Enge, Begrenzung. Je größer die Angst, desto mehr verdrängst du sie. Hast du einmal die Urangst erfahren, vielleicht sogar im Traum? Warst du einmal im Tod oder gar dahinter? Dann weißt du vielleicht um die wunderbare Freiheit, in die du möglicherweise gelangen kannst. Meine Botschaft, wenn überhaupt: es gibt noch andere Dimensionen, eine geistige Seinsebene außerhalb aller Dogmen und Sekten, auch wenn es ganz schlimm kommt. Du musst den Gott woanders suchen! Da drinnen bei dir!

Spiegelt deine »Missa« auch deine Berührungen, Auseinandersetzungen mit anderen Religionsphilosophien, den fernöstlichen?

Nenne es ruhig synkretistische Berührungen. Alles das aber prägte auch das Christentum, dachten meist die Ketzer, auch die des Islam, die Sufis, aber auch unser Meister Eckhart, der Mystiker und Prediger Johannes Tauler und Hildegard von Bingen. Trotz aller grausamen Auseinandersetzungen gab es im Urchristentum, ja selbst im Mittelalter noch eine Selbstverständlichkeit des inneren Sehens. Gerne hätte ich die »Missa« Johannes XXIII. gewidmet, weil mich dessen menschlich bescheidene und demütige Persönlichkeit so beeindruckt hat.

Siehst du einen werkmäßigen Zusammenhang mit deiner von den Münchner Philharmonikern im Rahmen der ersten Münchener Musikbiennale (Juni 1988) uraufgeführten Symphonie »Die Lichtung«? Bedeutete die Entscheidung, wiederum für ein Traditionsensemble zu schreiben, nicht eine gewisse Beschränkung in der Wahl der Mittel?

In mancherlei Beziehung ist »Die Lichtung« ähnlich wie die »Missa« ein Resümee-Stück. Ich nehme nicht an, dass ich morgen schon wieder eine Messe komponieren werde und übermorgen die zweite Symphonie oder ein weiteres Klavierkonzert. Man kann das zwar nie so genau vorhersagen, mein Interesse aber zielt nun weg von der großen, traditionell fixierten Form in Richtung Improvisation mit Drittel- und Vierteltönen wie in meinen Streichquartetten. Wahrscheinlich gehe ich jetzt wieder zum eigentlich Experimentellen über, überlege mir vielleicht, ein Marimbaphon anzusägen, bis die Terz eine arabische wird.

Ich hatte wirklich Lust nach dem gewaltigen, satten Orchesterklang, wobei ich Sergiu Celibidache sehr viel hinsichtlich Ausbalancierung und instrumentatorischer Durchsichtigkeit für meine »Lichtung« verdanke. Die »Missa« ist zwar auf seine Anregung hin, gleichwohl aber ohne seine Einflussnahme entstanden. Im Allgemeinen gehe ich über die normale Spielbarkeit nicht hinaus, abgesehen von einigen Vierteltonpassagen, das heißt, dass ich manche Erfahrungen in Richtung Alois Hába oder Edgar Varèse freiwillig beiseitegeschoben habe. Warum? Es gab Proben mit Werken von Hans-Joachim Hespos und Mauricio Kagel, da haben die Orchestermusiker in Köln und Berlin hassend gespielt. Ob da je Musik entstehen kann?

Es war nicht leicht, die »Missa« zu instrumentieren, damit der Chor nicht zugedeckt wird oder sich nur auf die Sopranlinie reduziert. Im Grunde genommen ist das Stück aus dem Chorklang herausgewachsen, deshalb auch zwei Chöre. Ich war von Anfang an überzeugt, dass neben dem Via-nova-Chor auch der Philharmonische Chor seinen Part irgendwann trotz allem »Durchbeißen« sehr gut bewältigen wird. Daran hat möglicherweise auch meine Notierungsweise einigen Anteil, schreibe ich die Cluster doch so, dass diatonische Kleinverhältnisse geschaffen werden, die untereinander intonationssicher zu stehen kommen. Dann erst schichte ich diese in- und übereinander. Diese Verfahrensweise können auch Laien nachvollziehen.

Celibidache äußerte sich zunächst sehr skeptisch und meinte, dass das niemals gehen werde und ich nicht an Laien, sondern an Engel denken solle. Nun gut, ich dachte an Engel, nicht nur an professionelle Chorsänger. Ich wollte eine Musik für die Ausübenden, für die Zuhörer schreiben, nicht allein für die Experten.

Mein Resümee? Es ist interessant, dass es in dem fundamentalistisch orientierten Deutschland den Stilpluralismus eigentlich nie gegeben hat. In Amerika kannst du alles mischen, weil kein historischer Ballast das Leben schwer macht. Natürlich ist auch oberflächlicher Mischmasch möglich und verbreitet, die Chance jedoch, spontaner zu arbeiten, weitaus größer. Bei uns musst du bei jedem einzelnen Ton überlegen, ob er nicht schon in einem historischen Kontext »verbraucht« ist, das hemmt ungemein, je integerer du bist. Während der ganzen Arbeit an der »Missa« habe ich mir gedacht, dass ich ohne Worte definieren möchte, nur mit meinen Tönen – und dass ich auch gar nicht anders konnte, als sie so zu komponieren. Und jetzt rede ich so viel darüber …

Die »Missa« erlebt ihre Uraufführung in der Philharmonie, in einem Konzertsaal. Kannst du sie dir auch in einem sakralen Raum vorstellen?

Das ginge schon besetzungsmäßig nicht. Allerdings spiele ich aus rein praktischen Erwägungen durchaus mit dem Gedanken einer Fassung für Chor und Orgel. Diese reduzierte Version wäre aber wohl ebensowenig in den liturgischen Ablauf integrierbar wie die heute erklingende Konzertfassung.

Ist Gott für dich tot?

Nein, Gott ist für mich nicht tot. Aber ich bin nicht gut auf »Ihn« zu sprechen, weil »Er« all die Weltschrecknisse und menschlichen Katastrophen zulässt. Ich sehe »Ihn« auch nicht als Person, und schon gar nicht außerhalb von mir. Und ich, der des Teufels ist wie jeder Mensch, identifiziert mit der Erde, wurde wieder geschaffen, durch das Karma mit all seinen Implikationen. Solches konnte ich bei der Geburt meiner Kinder erahnen. Die tibetische Wiedergeburtsidee ist faszinierend: ich gehe sozusagen mit dem Wesen weiter, über den Tod hinaus. Das ist mein Ansatz auch in der »Missa«.

Dennoch rätsele ich immer wieder, warum wir hier sind, ausgerechnet zu diesem Zeitpunkt, ist mir doch vieles fremd. Hoffnung in der Hoffnungslosigkeit?

Gerade jetzt in diesen Tagen, wenn sich das Ende der Naziverbrechen an der Menschheit zum fünfzigsten Mal jährt, auch der Freitod meines Großvaters … Ich weiß nicht, wo ich die Hoffnung hernehmen soll, denn ich bin trotz gesunder Kinder verzweifelt, wenn ich die Welt sehe.

Also doch die Verwirklichung einer Utopie?

Ja, das Scheitern inbegriffen. Allerdings lasse ich die »Missa« ja nicht mit dem »Libera Me« aufhören. Als theatralischer Mensch hatte ich zunächst sogar die Idee, den Chor herausgehen und hinaufsteigen zu lassen, sich an den Händen haltend, singend einen Kreis zu schließen um die Konzertbesucher. Meine Vision von Allumfassendheit. Doch bin ich froh, sie nicht realisiert zu haben, denn sie wäre gewiss auf Unverständnis gestoßen im Rahmen all der festgefahrenen Konzertsaaltrituale.

Summa summarum ist die »Missa« ein achtteiliges Bekenntnis zum Christus-Bewusstsein – die Acht als Unendlichkeitssymbol, meine Beziehung zum christlichen Glauben und zu den anderen Weltreligionen umfassend. Die »Missa« spiegelt aber auch meine Einstellung zu den Kirchen, Zweifel und Distanz inbegriffen. Ich möchte meine »Missa« als klingenden Ausdruck der Notwendigkeit von Ökumene und Mystik im Heute unserer irdischen Not und Angst verstanden wissen ...

Zuerst veröffentlicht in: Münchner Philharmoniker, Konzertprogramm 1994/95, S.4–10.
Der Abdruck erfolgt mit freundlicher Genehmigung von Gabriele E. Meyer.

Peter Michael Hamel
Von der Misere geistlicher Popularmusik
Der Kölner Weltjugendtag 2005

Das Nachkriegsdeutschland ist – überspitzt gesagt – ein Land ohne anspruchsvolle Popularmusik. Es existiert dafür die elitäre Hochkultur im weltweit verbundenen Klassikmuseum und im Anspruch der Expertenmoderne. Die Schere ist riesig weit offen zum gesteuerten Massengeschmack der Fußballstadien, der TV-Trachtenschande und einer oft simplen geistlichen Popularmusik. Nach dem Zweiten Vaticanum ist leider wenig künstlerisch Relevantes für den kirchenmusikalischen Gebrauch und den Vollzug der Liturgie und Eucharistie entstanden. Die konzertanten geistlichen Meisterwerke der Nachkriegszeit bis zu den Passionen der Jahrtausendwende haben für meine Begriffe kaum Eingang in die Kirchengemeinden gefunden.

Am Weltjugendtag im August 2005 habe ich nun ausführlich, aber lediglich am Fernsehschirm und Radio teilgenommen und wurde zusehends empörter und beschämter über die musikalischen Beiträge. Gab es denn in ganz Köln niemanden, der den lange vorausgeplanten Weltjugendtag musikdramaturgisch verantwortungsvoll und anspruchsvoll hätte betreuen können? Um zu verhindern, dass sich solch Unsägliches über's Marienfeld ergoss, was schon im Stadion bei der Eröffnung zu befürchten war. Selbst das Niveau eines »Pfadfinder / Sakralpop«-Kitsches wurde teilweise noch unterboten: einfallslose schlicht-schlechte Motive in schematischen Bläsersätzen, unsägliche Dudelei am E-Piano, ein Streichquintett in unausgeglichener Verstärkung. Eine magere Ausbeute: das sentimentale »Magnificat – Ave Maria«.

Natürlich muss für viele Hunderttausende Gottesdienstteilnehmer aus aller Welt und das TV-Publikum auf vier Kanälen eine weltumspannende, für alle nachvollziehbare und unmittelbar sich vermittelnde Musik erklingen. Jedoch: Populär muss ja nicht geschmacklos sein! Die besseren Gastmusiker des Kölner Jugendtagorchesters konnten lediglich »verzuckern«, der schöne Klang des Sopransaxophons hätte schon mehr Substanz verdient!

Von wegen »missa mundi«: Billig und nichtssagend waren die »interkulturellen« Einschübe – Amerika, Asien, Australien … annähernd neokolonialistisch erklang das E-Piano abends zuvor als Begleitung der südindischen Tanzpantomimen (Mudras aus Kerala); Sitar und Didgeridoo wurden dann zur Messfeier ins Arrangement hineingequetscht, als hätte es nicht seit mehr als 30 Jahren vorbildhafte Versuche der Begegnung mit ethnischen Musikkulturen der »außereuropäischen Art« gegeben!

Die südamerikanische Gruppe geriet beim »Kyrie« zu einem Tourismus / Folkloreverschnitt, »goodwill-worldmusic« – nichts Authentisches den ganzen Weltjugendtag über, von wenigen kleineren Aktivitäten abgesehen, die aber nicht im TV gezeigt wurden.

Bruckner und Palestrina beim Einzug des Papstes in den Kölner Dom entschädigten immerhin mit guten Interpretationen, während (mir) der priesterliche Liturgiegesang sehr antiquiert erschien. Aber die »missa mundi« jedenfalls war eine vertane Chance.

Hat sich jemand beschwert? Wurden diese Banalitäten widerspruchslos hingenommen? Was muss geschehen, um ein Qualitätsbewusstsein bei den Verantwortlichen zu schaffen? Ist uns die Klanglichkeit des Numinosen in der Eucharistiefeier denn wirklich völlig abhanden gekommen? Auch der Jugend der Welt womöglich oder bloß den Verantwortlichen?!

Wenn ich die Worte des Hl. Vaters vor fünfzehn Jahren in Brixen als Kardinal Ratzinger u.a. zum Thema »Popmusik in der Kirche« erinnere, so dürfte Benedikt XVI. schwerlich akzeptiert haben, was er da in Köln zu hören und zum Mitsingen bekam. Vielleicht gibt es hier ja eine Beziehung zu der päpstlichen Äußerung, dass es tröstlich sei, wenn es Unkraut in der Kirche gibt ...

Ich schäme mich jedenfalls als deutscher Christ und Komponist für das musikalische Unkraut beim Weltjugendtag. Es gibt so viele Ansätze, die hier wahrgenommen hätten werden müssen! Der Pathos eines Penderecki oder Pärt – ein Singen, das die gregorianische Wurzel ökumenisch mit ostkirchlichem und multiphonem Gesang weiterwachsen lässt und authentische Ethnien miteinbezieht, indem diese erst einmal »pur« kennengelernt werden. Die schwarze Spiritual-Ekstase können wir nur imitieren, eigene rhythmische Quellen wären zu entdecken.

Auf die Frage, ob Musik für die Kirche einen besonderen Stil brauche, kann ich nur antworten, dass es für mich die Notwendigkeit gibt, dass etwas in der Kirche anders klingt als außerhalb. Den Pfadfinderpop »modern« arrangierter Kirchenlieder empfinde ich als Anbiederung. Ich habe Kirchenmusik-Komposition unterrichtet, weil ich in der Nachfolge des Zweiten Vatikanischen Konzils mit seiner stärkeren Einbindung der Gemeinde in den Gottesdienst die Herausforderung sehe, eine Musik zu erfinden, die Kommunikation und Dialog einschließt, die auch Überwindung von Expertenkunst zulässt, die hilft, mit einer heute aktuellen Sprache, mit guter angewandter Musik den Graben zwischen Laien und Spezialisten zu überbrücken.

Mögen wir nach einer Musik suchen, die nach innen führt, die ein Gebet sein kann, nach einer Musik, die Urvertrauen ausdrückt, die Nähe entwickelt, die einen zu sich selber kommen lässt. Im Gegensatz zur weltlichen neuen Musik sollte neue Kirchenmusik den Menschen immer im tiefsten Inneren ansprechen können.

Es müssten international namhafte E- und U-Komponisten und Musikgruppen angefragt, angeregt, beauftragt werden, sich an einer innovativen, aktuellen und spirituellen Neuerung zeitgenössischer Kirchenmusik zu beteiligen. Diese Impulse sollten zu etwas Kultischem und heute der Eucharistie Würdigem, zu beseeltem Klingen und Singen hinführen.

Zuerst veröffentlicht in: »Consociatio Internationalis Musicae Sacrae«. Hrsg. von Gabriel Steinschulte. Rom: Libreria Editrice Vaticana 2007.

Peter Michael Hamel
Improvisation – offene Komposition
Zwischen Experiment und Werkanspruch

Improvisation und offene Form

Abgesehen von der Orgelnische und der Jazzabteilung fristet Improvisation in der Hochschulausbildung immer noch ein Schattendasein. Und im öffentlichen Musikleben stehen experimentelle offene Kompositionen mehr noch am Rande, als dass sie als aktuelle Kunstäußerung einen größeren Publikumskreis ansprächen. Was nicht als ausnotiertes Werk verlagsbetreut publiziert ist, gilt wenig als urheberrechtlich schützenswertes Kulturgut.

Von Kindheit an wird der Instrumental- und meist auch der Gesangsunterricht auf die festgefügte und bis ins Detail fixierte Notation gerichtet – vom Auge ausgehend zu den Fingern. Und doch sagte Carl Orff: »Vier Fünftel der Menschheit kennt keine Noten.« In fast allen ethnischen Musikkulturen »außereuropäischer Musik« wird oral, nach und mit dem Gehör gelehrt, was nicht bedeutet, dass es nicht exakt notierte Schriftaufzeichnungen gäbe und genaue Spielanweisungen.

Aber der »Aneignungsprozess« besteht zumeist in der Imitation, der praktischen Umsetzung. Diese improvisatorische Schulung ist lediglich mit der Ausbildung in »liturgischem Orgelspiel« vergleichbar. Nach dem Wissen um die Regeln der Modi, der Verzierungen, der Invokationstöne wird im Kopf und in den Händen ein klangliches »Jetzt« in Gang gesetzt, das auf Inhalt und Ausdruck des liturgischen Geschehens im angewandten, dienenden Sinne resoniert. Schwer sind diese kirchenmusikalischen Resultate künstlerisch autorenrechtlich zu bewerten. Auch ethnisch, orale Traditionen etwa klassischer arabischer Musik haben es urheberrechtlich ungleich schwerer, ihre Kunstmusik als geschützte Werke gewertet zu wissen. Improvisatorische Elemente in offenen Kompositionen waren dabei auch im alten Europa vorhanden, etwa bei Guido von Arezzo (»Micrologus«) und Ockeghem (»Missa prolationem«). Seinen Untersuchungen *Zur Theorie der offenen Form in der neuen Musik* hat der Komponist und Musikwissenschaftler Konrad Boehmer ein Kapitel vorangestellt, welches variable und flexible Formtypen der Vergangenheit behandelt (Tonos, Darmstadt 1967).

In den 60er-Jahren waren es Komponisten wie Berio, Cage, Kagel und Stockhausen, die aus der Serialität heraus Improvisatorisches, Zufälliges, Erwürfeltes kompositorisch einsetzen. Inzwischen ist der »offene« Anteil in aktuellen Partituren der Neuen-Musik-Szene eher marginal. Gruppenimprovisation und das freie Zusammenspiel aus dem Stegreif verlagerten sich in den Popularbereich, in den elementaren »pädagogischen«, experimentellen und therapeutischen Musikbereich. Das klingende Resultat eines heilerischen Improvisationsprozesses wird indessen nicht als Kunstwerk, sondern eher als analysierbarer »Seelenspiegel« betrachtet und genutzt. Josef Beuys hingegen, der große Bildende Künstler hat bei einer Performance scheinbar dilettantisch am Klavier geklimpert und die zufällig entstandenen Klänge zur heilenden Kunst erklärt. »Kunst IST ja Therapie«, sprach damals Josef Beuys. Das Phänomen Improvisation konnte im Bereich der neuen Musik holistisches Bindeglied werden zwischen spontaner Stegreifaktion und urheberrechtlich geschütztem Werk. Wenn John Cage 1987 auf meine Frage, was er mit Improvisation am Hut habe, antwortete, dass er spät damit in Berührung gekommen sei, weil er das schon Vorgeprägte, Gespeicherte, Reproduzierbare vermeiden wolle (»Ich versuche, die Improvisation so zu gestalten, dass die Spieler sich weder auf ihr Gedächtnis noch auf ihren Geschmack verlassen können, sondern stattdessen beim Improvisieren irgendeine Art von Entdeckung machen« (Musica I/88, Bärenreiter), so deckt sich das eigenartig mit der Meinung meines Musikwissenschaftsprofessors Carl Dahlhaus, der 1971 schrieb, Improvisation sei immer mechanische, wiederholte Äußerung von schon Vorhandenem und damit ohne künstlerischen Werkanspruch (*Komposition und Improvisation*, Darmstädter Beiträge, Schott 1972).

In den glücklichsten Stegreifmomenten unserer frühen »Between«-Zeit freilich, zusammen mit Ulrich Stranz (Viola), Robert Eliscu (Oboe), James Galway (Flöten), Roberto Détrée (Gitarre und selbstgebautes Motocello) und Cotch Black (Percussion) befanden wir uns 1970/71 auf dem fliegenden Teppich meiner Solina-Orgel im Totalneuland, in »klingender Materie des So-Seins« (Stranz), dekonditioniert und ohne vorbestimmte Katalogisierbarkeit: Komposition und Improvisation waren EINS, alle Spieler wurden bei der GEMA auch als Autoren angemeldet. Dieses absichtslose Miteinander-improvisieren (fast) ohne vorherige Festlegungen war plötzlich, vom Free Jazz animiert, salonfähig im E-Musikbereich geworden. Die »AMM-Gruppe« um Cornelius Cardew, die römische »Nuova Consonanza« mit Franco Evangelisti, »Musica elettronica viva« von Curran und Rzewski oder die britische »Third Ear Band« waren für mich Anregung zu einer experimentell-improvisatorischen Gruppenarbeit, aus welcher dann die Idee für ein freies Musikzentrum erwachsen ist.

Improvisieren mit Laien, Prophylaxe und Therapie durch Trommeln und Singen, Musik ohne Not(en), kein elitärer Kunstanspruch von vorne herein – das waren Ausgangspunkte für die Musikdozenten am Gesundheitspark der Münchner Volkshochschule, die später fast alle, auch als Gründungsmitglieder, im Freien Musikzentrum prägend mitgewirkt haben.

Experimentelle Musik

Neben den vom Jazz und der Rockmusik kommenden Gruppen, die als Sprachrohr einer Underground-Bewegung begannen und nicht selten in den Großkonzernen der Unterhaltungsindustrie endeten, beschäftigten sich auch viele avantgardistische Komponisten mit improvisierter Musik. Jahre nach Cage und Stockhausen, die auch hier die ersten Anregungen gegeben hatten, begannen der Posaunist und Komponist Vinko Globokar (Jugoslawien) und der argentinische Pianist und Komponist Carlos R. Alsina das freie Zusammenspiel mit französischen Jazzmusikern und Interpreten Neuer Musik. Der Engländer Cornelius Cardew schrieb ein ganzes Buch mit Improvisationsanleitungen (The Great Learning) für das »Scratch Orchestra«, in dem oft dreißig bis vierzig Laien und Musiker in Dörfern Englands mit den einfachsten Mitteln des »Kratzens« (»scratch«), Trommelns und Singens musizierten. Neben »Nuova Consonanza« war in Italien bereits die »Musica Elettronica Viva« von dem amerikanischen Pianisten und Komponisten Frederik Rzewski gegründet worden. Diese Gruppe verwendete sämtliche damals neuen elektronischen Instrumente und Klangveränderungsapparate. Damals, zu Anfang der 60er-Jahre, waren die Klänge der sogenannten Live-Elektronik noch nicht von der Popmusik und den Beat- und Rockensembles übernommen worden. Später entwickelte sich dann eine ganze Reihe solcher live-elektronischer Gruppen auch in Deutschland, die nicht selten experimentell begannen.

Schon seit dem Ende der 60er-Jahre versammelte zum Beispiel der deutsche »Veranstaltungskomponist« Josef Anton Riedl (geb. 1927) die heterogensten Musiker um sich, unter denen sich auch der amerikanische Perkussionsspieler Michael Ranta befand, der auf Taiwan taoistisch-chinesische Musik studierte. Riedl ließ diese Spieler während seiner phantasievollen Multimedia-Environments zu selbstgefertigten Tonbandzuspielungen nach Absprache spontan reagieren und seine filigranen, häufig mit poetischen Pflanzennamen versehenen Stücke realisieren. Der deutsche Komponist und Theologe Dieter Schnebel (geb. 1930), der in vielen seiner Stücke die akustischen Ausdrucksmöglichkeiten der menschlichen Stimme bis in ihren eigenen Ursprung erweiterte, schuf eine ganze Reihe von klanglich abstrakten Improvisationsanregungen für den Unterricht (»Schulmusik«). Der Franzose Luc Ferrari (geb. 1929–2005), der als Komponist »akustischer Hörphotos« bekannt wurde und die während eines Sonnenaufgangs am Meer aufgenommenen Geräusche zu seinem sensiblen »presque rien« (fast nichts) formte, arbeitete mit der deutschen Rockgruppe »Amon Düül«, die er zu elektronisch produzierten Grundklängen improvisieren ließ. Andere intuitive und improvisatorische Formen, die einen mehr meditativen Charakter haben (»minimal art« und »periodic music«) werden später noch näher beschrieben.

Wichtiger als eine weitere Aufzählung ist hier nun der improvisatorische Prozess selber, denn es geht gar nicht so sehr um die musikästhetische Bewertung solchen Spielens, sondern um die psychologische Bedeutung und die Möglichkeit kollektiver Erfahrungsmodelle, wie sie auch in gruppendynamischen Übungen und im Sensitivity-Training existieren. Es ist immer wieder eine bemerkenswerte Beobachtung, dass im klassischen Sinne perfekt ausgebildete Musiker nicht in der Lage sind, frei über eine Ton- oder Harmoniefolge zu improvisieren oder gar spielerisch am Instrument zu »phantasieren«. Diese Unfähigkeit resultiert aus der einseitigen Erziehung zum Spiel vom fixierten Notenblatt, das schon am Anfang des Unterrichts die Töne mechanisch vom Auge auf die Hand überträgt. Die Möglichkeit, Gehörtes direkt improvisatorisch zu übernehmen, wird im traditionellen Musikunterricht mit wenigen Ausnahmen fast immer unterschlagen.

So kommt es, dass technisch kaum versierte Musiker eher improvisieren können, allerdings mangels geeigneter Ausbildung häufig in allen möglichen Improvisationsklischees steckenbleiben und sich lediglich durch das Kopieren von Vorbildern bestimmte akustische Gesten aneignen. Wer freilich mit anderen, aus verschiedensten Richtungen kommenden Musikern zusammenspielt, lernt sehr bald die Modelle, die sich immer wieder gleichen, und er lernt die Hauptregel des freien Zusammenspiels: aufeinander hören.

Um nun im Folgenden authentisch über die Selbsterfahrung bei der Gruppenimprovisation zu berichten, werden die subjektiven Erfahrungen einfließen, die ich in den 70er-Jahren als Mitglied der Gruppe »Between« gemacht habe, einem Ensemble, dem sowohl Interpreten klassischer Musik und südamerikanischer Folklore als auch experimentelle Komponisten und farbige afro-amerikanische Perkussionisten angehörten.

Beim völlig frei improvisierten Spiel ergeben sich streckenweise Phasen, die wie komponierte Musik wirken. Aber es entstehen auch unkomponierbare Klangzustände, die dem einzelnen Spieler faszinierende akustische Erlebnisse vermitteln. Der Komponist Ulrich Stranz (1946–2004) nannte das ein »Sich-in-klingender-Materie-Befinden«. Die Gefahr eines schlecht proportionierten Formablaufs, von »Löchern« oder zerdehnten Übergängen, nimmt man dafür gerne in Kauf und riskiert sogar manchmal einen kaum überzeugenden Schluss, bei dem einer nach dem anderen »aussteigt«. Den Zuhörer freilich kann solch ein direktes Dabeisein im Schöpfungsprozess dennoch sehr begeistern. »Die Unvorhersehbarkeiten sind zu mannigfach, aber gerade in ihnen liegt ein Reiz, der dem aufmerksamen Hörer viel Genuss bereiten kann. Die Bedingungen sind genau die gleichen wie die des klassischen Jazz, auch dort war sehr häufig das erstmalige Hören und Miterleben der jeweils eigenen musikalischen Entwicklung interessanter als das, was dann ein mehrfaches Wiederhören als Tonband oder Platte zu bieten vermochte.«[2]

Um diesem Niveauabfall einer auf Tonband aufgenommenen Improvisation zu entgehen, aber dennoch nicht auf die inspirierten Prozesse der Spontaneität ver-

---

[2] F. Muggler: »Experimentelle Ensembles«, in: Neue Zürcher Zeitung, 25. 2. 1972.

zichten zu müssen, besteht die Möglichkeit, einen längeren Prozess durch Kürzungen (Schnitte und Überblendungen) von Missglücktem zu »säubern« und gestaltend zu formen. Dieser Vorgang wird freilich von Puristen der Improvisation abgelehnt, auch wenn dank eines mit- und nachschöpferisch versierten Tonmeisters die künstlerischen Eingriffe nicht zu hören sind. Sie haben eine kompositorische Absicht und ermöglichen den wiederholbaren Genuss besonders geglückter Improvisationen. So können oft Gebilde von faszinierender Diffizilität entstehen, die ohne vorgeformte Melodieabläufe oder Harmonieschemata im Zusammenspiel entstanden, auf Grund zufälliger, freilich beabsichtigter, sozusagen herbeigewünschter kommunikativer Umstände. Aber es gibt auch seltene, auf Tonband »gebannte« Augenblicke, die in einer gemeinsamen, übersinnlichen Intuition der Spieler entstanden, die weder »machbar« noch wiederholbar sind und die ohne »Tonkonserve« beglückendes Geheimnis der Musiker bleiben würden. Solche Augenblicke können von sensiblen Hörern auch vom Tonband in gleicher Tiefe wahrgenommen werden: Das Geheimnis gibt sich unmittelbar preis, wenn man in einem ähnlich losgelassenen und geöffneten Zustand hört, in welchem die Musiker sich befanden, vielleicht unbewusst, vielleicht nur für kurze Zeit.

Die Wirkungsweisen dieser Begegnung in archetypischen Tiefen sind noch unerforscht und kommen der Energie bewusstseinsverändernder Drogen gleich: Die Funken hellsichtiger Wahrnehmung im Zustand des Sich-Öffnens springen über. Diese intuitiven Zustände, die vielen außereuropäischen Musikkulturen bekannt sind, welchen es gerade darum geht, solche Kräfte hervorzurufen, sind erlernbar. Wenn man jedoch über längere Zeit das intuitive Musizieren alleine geübt hat und manchen Hindernissen und Geduldsproben begegnet ist, dann wird einem klar, wie schwer ein solcher Prozess für eine Gruppe von mehreren Spielern sein muss. Und in der Tat existieren kaum Schallplatten von Ensembleaufnahmen solcher Musik, die ja in erster Linie das Geheimnis jedes Einzelnen ist. Die Qualität und Intensität meditativer Musik hängt aber auch von der Anzahl der improvisierenden Spieler ab. Je mehr (noch so gut aufeinander eingespielte) Musiker mitwirken, desto weniger tief führt erfahrungsgemäß ein Stück. Ein wichtiger Faktor ist hier auch das persönliche Verhältnis der Spieler zueinander, denn beim Improvisieren begegnet man sich direkt, steht sich quasi Rede und Antwort, streitet oder liebt sich. Keiner kann da seinen Rucksack voller Vorurteile oder Aversionen verstecken. Mir ist kein Erlebnis subtiler intuitiv entstandener Musik gegenwärtig, bei dem mehr als drei gleichwertige Spieler mitgewirkt hätten. Und es hat seine Gründe, dass sich im asiatischen und arabischen Raum der Typus des solistisch führenden Musikmeisters herausgebildet hat, der von seinen Mitspielern lediglich begleitet wird.

Improvisationsmodelle
Viele improvisierende Gruppen spürten die Notwendigkeit einer intensiveren Begegnung zueinander und zogen deshalb zusammen in Wohngemeinschaften oder

Häuser aufs Land. So konnte man sich menschlich und musikalisch näherkommen. Jeder lernte die Eigenheiten und typischen Reaktionen des anderen kennen. Einige Gruppen hatten das Prinzip, stets und immer aufs Neue ohne Absprache »loszulegen«. Dabei konnten gerade in Gruppen von musikalischen Laien die erstaunlichsten Resultate entstehen, eine Kommunikation, die in sich stimmte, weil man sich kannte. Oft stagnierten diese Gruppen allerdings nach gewisser Zeit und lösten sich auf: Man hatte sich nichts mehr zu sagen und suchte neue Anregungen.

Andere Gruppen, für die nicht so sehr der anarchistische, magisch-unbewusste (und manchmal egoistische) Befreiungsaspekt im Vordergrund stand, sondern mehr das wach-bewusste, allmähliche Entstehenlassen konstruktiver Formen, entwickelten, vorher abgesprochene Improvisationsmodelle, die auf den Erfahrungen spontan entstandener Strukturen aufbauten. Ein Hilfsmittel war ihnen hierbei von größter Bedeutung: ein einfaches Tonbandgerät, das alle spontanen akustischen Geschehnisse ohne Anspruch auf Qualität als Selbstkontrolle aufnahm. Anhand dieses objektiven Beobachters und Protokolls konnte gemeinsam analysiert, konkretisiert und konzipiert werden.

So entdeckte man einfachste Kommunikationsmodelle, die für das Zusammenspiel hilfreich waren, ohne das schöpferische Element zu behindern. Für die Gruppe »Between« fand der amerikanische Oboist Robert Eliscu (1945–1999) ein solches bemerkenswertes Improvisationsmodell. Vier Spieler haben je drei verschiedene Töne zur Verfügung, sodass sich zusammen eine 12-tönige Skala ergibt. Diese drei Töne sollen in keinem harmonischen Zusammenhang stehen und jeweils eine Dissonanz enthalten. Jeder Spieler entwickelt Motive, die seine drei Töne in verschiedener Oktavlage enthalten.[3]

Der Musik- und Kunsthistoriker Gerhard Nestler schreibt in seinem *Entwurf einer Geschichte der Klangfarbe* über solche Versuche: »Bedeutsam erscheinen heute Versuche frei improvisierender Instrumentalgruppen, Zusammenhänge wiederum durch die musikalische Materie selbst herzustellen. Ein Ton, ein Intervall, eine Klangfarbe sind Baufaktoren, mit denen die Instrumente – dauernd unter sich wechselnd – umgehen. Auch lassen sich diese Zusammenhangsfaktoren umkehren oder krebsgängig verwenden. Ja, selbst eine 12-Ton-Reihe, mit je drei Tönen auf vier Instrumente verteilt wobei jedes Instrument gleichzeitig mit dem anderen mit seinem Material improvisiert, kann Baumaterial sein. Alles hängt auf diese Weise mit allem zusammen (auch mit der gleichen weltanschaulichen und seelischen Disposition der Spieler). Jede Veränderung eines Teils hat die Veränderung des Ganzen zur Folge.«[4]

Darüber hinaus hat man sich auf der Suche nach einer Basis für die intuitive

---

[3] Diese Spielanweisung liegt dem Stück »Memories« zugrunde (LP mit dem Titel »Einstieg«, Wergo 1971).

[4] Aus einem unveröffentlichten Werk des 1983 verstorbenen Prof. Dr. Gerhard Nestler.

Improvisation auch wieder mit den modalen Skalen des Mittelalters beschäftigt, mit der Musik des Organums, des stets ausgehaltenen Bordun-Grundtons und mit den Formen der indischen Ragas. Es wurden Signale entwickelt, sogenannte »call phrases«, die allen Improvisierenden das kommende Ende eines Teiles verkündeten, man »erlaubte« sich wieder einen periodischen Rhythmus, allerdings einen, der nicht nur metrisches Ostinato ist, sondern eine eigenständige, der magischen Welt Afrikas oder Südamerikas entlehnte Wirkungsweise hat. So entstand Musik ohne jegliche Aufzeichnung, in welcher dennoch ein Thema, ein Formablauf, eine rhythmische Begleitfigur oder eine modale Tonskala feststehen; improvisierte Musik, wie sie nicht differenzierter komponiert werden könnte.

Musik dieser Art wurde in den 70er-Jahren als »meditative«, aber vor allem auch als »intuitive« Musik bekannt. Karlheinz Stockhausen verwendete diesen Begriff bei der akustischen Realisierung seiner geistigen Einstimmungstexte *Aus den Sieben Tagen*: »Mit intuitiver Musik möchte ich bewusst machen«, schreibt er in einer Einführung, »dass sie möglichst rein aus der Intuition kommt, die bei einer Gruppe von intuitiv spielenden Musikern qualitativ mehr ist als die Summe von individuellen ›Einfällen‹ aufgrund einer gegenseitigen ›Rückkoppelung‹. Die ›Orientierung‹ der Musiker, die ich auch ›Einstimmung‹ nannte, ist aber nicht eine beliebige oder nur negative, d. h. alles musikalische Denken in bestimmten Richtungen ausschließende, sondern sie ist jeweils konzentriert durch einen von mir geschriebenen Text, der das Intuitive in ganz bestimmter Weise herausfordert.«[5] Im Text zu einem dieser Stücke mit dem Titel »Unbegrenzt« heißt es zum Schluss:

> »Ein Ton lebt wie DU, wie ICH, wie SIE, wie ES.
> Bewegt sich, dehnt sich aus und schrumpft zusammen.
> Verwandelt sich, gebiert, zeugt, stirbt, wird wiedergeboren.
> Sucht, sucht nicht, findet, verliert, verbindet sich,
> liebt, wartet, eilt, kommt und geht.«[6]

Normalerweise ist das Improvisieren in der westlich-klassischen Ausbildung tabu, im Bereich der oralen Traditionen etwa Indiens oder Persiens allerdings als Begriff durchaus missverständlich, denn die Lehrer / Schüler-Erziehung »von Ohr zu Ohr« gibt ja detaillierte Traditionen weiter, die nichts mit freiem Improvisieren gemein haben. Eben ein sich ohne Notenblatt »klimpernd«-klangliches Verständigen ist ja gerade das für die westliche E-Musik Ungewöhnliche, da unsere Ausbildung ja in der Regel, vom Jazz einmal abgesehen, augendominiert ist. Das musikalische Material liegt hier in einem festgefügten Rahmen zur Interpretation vor und will gelesen und gelernt sein. Aber nicht immer war diese Dominanz bestimmend, und in anderen Kulturen ist eben die Improvisa-

---

[5] Textbeilage der Schallplattenkassette »Aus den Sieben Tagen«, Deutsche Grammophon.
[6] K. H. Stockhausen: »Aus den Sieben Tagen«, Wien: Universal Edition 1968.

tion wesentliche Ausdrucksweise der künstlerischen Äußerung. Inzwischen hat Improvisation aber in allen Bereichen der aktuellen Kunst Fuß gefasst und das tradierte Denken Werk/Interpret tüchtig durcheinandergewirbelt.

Im Bereich der experimentellen Szene wurde das Stegreifspiel zur Spontankunst erweitert, der »selfperforming artist/composer« hat Musikgeschichte »geschrieben«, in der Musiktherapie ist die Gruppenimprovisation wesentlicher Bestandteil der heilenden Arbeit. Vieles nahm hier in den ersten Jahren des Freien Musikzentrums seinen Anfang.

»Musik im Jetzt entstehen lassen, den freien Ablauf zulassen, loslassen, entpannt sein, damit es spielt« (Terry Riley)

Meine eigene musikalische Entwicklung war ja von Anfang an vom freien Phantasieren am Klavier geprägt. Was mich früh faszinierte, war der Zustand des losgelassenen Spielens, das »Spielenlassen«, in bestimmten Augenblicken konnte ich den Händen zusehen, wie sie »von selber« improvisierten. Mein freier Zugang zum vokalen, atmenden Gestalten rührt vom jahrelangen regelmäßigen morgendlichen gregorianischen Scholasingen an einem Erzbischöflichen Studienheim. Auch meine spontane Affinität zu modalen, einstimmigen, auch außereuropäischen Skalen mag hierin begründet sein. Später wurde mir bewusst, dass Alte Kirchenmusik und Orgelspiel die letzten Nischen für Improvisatorisches in der klassischen Ausbildung darstellen, bevor endlich Improvisationsformen und Stegreifspiel selbstverständliche Bestandteile einer traditionellen Musikerausbildung werden. In Zeiten des Kategorisierungszwangs, der Zersplitterung und Spaltung sind orale Traditionen, Modalität und Reduktionismus, entstanden oft im improvisatorischen Freiraum, essenzielle Träger auch eines authentischen Kunstanspruchs.

In seinem jüngsten Buch *Klingende Systeme* (Auer Verlag, 2003) spricht Tonius Timmermann von der Haltung des frei Spielenden, Improvisierenden als der des »reinen Phänomenologen«. Er zitiert John Cage mit dem berühmten Satz: »I welcome whatever happens next.« Das lateinische Wort »improvisus« heißt übersetzt »unerwartet, unvorhersehbar«, Improvisation bedürfe also einer offenen Haltung, die nicht »die Wirklichkeit vorstrukturiert, sondern sich ihr so aussetzt, wie sie sich zeigt.«

Freie musikalische Improvisation sei die offenste Form musiktherapeutischen Arbeitens ... John Cages Begriff der »non-intentional music« sei gut auf die musik-therapeutische Situation zu übertragen (Auer Verlag, S. 52 f.).

Leicht gekürzte Fassung. Zuerst veröffentlicht in: »Consociatio Internationalis Musicae Sacrae«. Hrsg. von Gabriel Steinschulte. Rom: Libreria Editrice Vaticana 2005.

Peter Michael Hamel
Kammermusik zwischen den Stühlen?
»B.a.ch. – Between all chairs«

Kammermusik zwischen Konzertmanagement und nicht entfremdeter Kunstmusikausübung, zwischen U und E, zwischen Expertenelite und Musikliebhaberbasis. Improvisierte Kammermusik zwischen Klassik und Popularmusik. »Dazwischen und darüber hinaus …«

Nicht mit Notendruck, sondern mit Schallplatten wollte/sollte sich Anfang der 70er-Jahre der damalige Juniorchef des Hauses Schott's Söhne als Verleger profilieren. Die ausschließlich Neuer Musik verpflichtete Kleinfirma Wergo wurde aufgekauft und mit der ersten »Between«-LP wurde 1971 in der Reihe »Centerpoint« der Rahmen abgesteckt, in dem aktuelle Musik auf dem Schallplattenmarkt einen Platz finden sollte, eine improvisierte Kammermusik, welche sich keiner der etablierten Musikrichtungen zuordnen ließ.

Die Gruppe »Between« mit Carl Orff

Denn wenn sich heute U- und E-Musik oft kaum voneinander trennen lassen, wenn Popmusik avantgardistische Elemente wie Musique concrète aufnimmt und umgekehrt (»cross over«), so betrat man 1970 mit solchen Ansätzen Neuland. In

München war es vor allem das Haidhausener Milieu, wo sich in Musikkneipen wie »Birdland« oder »Song Parnass« Musiker aus verschiedenen Kulturkreisen trafen und miteinander musizierten. Hier entstand – neben Formationen wie »Amon Düül« oder »Embryo« – auch die Gruppe »Between«. Denn seit 1967 gehörten zu den häufigen Gästen im »Song Parnass«: Ulrich Stranz und ich – wir beide studierten Komposition bei Günter Bialas an der Münchner Musikhochschule und brachten unsere Erfahrungen in klassischer und moderner Komposition mit; Roberto C. Détrée aus Buenos Aires, seit 1967 in München – er war mit Samba und Bossa-Nova-Rhythmen als Gitarrist erfolgreich, leitete die Gruppe »Latin Friends« und entwickelte eigene Instrumente; Robert Eliscu, der in New York an der Eastman School of Music studiert hatte und Solo-Oboist der Münchner Philharmoniker, des Münchner Bach-Orchesters und Gastsolist bei den Berliner Philharmonikern gewesen ist. Sein Steckenpferd: die Musik des Mittelalters.

Wir saßen zusammen und diskutierten, begannen miteinander zu improvisieren und entdeckten dabei ein gemeinsames Musikverständnis, das gerade wegen des Aufeinandertreffens verschiedener Musikkulturen zu interessanten und oft überraschenden Ergebnissen führte. 1970 reifte unser Entschluss, eine feste Gruppe zu bilden, doch wie sollte sie heißen?

Alle Elemente, mit denen wir umgingen, sollten darin Platz finden, nach »SYN« schien die Idee »B.a.ch.« – »Between All Chairs« dem Vorhaben am besten gerecht zu werden. »Zwischen allen Stühlen« jedoch hat im Englischen keine vergleichbare Bedeutung, so blieb »Between« übrig, als Name und Programm zugleich.

1971 kamen dann die schwarzamerikanischen Congaspieler Cotch Black und Charles Campbell dazu – Cotch war in den USA mit verschiedenen Rock- und Jazz-Formationen aufgetreten (u.a. mit Bob Dylan und »Sinto«), Charlie war auch als Tänzer, Sänger und Schauspieler tätig. Und sogar ein später weltberühmter Flötist, James Galway aus Irland, spielte mit uns, er hatte seine Karriere beim Royal Philharmonic Orchestra in London begonnen und war Soloflötist bei den Berliner Philharmonikern.

Schließlich wurde anlässlich der ersten »Between«-Aufnahmen Ulrich Kraus, Studienkollege von der Münchner Musikhochschule und inzwischen Tonmeister beim Bayerischen Rundfunk unser ständiger Toningenieur / Tonmeister / Musikdramaturg in einer Person.

Von 1973 an brachten weitere Musiker aus aller Welt ihre musikalische Vergangenheit in unsere Gruppe ein: Tom van der Geld (Vibraphon) und Roger Jannotta (Blasinstrumente), beide aus den USA (sie bildeten die Gruppe »Children at Play«), Gary Lynn Todd aus Kanada (Kontrabass), Jeffrey Biddeau aus Trinidad (Congas), Sankha Chatterjee aus Kalkutta (Tabla), dazu Peter Müller Pannke aus München (Tanpura, Percussion), für die »Hesse Between Music« 1974 auch Bobby Jones (Saxophon) und der Münchner Domorganist Franz Lehrndorfer.

In den zehn Jahren des Bestehens haben wir mit »Between« insgesamt sechs LPs bei Wergo veröffentlicht:

- Einstieg (1971)
- And the Waters Opened (1973)
- Hesse Between Music (1974)
- Dharana (1974)
- Contemplation (1976–77)
- Silence Beyond Time (1979)

Davon sind »Dharana« und »Hesse Between Music« als CD bereits wieder erschienen, die restlichen werden nun neu aufgelegt, ergänzt durch bisher unveröffentlichte Titel, u.a. aus einer Konzertreihe des Bayerischen Rundfunks (»Musik zwischen den Welten«), die zwischen 1976 und 1979 stattfand.

Für die Gruppe prägend wurde auch Carl Orff, der in seinem »Orffschulwerk« die Idee einer »elementaren Musik« verfolgte, die kulturübergreifend jedem zugänglich ist. In »Einstieg« sah er diese Idee verwirklicht, vor allem hinsichtlich der Tatsache, dass wir hier überwiegend improvisierten, und nicht, wie im Schulwerk üblich, lediglich als Modelle niedergeschriebene Arrangements nachgespielt wurden. Auf Carl Orffs Anregung hin und unter seiner Mitwirkung produzierte Alfred Krings vom WDR ab 1974 daher mit uns die Sendereihe »Improvisation ohne Noten – das Orffschulwerk und die Gruppe Between«, sie wurde über mehrere Jahre hinweg ausgestrahlt.

Daneben hatten wir mit »Between« viele öffentliche Auftritte, als wichtigste seien genannt:

- 1972 in zweitägigem Turnus auf der Spielstraße der Münchner Olympiade,
- 1974 Zusammenarbeit mit Luc Ferrari in Köln (»Allo, ici la terre«),
- 1976 Metamusik Festival in West-Berlin,
- 1977 Weltmusiktage der IGNM in Bonn,
- 1978 Amsterdam (im »Melkweg« und im »Kosmos«) und Donaueschingen im Rahmen der SWF-Reihe »Ars Viva«.

In den 70er-Jahren begann der Siegeszug der Live-Elektronik, doch schon aufgrund ihrer Entstehung spielte »Between« im Wesentlichen »unplugged«, wir machten Kammermusik auf herkömmlichen Instrumenten und in dem dadurch gegebenen akustischen Rahmen. An der Nahtstelle zwischen akustischer und elektronischer Klangwelt nahmen wir vieles vorweg und bewegten uns dabei auf einem nur scheinbar elektronischen Boden. Was nach Synthesizer klang, war oft »nur« eine verfremdete Orgel oder eine Bratsche, oder es wurde auf dem Motocello gespielt, einem Instrument, das sich Détrée im Rahmen seiner Klangexperimente gebaut hatte. Es handelt sich dabei um ein großes Monochord mit einer Basssaite, die mit einem der Drehleier nachempfundenen, jedoch elektrisch angetriebenen Mechanismus zum Klingen gebracht und ähnlich einer Bassgitarre gespielt werden konnte. Die damit erzielbaren Klangräume und Effekte erinnern teilweise an Oskar Salas Trautonium aus den 1930er-Jahren und ließen sich selbst heute auf elektronischem Wege kaum herstellen.

Ebenso hielt sich bei uns der für die Aufnahmen verfügbare technische Aufwand in Grenzen: Es gab nur sechs Mikrophone und zwei Stereo-Bandmaschinen, die Mischung musste also während der Aufnahme stattfinden, wir hörten das Endergebnis samt Zuspielungen im Kopfhörer. Die akustische Balance entstand somit als Wechselwirkung zwischen Toningenieur und uns Musikern, angesichts unerwarteter Einfälle beim Improvisieren eine für alle Beteiligten recht spannende Situation. So minimal die technischen Hilfsmittel auch waren, so unterstützte dies das musikalische Vorhaben einer »Stegreifmusik« in besonderer Weise, wurde das intuitive Miteinander beim Improvisieren geradezu herausgefordert, ganz anders, als es bei einer Mehrspurproduktion der Fall gewesen wäre, wo einer nach dem anderen seinen Part einspielt, ohne die Möglichkeit unmittelbarer Interaktion mit den anderen. Daher wurde dieses Verfahren auch später beibehalten, als eine größere Zahl von Mischpultkanälen und Mehrspurtechnik zur Verfügung stand.

1980 waren zehn Jahre einer intensiven Auseinandersetzung mit der musikalischen Vergangenheit jedes Einzelnen vergangen, waren Stücke äußerst unterschiedlicher Prägung entstanden, hatten wir mit »Between« eine buntschillernde Verbindung hergestellt zwischen Klassik, Avantgarde, Popmusik, mittelalterlicher und fernöstlicher Musik sowie internationaler Folklore. Man war dem »Traum von der blauen Blume zwischen den Meilensteinen auf dem Weg zu einer zukünftigen Weltmusik« nähergekommen. Die einzelnen Mitglieder der Gruppe gingen danach wieder ihre eigenen Wege; Eliscu, Campbell und Stranz sind nicht mehr am Leben. Die erreichte Synthese darf man auch Jahrzehnte später, wo sich die Kulturkreise durchdringen wie nie zuvor, noch immer als aktuell bezeichnen.

Verfasst – zusammen mit Ulrich Kraus – für die Festschrift »5 Jahre Kammermusik heute e.V.«, Hamburg 2005.

Peter Michael Hamel
Politisches Komponieren damals und heute
Persönliche Rückblicke und Einsichten

„Musik ist nolens volens politisch." Mit diesem Zitat von Hans Werner Henze aus dem Jahre 1969 ist ein Gespräch über die Politisierung seiner künstlerischen Arbeit überschrieben. Darin ist auch die Rede von Henzes erstem politischen Skandal, der sich anläßlich der nicht stattgefundenen Uraufführung seines Oratoriums »Das Floß der Medusa« Ende 1968 ausgerechnet in Hamburg ereignete; laut Henze von der Presse (Ausnahme: Frankfurter Rundschau) stets falsch interpretiert: »Es gab da zu Beginn des Konzerts im Hamburger Rundfunk ein Go-in mit Slogans gegen die konsumistische Kultur und eine Flugblattschwemme, verursacht von drei verschiedenen Gruppen: der SDS-Projektgruppe ›Kultur und Revolution‹, Berlin, der Hamburger Musikhochschule und vom Hamburger SDS. Dann war da ein Che-Poster auf dem Konzertpodium angebracht worden, welches der Programmdirektor des Rundfunks kurzerhand zerriss. Der eigentliche Protagonist war also dieser enragierte Rundfunkboss, der, obwohl er wusste, dass dieses Stück Che Guevara zu Ehren geschrieben war, nicht tolerieren konnte, dass das Bild dieses Mannes dort hing.«

Frage: Hast du dieses Plakat anbringen lassen?

Henze: »Nein, Hamburger Studenten. Ich hatte gar nichts gemacht, ich hatte dergleichen überhaupt nicht vor, ich wollte eigentlich nur dirigieren. Doch so ergab es sich halt. Dann haben andere Genossen eine rote Fahne angebracht, anstelle des Che-Posters. Ich wurde nun vom Justitiar des Rundfunks aufgefordert, die Fahne entfernen zu lassen, sonst wäre ich für die Konsequenzen verantwortlich. Da sagte ich, ich pfeife auf die Konsequenzen, weil ich mir eine solche Nötigung nicht bieten lassen wollte. Das Übrige war dann so, wie es die Presse berichtet hatte. Sie hatte allerdings das Ausmaß der Brutalität der bis auf die Zähne bewaffneten Polente unterschlagen.« (Henze 1976, S. 133)

»Das Floß der Medusa, Oratorio volgare e militare in due parti – für Che Guevara« für Sopran, Bariton, Sprechstimme, gemischten Chor und Orchester wurde erst 1975 beim »Maggio musicale« in Florenz gespielt. Politisches Handeln hatte damit vor mehr als dreißig Jahren das politische Komponieren verhindert, seiner Rezeption beraubt. Die Partitur bedeutet für den Arbeitsprozess des Komponisten nach eigener Aussage dennoch einen wichtigen Schritt nach vorn, alles sei von den Gefühlsbewegungen diktiert gewesen, »die ich aus den Ereignissen jener Jahre und meinem Darinverwickeltsein gehabt habe«.

Auch andernorts waren in musikalischen Studienkreisen »revolutionäre Zellen« entstanden, waren manche Musikhochschulen politisiert, wie auch die experimentelle Musikszene, die ich als knapp Einundzwanzigjähriger kennenlernte. In der Westberliner Akademie der Künste 1969/70 trommelt, schreit und schweigt der englische Komponist Cornelius Cardew mit den Laien und Profis seines »Scratch Orchestra«: Sie realisieren »The Great Learning«, Verbalpartituren, deren Textbezug Cardew aktuell geändert hatte: Nicht mehr Konfuzius, sondern die Worte des »Großen Vorsitzenden« Mao wurden jetzt rezitiert. Am selben Ort, kurze Zeit später, führt der amerikanische Komponist und Pianist Frederik Rzewski mit einem freien Ensemble sein »coming together« auf, begleitet er den damaligen RSO-Konzertmeister János Négyesy in Cardews »Der Osten ist rot«: Die Noten werden zum solidarischen Mitsingen ausgeteilt, immerhin entsteht ein schüchternes Summen eines Peking-Opern-Liedzitates.

Mit Rzewskis Ensemble spreche und singe ich dann »Attica is in front of me«, eine Silbe nach der anderen in repetitivem Muster 1 12 123 1234: So entfaltet sich dieser Satz eines schwarzen Freiheitskämpfers, von ihm ausgerufen, als er das berüchtigte Gefängnis Attica verließ und die wiedergewonnene Freiheit als eigentliches Gefängnis vor sich sieht. Politisches Komponieren, damals vor dreißig Jahren – aber für wen? Wer hörte da überhaupt zu und wer ging hin, womöglich mit dem wissenden Lächeln des Experten, dem verbissenen Blick des Gleichgesinnten?

Anfang September 1970 dann bei den Darmstädter Ferienkursen für Neue Musik: Es tut sich was! Zwei mehrstündige, spontane Vollversammlungen führen zu Mitbestimmungsforderungen der Teilnehmer, zur Wahl einer Delegation von Dozenten, Komponisten, Journalisten und Studierenden(!), der ich u. a. neben Nicolaus A. Huber als Vertreter angehörte. Es wurde ein Resümee der Veränderungs- und Konzeptionswünsche veröffentlicht, das sich im Vergleich zum Lehrplan einer Hochschule dreißig Jahre später immer noch revolutionär und innovativ anhört: Teamwork und Kollektivkomposition werden gewünscht, Improvisationsgruppen mit Live-Elektronik, sowie elektronische und Computer-Musik werden gefordert, Grenzgebiete wie »Musik und Film«, Happenings, Hörspiel, Pop und Musiktheater, Hör- und Parapsychologie sollen einbezogen werden. Musikerzieher, Schulmusiker, Komponistinnen (!) sollen besondere Betreuung erfahren, mehr Demokratisierung wird verlangt! Hans G. Helms nannte seine WDR-Sendung darüber »Dokumente einer misslungenen Revolution« …

Ein Jahr darauf im spärlich besuchten Nachtkonzert des Städtischen Opernhauses Münster in Westfalen: Dieter Schnebels »Visible Music« erzählt – die Partitur ist graphisch notiert und wird projiziert – die Geschichte von Herrschaftsverhältnissen und Unterdrückung, in unserer Version auch vom Herrschaftsverhältnis Dirigent und Orchester. Pantomimisch ersteche ich mit dem Taktstock das Orchester, verkörpert durch den phänomenalen Pianisten Max Nyffeler, dessen Wechsel ins ausschließlich schreibende, reflektierende Fach ich noch heute bedauere. Im selben Jahr im Großen Saal der Münchner Musikhochschule, mit einem Mikrophon in der Hand im Publikum stehend, bin ich von vier Schlagzeugern mit voller Batterie umgeben und versuche, gegen den strukturiert anwachsenden Lärm, vom damaligen DDR-Kollegen Tilo (Müller) Medek aufgeschrieben, Texte von Lenin zu Gehör zu bringen. Keine offizielle Hochschulveranstaltung war das übrigens, die Zuhörer entstammten dem Klientel von Wilfried Hillers »Musik unserer Zeit«.

In München war ich aber auch im düsteren Jazzlokal »Birdland« aktiv, wo mir seit 1967 der schwarze Bebop begegnete, die »Freedom-Now!-Suite« von Max Roach oder das »Hiroshima-Requiem« von Mal Waldron, der Free Jazz eines Coleman und Coltrane, authentische Musik für Gleichgesinnte. Das Publikum unterschied sich dort oder im legendären Münchner »Domizil« sehr von den aufgeschlossenen »Musica Viva«-Kreisen! Dort begannen die ersten Münchner »Underground«-Bands zu existieren – »Embryo«, »Amon Düül«; dort waren die APO, die älteren Beatniks und frustrierte GIs aus der Anti-Vietnam-Bewegung!

Im Westberliner »Quartier Latin«, im Hamburger »Grünspan«, »Spartacus« oder »Danny's Pan«, im Münchner »Songparnass« entstanden dann die ersten eigenen Versuche als Liedermacher mit durchaus anarchistischen Untertönen und Bruitismen, zusammen mit dem früh verstorbenen Wiener Wilhelm Zobl. Hanns Eislers Angewandte Musik im Herzen und früher als mein Klassenkamerad Konstantin Wecker, war ich mir für Songs nicht zu schade, z. B. für die Ostermarschierer oder den Republikanischen Club.

Gleichzeitig beginnt die Arbeit mit der international besetzten Gruppe »Between«, die auch mit dem französischen Komponisten Luc Ferrari zusammenarbeitet. In seinem »Ökologischen Hörspektakel«: »Allo ici la terre« hatte ich auch richtige Chansoneinlagen neben von Ferrari selbst animierten Vokalimprovisationen (»spielt/singt als bliebe euch die Luft weg«) auszuführen. Dazu Ivan Illichs Texte zur Umweltverschmutzung und Mehrspurbänder mit Naturaufnahmen nach dem Musique-Concrète-Prinzip seines Klassikers »Presque Rien«. In der Bonner Beethovenhalle spielte später mit diesen Zuspielklängen die Rockband »Amon Düül« auf – umgeben von einem riesigen Dia-Environment. Schließlich die unvergesslichen Extreme des Ausdrucks im politischen Komponieren von Luigi Nono: Im hohen schwarzen Münchner Marstall auf schwarzem Podest inmitten von vier hohen, schwarzen Lautsprecherboxen steht schwarzgewandet die Sängerin Carla Henius, ihre zartesten Vokalgebilde kontrastieren mit einer zornig ohrenbetäubenden, vierkanaligen Bandeinspielung von Fabrikgeräuschen und Massendemonstrationen. Hier ein Ausschnitt aus Konrad Boehmers emphatischer Beschreibung:

»Nonos ›Fabbrica illuminata‹ ist ein Werk, welches aus Reflexionen über eine neue gesellschaftliche Funktion der Musik entstanden ist, und um ihr diese zu verleihen, müssen die gesellschaftlichen Funktionen so intensiv in der Musik sein, wie diese innerhalb dieser Funktionen zu sein beansprucht. Die 1965 entstandene Komposition macht von Geräuschen und Sprachklängen Gebrauch, die in einer Fabrik aufgenommen worden sind. Diese werden zusammen mit elektronischen Klängen verarbeitet und mannigfaltigen Transformationen unterworfen. Während der Bandvorführung singt eine Frauenstimme – live – einen Kommentar zu den auf Band fixierten klanglichen Ereignissen. Dieser Kommentar bezieht sich unmittelbar auf die Bandmusik, mit welcher zusammen er eine musikalische Einheit bildet, und mittelbar auf die Situation, innerhalb welcher die auf Band fixierten Geräusche entstanden sind: den Arbeitsprozess in einer Fabrik und die sozialen Unrechtigkeiten, die ihn in kapitalistischen Gesellschaftsformen in Gang halten. So wird der kritische Reflex auf den gesellschaftlichen Zustand zweifach zum Gegenstand der Komposition: Einerseits drückt er sich unmittelbar in der Konfiguration der Klänge aus, und andererseits hat er seine Form als Reflex auf diese Klänge, als ein Reflex, der sprachlich-konkret und doch gleichzeitig musikalisch integriert ist.« (Boehmer 1968, S. 19)

Dem galt es nachzueifern, Tonaufnahmen mit vorgefundenem Geräuschmaterial wurden fabriziert. Konkrete Klänge, dazu freies Reagieren, gelernt in den multimedialen und improvisatorischen Ensembles von Luc Ferrari, Josef Anton Riedl und Frederic Rzewski. So entstanden Aktionsstücke wie »Kämpfen hier und jetzt«, »Now« für Schlagzeug mit Texten von Eldridge Cleaver und Angela Davis.

Die Wehrpflicht hatte mich Abiturienten 1968 nach anderthalb Dienstzeitjahren ganz anders politisiert als es durch die »Innere Führung« wohl beabsichtigt war, noch vor Studienbeginn wurde ich Mitglied des Republikanischen Clubs in München. Die Bundeswehrzurückstellung misslang übrigens dank des damaligen Präsidenten der dortigen Musikhochschule, Karl Höller, da er eine von meinem zukünftigen Lehrer Bialas vorgeschlagene formale Aufnahme mit der Begründung ablehnte, ich solle mir erst mal beim Barras die Haare schneiden lassen. Genau derselbe Komponist Karl Höller, der noch 1944 für das Reichspropaganda-Ministerium die Friedensmusik für den Hitlersieg komponiert hatte! Womöglich waren es jedoch nicht nur die langen Haare, die es mir auch später mit der Hochschule schwer machten, befasste ich mich doch genau mit den musikalischen Errungenschaften (und sagte dies beim Aufnahmeprüfungsgespräch auch nichtsahnend), die bis zum 8.5.1945 offiziell verpönt und verfolgt wurden, danach aber Jahrzehnte lang zumindest durch Vorurteile weiter ausgegrenzt blieben.

In Walter Trienes *Musik in Gefahr, Selbstzeugnisse aus der Verfallszeit* von 1940 fand ich inzwischen genau das, was mich faszinierte, damals als »artfremd« diffamiert, als »jüdisch« verfemt, als Abirren vom nordischen Kunstideal, nämlich Atonalität, »Spaltung« der Töne, Exotik und Weltmusik, Jazz – der »Triumph der schwarzen Rasse« (Trienes 1940). Trienes hatte »Urkunden aus der Feder der Feinde« versammelt, jüdische Künstler wurden stigmatisiert und dingfest gemacht. Die Schmähschrift bezog sich übrigens eindeutig auf Hans Pfitzner *Die neue Ästhetik der musikalischen Impotenz. Ein Verwesungssymptom?* (Pfitzner 1920)

Ich konnte es also 1966 nicht verhindern, zum Militärdienst eingezogen zu werden. So komponierte ich anderthalb Jahre heimlich als Küchenverwalter im

Nachschub-Büro, vertonte u. a. August Stramms Antikriegs-Lyrik, hatte durch meine Stationierung in Neubiberg bei München weiter Privatstunden bei Fritz Büchtger, verbrachte jeden zweiten Abend mit zum Teil schwarzen Musikern in so genannten Jazz- und Folkloreläden und lernte die verschiedensten improvisierten, spontanen, ethnischen Spielformen kennen; ich hörte Miles Davis, Charles Mingus, Thelonious Monk, aber auch vom Samba beeinflusste lateinamerikanische Revolutionsmusik.

Die Spannung zwischen Soldatenalltag in der Kaserne, seriösem Kompositionsunterricht und nächtlichem Jazzkeller mag ausschlaggebend gewesen sein für die Intensivierung meines politischen Bewusstseins. So kam ich als ausgedienter Küchengefreiter eben zwei Jahre später in die Kompositionsklasse von Günter Bialas, dem liberalsten und offensten Professor der Hochschule, und hatte so herausfordernde Kommilitonen wie Nicolaus A. Huber, dem ich auch im Ensemble der »Film/Musik/Dia/Licht-Galerie« von Josef A. Riedl begegnet bin. Ansonsten galt in diesem Haus an der Arcisstraße (übrigens das ehemalige hitlersche Braune Haus, in dem dreißig Jahre zuvor das fatale Prager Abkommen von den internationalen Mächten unterzeichnet wurde) bei den meisten Studierenden Musik als etwas Unpolitisches-Neutrales; in der ASTA-Versammlung votierte die Mehrheit mit Stimmenthaltung bei den Notstands- und Hochschulgesetzen, wurde damit konservatives Zünglein an der Waage! Trotzdem steckte mir die Soldatenzeit in den Knochen; ich hatte anderthalb Jahre lang die militärische Unterdrückung und Entmenschlichung am eigenen Leib erfahren. Ich hatte erlebt, wie innerhalb der ersten drei Tage mehr als tausend Gleichaltrige zu Soldaten wurden. Auf der anderen Seite lernte ich als einziger Abiturient meiner Einheit die Sprache des Volksschülers, Lehrlings und Arbeiters. Die elitäre Isolation der Oberschichtenkultur wurde mir bei den Kammerkonzerten mit eigenen Stücken erschreckend bewusst. Auch die musikalische Sprache, die ich mittlerweile im Strom serieller Dogmen und später im Sog postserieller Ausdrucksmusik entwickelt hatte (in Kompositionen wie »Steinerne Sterne« oder »incanto capprici«), konnte sich nur an eine kleine Minderheit richten. Doch bei den nächtlichen Sessions mit modernen Jazzelementen kam wenigstens eine Kommunikation mit dem Hörer zustande, von der ich bei der Aufführung meiner notierten Stücke nur träumen konnte. Die Idee des gemeinsamen Improvisierens und auch des Komponierens »im Kollektiv« begann mich sehr zu interessieren, die Möglichkeiten einer Performance-Musik.

1973 hatte Hans Werner Henze die künstlerische Leitung im Komponisten-Kollektiv für die szenische Kantate »Streik bei Mannesmann«, die nach der Ostberliner Uraufführung dann vom Hamburger Instrumentalensemble »Hinz und Kunst« auch in westdeutschen Fabriken und Universitäten gespielt wurde. Dieses Projekt kannte ich nur aus der Ferne, war ich einem der Protagonisten und Motoren des Unternehmens, dem Hamburger Nils Frederic Hoffmann, doch Anfang 1970 bei den »Tagen für Neue Musik Hannover« während meines

Verstärker- und Projektoren-Schleppens für Josef A. Riedls mobile »Film / Musik / Dia / Licht – Galerie« solidarisch-freundschaftlich begegnet.

Bald dreißig Jahre später begeisterte er als virtuos-witziger Kleinkunstmeister bei Hedwig Floreys gelungenem Abend »Ändere die Welt, sie braucht es (›Hanns Eisler zu Ehren‹)« im Forum unserer Hamburger Hochschule.

Nach Rückkehr von meiner zweiten großen Asien-Studienreise im Frühjahr 1974 fand ich ein Manifest in meiner Post, das zur Gründung einer »Vereinigung sozialistischer Kulturschaffender« aufruft, unterzeichnet von den Komponisten Konrad Boehmer, Erhard Großkopf und Wolfgang Hamm sowie dem Musikwissenschaftler Frieder Reininghaus: »Kunst ist eine Waffe in den Auseinandersetzungen der Klassen …« Dieser Text wurde dem US-amerikanischen Komponisten Christian Wolff (aus dem Kreis um John Cage, aber auch solidarisch befreundet mit Rzewski und Cardew) bei den Darmstädter Ferienkursen des gleichen Jahres vorgelegt, der, auch eine Folge unserer Aktivitäten in Sachen »gescheiterter Revolution«, zum zweiten Mal dorthin eingeladen worden war. In den »Darmstädter Beiträgen« fasst Wolff dann die Chancen von politischer Musik in seinem Situationsbericht zusammen: »Ob die Musik als Mittel politischer oder gesellschaftlicher Veränderung dienen kann? Für sich allein nicht, das ist klar; aber Musik kann meines Erachtens politische Richtungen, auch sozialistische und wahre demokratische, unterstützen, auch widerstehen oder klarstellen gegenüber Ausbeutung und Repression. Es kann auch eine Musik sein, die auf Reflexion ausgerichtet ist, statt hauptsächlich auf Förderung passiver emotionaler Zustände …« (Thomas 1975, S. 10)

In ihrem Beitrag »Music before Revolution« für die Festschrift »50 Jahre Darmstädter Ferienkurse« weist Dörte Schmidt darauf hin, dass sich Wolff damit gegen eine »Kunst als Waffe« im Sinne des Manifestes ausspricht. So gehe es vielmehr nur um Konzeptionen, die sich »für eine durch diesen Kampf zu erreichende Gesellschaft eignen; er entwirft so eine Musik, die ihren prärevolutionären Status als Utopie einer neuen Gesellschaft mit einbringt« (Schmidt 1995, S. 429). Die neue Musik sollte nach dem Willen Christian Wolffs eine sein, die sich für eine neue Gesellschaft »eignet«!

Die wichtigsten Einwände, die schon 1972 gegen politische Musik geäußert wurden, seien hier nicht verschwiegen; so hat mein Professor von der TU Westberlin, Carl Dahlhaus, in seinen »10 Thesen« von einem Dilemma gesprochen: »Entweder verfällt sie, um des politischen Effekts willen, der Trivialität. Oder sie opfert der musikalischen Integrität die politische Wirkung. Ein Ausweg wäre, dass ein Komponist einen musikalischen Vorgang (…) abrupt durch politische Parolen unterbricht, um dem Publikum bewusst zu machen, dass es nirgends, auch nicht im Konzert, der Politik entrinnen kann.«

Sein Kollege Reinhold Brinkmann umreißt die Position des engagierten Komponisten durch das Prinzip, »verfestigte ästhetische Kategorien, Normen musikalischen Denkens und Hörens in Frage zu stellen, ästhetische Tabus zu durchbrechen.« Ligeti als Flüchtling aus dem real existierenden Sozialismus Ungarns spricht sich deutlich aus: »Der Komponist, der in Ideologien verhaftet ist, opfert seine Kunst einer Fata Morgana: Gesellschaftlich wird er nichts bezwecken, und kompositorisch begibt er sich auf ein Niveau, das seiner unwürdig ist.« Und schließlich damals Helmut Lachenmann: »Musik komponieren, um die Gesellschaft zu ändern: das ist eine Heuchelei oder – sympathischer – eine Donquichotterie.« (Zitate aus: Trapp 1995, S. 374)

Ende Juni 1999 wurde mir beim Deutschlandfunk die Ehre einer langen Musiknacht zuteil. Redakteur Reinhard Oehlschlägel sendete auch die fast dreißig Jahre alte »Aktionsmusik zur Bekämpfung der Gleichgültigkeit gegenüber Unterdrückung und Ausbeutung«. Es erklang die Fassung vom »Stuttgarter Allgemeinen Deutschen Musikfest 1974«. Unter Leitung von Erhard Großkopf sang und spielte ein Ensemble, dazu ein Tonband, gespeist aus den Erfahrungen mit dem »Living Theatre«; Texte waren collagiert aus dem »Olympia 2000« – Szenario von Robert Jungk – Untergangs- und Katastrophenfragmente der »Mixed Media Company« (»Atom-schwelle! / Haben sie mein Kind gesehen? / Ich habe Durst«) mündeten in den mantrischen Gesang der Worte »Solidarität« und »Revolutionen«, welcher in tiefem Schlaf erhoffter Versöhnlichkeit versinkt. Auch ein Fragment aus der Mao-Bibel war eingearbeitet.

Heute weiß ich, wo ich als chinesischer Student oder intellektueller Künstler in Zwangslagern die Erde gepflügt hätte – bestenfalls. Die »Aktionsmusik« wollte damals den Widerspruch von extrovertierter Agitation und introvertierter Kontemplation auflösen, »politisch« in dem Sinne sein, dass auch das Archetypische des Menschen, seine Innenwelt einbezogen werden sollte. »Spiritueller Sozialismus« hieß mein frommer Wunsch – aber da war das »Living Theatre« schon in zwei Teile gerissen, die einen auf Indienfahrt im Aschram, die anderen in Brasilien im Knast. Auch in den eigenen Freundeskreisen in München und Westberlin oder zeitweise Köln: überall fand die gleiche Spaltung statt: agitatio gegen contemplatio – entweder oder, aber kein sowohl als auch!

Polarisierende Verkrustungen aufbrechen zu wollen, Widersprüche, Einbrüche aufzureißen, das geht doch in glücklichem Fall Hand in Hand mit innerer Stille, Zartheit, Selbsterfahrung und Friedfertigkeit, wie beim großen Theater eines Grotowski oder Tabori. Nonos »An Diotima« war noch nicht geschaffen. Und über allem lag damals dieses mich heute beschämende Pathos, das verbissen Besserwisserische, wie wir es heute eher in komplexistischen Elitekreisen antreffen. Von der allzu lauten Verlautbarung mich allmählich abwendend, verlagerten sich seit 1987 meine Energien auf Projekte wie »Shoah – Die Endlösung«: der Versuch, die Ungeheuerlichkeit des Verbrechens an der Menschheit künstlerisch/radiophonisch fassen zu wollen. Zehn Jahre später ecken meine anarchistischen Neigungen an, ist deeskalierendes Handeln angesagt, medienkritisches

Unterrichten angewandter Musik, andererseits ist politisch verantwortliches Komponieren zu lehren. An den Adressaten zu denken, heißt hierbei noch lange nicht, sich zu prostituieren.

»Auf das Publikum zu« hätte ich komponiert, wurde 1981 von meinem Musiktheater »Ein Menschentraum« behauptet: mitnichten! Es ging um das Leben des bürgerlichen Revolutionärs Madach Imre, des Schöpfers der »Tragödie des Menschen«, des »ungarischen Faust«. Eine Szene stellt Dantons Tod dar, großes unerreichtes Vorbild war mir Bernd Alois Zimmermanns »Die Soldaten«. Die Anbiederung, die Bereitschaft, die Fortschrittlichkeit dem Zeitgeschmack zu opfern, vermutet bei mir vor allem, wer einzig die Avanciertheit der Mittel im Ohr hat und etwa als Funktionär oder Redakteur Abgrenzungen pflegt.

Wehe, wenn eine Musik für die Ausübenden, für die Zuhörer entsteht; prompt ist für die Fachkreise der Innovationsanspruch erloschen. Dabei wäre der Gedanke an den Zuhörer, die Reflexion der Rezeptionsbedingungen ja das Politische! Aber große Teile der Unter-sich-Experten der »Neue-Musik-Mafia« (Mafia – das hat Ligeti wirklich gesagt, wie Wolfgang-A. Schultz berichtet) sind paradoxerweise Repräsentanten eines zementierten, einmal Erreichtes bewahrenden Kreises, nicht unähnlich denen der Bildende-Kunst- oder Literaturszene.

In eine weltferne, unpolitische Klangsphäre war eigentlich keiner der Kollegen entrückt, denen ich in den 60er- und 70er-Jahren begegnet bin und die mich wenigstens partiell geprägt haben: kein Orff, Messiaen, Lutoslawski oder Cage, weder Riedl, Schnebel, Henze noch Nono, Xenakis, Ferrari, Riley, Feldman oder Lachenmann, kein Klaus oder Nicolaus Huber, auch nicht der fünf Jahre jüngere Wolfgang Rihm. Dezidiert politisch aktiv scheint mir von Anfang an Heiner Goebbels gewesen zu sein: »Als ich Mitte der 70er-Jahre – angeregt von Eislers kompositorischem Prinzip ›Fortschritt und Zurücknahme‹ – versucht habe, die Musik in die politische Bewegung der unorganisierten Linken einzubeziehen, ging es mir nicht darum, mit Musik Politik zu machen, sondern die Musik zu politisieren, und zwar nicht im Sendesaal des Rundfunks, sondern im politischen Spannungsfeld der Kräfte, die damals aktiv waren, also auf der Straße, in Versammlungen, Konzerten, Kampagnen, Jugendzentren etc., das heißt, ich habe versucht, beide Felder der Politisierung: das musikalische Material wie den gesellschaftlichen Kontext ins Auge zu fassen, nach Maßgabe der eislerschen Dialektik: beim Bekannten zu beginnen, um Neues zu versuchen.« (Goebbels 1989. S. 113)

Inzwischen habe sich aber der soziale Kontext völlig verlagert, bemerkt Goebbels in seinem Text, von den Straßen habe er sich in die Parlamente verlagert in Bereiche, »die keine Fragen an künstlerische Kreativität stellen; und unser um die Komplexität der politischen Vermittlung / Wahrnehmung / Veränderung ist – zusammen mit dem Misstrauen in die Sprache als Verständigungsmittel – gewachsen. […] Zu viele Bedeutungsebenen schoben sich zwischen die Zeilen, und vielleicht ist es gerade der gute Wille des politischen Komponierens, der die

Wirkung seines Produkts am Ende ins Gegenteil verzerrt. Konkret: Vielleicht ist es der steife akademische Rahmen, der ein freies Denken beim Zuhörer verhindert, oder vielleicht wird die Eitelkeit der Interpreten im Konzert wichtiger als die Semantik des Gesungenen […] Wirkliche Veränderung hat in den letzten Jahren auch in der Technologie der musikalischen Produktion stattgefunden, dort, wo da meiste Geld, der größte kommerzielle Druck herrscht, dort, wo Musik tatsächlich gebraucht wird, nämlich zum Tanzen in der Disco […] Dies alles wird von der akademischen Avantgarde so schnell nicht eingeholt werden können, weil ganz andere Faktoren ihre Entstehung möglich machten: zum Beispiel nicht nur individueller Erfindungsreichtum eines einzelnen Komponisten, sondern ein ganzer Pool von Musikern, die sich gegenseitig beeinflussen, anregen, anstacheln …« (Goebbels 1989, S. 110 ff.)

Solche Arbeitsweise müsse sich ständig ihrem sozialen Umfeld und ihren ökonomischen Bedingungen stellen, führt Goebbels weiter aus, eine Offenheit gegenüber anderen Medien sei selbstverständlich geworden, Kraft und Reaktionsgeschwindigkeit, die nun aus der Sensibilität der Wahrnehmung von Wirklichkeit komme. Fürwahr paradigmatische Äußerungen für politisches Komponieren und auch Voraussetzung für heutigen Kunstunterricht!

Für Goebbels geht es nicht um das Experimentelle an sich. Eine Musik ohne Publikum oder eine nicht kommerzielle Platte, die sich nicht verkauft, ist für ihn nicht schon damit fortschrittlich oder antikapitalistisch, vielmehr gehe es um »die Irritation und Skrupel, die heutiges Komponieren begleiten müssten – besonders politisch gemeintes Komponieren, wenn man nicht wie eine geniale Figur des 19. Jahrhunderts nach wie vor im Stübchen sitzt und mit Phantasie auszudrücken in der Lage zu sein glaubt, was sich im individuellen Geist angestaut hat.« (Goebbels 1989, S. 113 f.)

Streichquartette für Greenpeace und Rockkonzerte für Afrika hält Goebbels nicht mehr für politische Musik auf der Höhe der Zeit. Für ihn ist die Zeit der Personalstile vorbei und Eklektizismus müsse kein Schimpfwort mehr sein, wenn ein hinterfragendes, mit Diskretion, Geschmack und historischem Bewusstsein ausgestattetes Arbeiten unsere Wahrnehmungsweisen vorantreibt und Vergangenes, Vorhandenes, Vorgefundenes aufarbeitet, bis »die Kompositionen alle bisher entstandene Musik als Bestandteile einer Sprache beherrschen, mit der jetzt Neues und Genaues gesprochen werden kann.« Goebbels vermutet, dass »tatsächlich eine andere Generation von Komponisten heranwachsen muss, die jenseits der klassisch getrennten Wertigkeit aufwächst und ausgebildet wird und die überall zu Hause ist, weil es kein musikalisches Zuhause mehr gibt!« (Goebbels 1989, S. 111)

Heute befasse ich mich auch mit dem tieferen politischen Sinn des eigenen Schaffens. Gibt es den denn? Auf meine Frage an den neunzigjährigen japanischen Zenmeister und Philosophen Tetsuo Nagaya, ob unsere Stilleübung nicht

Weltflucht sei, erhielt ich die Antwort: »Wir sitzen für den Frieden!« Was mein kompositorisches Tun betrifft, soll hier ein anderer sprechen: »Komponieren bedeutet nicht nur Handeln in dem Sinn, dass zwischen Alternativen zu wählen ist, sondern auch, dass es etwas bewirken will, Anstöße geben oder Denkprozesse einleiten will. So gesehen ist Hamels musikalisches Engagement auch politisch zu verstehen: Die Orientierung am Prinzip der Hoffnung zielt auf eine Veränderung bestehender Zustände. Seine Musik richtet sich gegen alles Eingefahrene, gegen Hör- und Verhaltensmechanismen.« (Helfrich 1999, S. 71)

Die Möglichkeiten einer Verbindung spiritueller Musikerfahrung mit der Frage politischer Wirksamkeit ließen mich jüngst die »Menschenrechte« vertonen für Schulchöre und Jugendorchester. Zur Rücksicht auf die Ausführenden gezwungen, die sängerischen und instrumentalen Grenzen von Schülern und erwachsenen Laien im Auge, versuchte ich, so textverständlich wie möglich zu komponieren, was sich bei der Fülle und in der Dichte – auch bei professionellen Sängern – als schwierig erwies. So kam ich auf eine Besetzung mit zwei sprechenden und zwei singenden Solisten. Der Kinderchor ist da eingesetzt, wo es um die Rechte der Kinder geht, um Kinderarbeit, Armut, Ausbeutung.

Politisch, vor allem gesellschaftspolitisch verantwortungsbewusst zu komponieren, kann das lehrbar sein? Wie ist mit den postmodernen Freiheiten umzugehen, mit dem »anything goes« ohne bindende Orientierung? Wenn keine Regeln mehr bindend sind, keine musiksprachlichen Kriterien mehr existieren? Wenn es im gemachten Nest von Samplern und Archiven sich zu bedienen gilt, wenn freilich unbemerkt neue Zwänge des PC sich einstellen? Längst hat sich das einstige Motto »Alle zusammen für eine Sache« umgedreht in: »Jeder alleine für seine Sache« – aber wenigstens im Bewusstsein der eigenen Mittel, der persönlichen Umgebung, des sozialen Umfelds.

Wichtig scheint beim Unterrichten vor allem zu sein: das eigene Vorbild abzugeben – sich dem Seriellen entgegenzustellen – der Verkabelung entgegenzuarbeiten – gesellschaftliche Verantwortung vorzuleben – den luftleeren Raum geduldeter Kunst-Ineffektivität zum Atmen zu bringen. Die eigenen Mittel sind zu hinterfragen. Wenn alles geht, geht gar nichts mehr. In jedem Falle alles kennenlernen, alles können.

Solidarität mit internationalen revolutionären Bewegungen – wo wird heute mit musikalischen Mitteln Widerstand gegen Machthaber geleistet? Rap ist die politische Musik des schwarzen Amerikas und Afrikas. Freiheitsbewegungen und der anwachsende Nationalismus und Regionalismus greifen ansonsten meist auf traditionelle ethnische Wurzeln zurück. Aber es dauert heute kein Jahr mehr, dass Anspruchsvolles, kaum neu entstanden, von der international vernetzten Unterhaltungsindustrie vereinnahmt wird. Nichts steht dann der seriellen Vermarktung im Wege. Diesen Tendenzen stellen sich engagierte Komponisten aller Generationen entgegen: der in Paris lebende, jugoslawische Posaunist und Komponist Vinko Globokar bezieht in seinen Projekten soziale, gesellschaftspolitische Gesichtspunkte mit ein, Spannungen von Individuum und Kollektiv. In diesem Zusammenhang ist das jetzt seit Jahrzehnten von Globokar praktizierte freie Stegreifspiel, etwa auch das »kollektive« Reagieren auf graphische Animationen, ein entscheidender Aspekt heutigen »politischen« Musizierens. Und schließlich müssen die spannenden Kollektivkonzepte des Essener Komponisten und Nicolaus-A.-Huber-Schülers Gerhard Stäbler genannt werden, auch seine »Landmarks« in stillgelegten Industrieräumen des Ruhrgebiets: »Er ist nicht nur als Komponist aktiv, sondern engagiert sich auch politisch, pädagogisch und auf konzeptionellem Gebiet.« (aus dem Siemens Kulturprogramm 1999)

Diese zwei Beispiele mögen hier als Hinweis genügen; das Thema »Musik und Politik« wurde im Übrigen vollständig und kompetent von Hans-Werner Heister in seinem Artikel für »Musik in Geschichte und Gegenwart« sowie in der *Geschichte der Musik* Band IV beleuchtet: »Die fortschreitende politische Entspannung der 80er-Jahre und das Ende der Ost-West-Konfrontation nach 1989 führte zwangsläufig auch zu einem Nachlassen des offensichtlich, gar offensiv politischen musikalischen Engagements. Deshalb sind politische Komponisten heute noch mehr als früher gezwungen, sich ihre spezifischen ästhetisch-künstlerischen Möglichkeiten zu vergegenwärtigen. Gefragt ist ein längerfristig angelegtes, tiefgründiges, subtiles gesellschaftliches Engagement der Komponisten als denkende Seismographen.« (Heister 1993, S. 311)

Politisches Komponieren implizierte stets ein linkes Engagement, wachen Widerstand und eine ungebrochene Solidarität mit einem utopischen Marxismus, auch nachdem der real existierende Sozialismus abgewirtschaftet hat. Es wird ein spannendes Unternehmen, Anfang November 1999 an der Oldenburger Universität, erstmals nach der »Wiederveraneignung« (Dieter Hildebrandt im »Scheibenwischer«) den Stellenwert marxistischer Ansätze in der Musikforschung Ost und West heute zu konstatieren.

Die Auseinandersetzung mit linkspolitischem Komponieren sei, so der Veranstalter Wolfgang Martin Stroh, »zehn Jahre nach dem Fall der Berliner Mauer so gut wie verstummt – aus Angst, aus Resignation, aus Taktik oder aus besserer Einsicht?« Weiter steht in der Einladung zu lesen, dass sich Vertreter aus zwölf Ländern der Erde auf der Suche »nach einer neuen Diskussionskultur« treffen wollen. Im Komponistenpodium wird es um »engagierte, kritisch und politisch verantwortete Musik heute« gehen.

Nicht zurückzuholen ist allerdings die anarchisch-chaotische Aufbruchsstimmung der drei Tage Woodstock im August '69, als statt erwarteter 60 000 Menschen eine halbe Million dem unvergessenen Rockgitarristen Jimi Hendrix lauschten. Heute mag anarchistisches, zufallsbezogenes Handeln, das Schaffen mit vorgefundenem Material subversiv politisch sein: Mit der Avanciertheit der

Mittel für eine Minderheitenkultur zu streiten, neue Technologien medienkritisch und kenntnisreich einzusetzen, unbeeinflusst von Strömungen und Richtungen, unbekümmert von Moden, sich abzuschirmen versuchen. Subversiv politisch: den Opportunismus in der Neue-Musik-Szene zu durchschauen und sich den Expertenkreisen zu widersetzen.

Ganz wesentlich sind für mich hinsichtlich der Frage politischen Komponierens die folgenden Äußerungen von John Cage: »Ich interessiere mich für das Soziale, aber nicht für das Politische, da Politik mit Macht zu tun hat und das Soziale mit einer Anzahl an Individuen (…) ich interessiere mich für die Gesellschaft nicht unter Machtaspekten, sondern im Hinblick auf die Zusammenarbeit und die Freude aneinander (…)« (Source 1969)

»Ich glaube, die wirklichen Umwälzungen in der Gesellschaft werden dadurch zustande kommen, dass wir Herrschaft ablehnen und dass wir uns der Erde annehmen als eines Problems, das die ganze Menschheit betrifft. Meiner Meinung nach haben moderne Kunst und moderne Musik die Funktion, das Individuum für seine Freude an der Umwelt empfänglich zu machen.« (Lanca 1971)

»Oft wird mir vorgeworfen, meine Arbeit sei nicht politisch, und an Machtpolitik bin ich auch nicht interessiert. Ich bin an der Anwendung von Intelligenz und an der Lösung unmöglicher Problem interessiert.« (Danter 1982)

»Als ich mich fragte, warum wir Musik komponieren, kam ich zunächst zu dem Schluss, es geschehe, um eine geistige Revolution zu bewirken, und jetzt würde ich sagen, es könnte dazu dienen, oder jedenfalls hoffe ich, obwohl ich neuerdings etwas skeptisch bin, die gesellschaftliche Revolution mit voranzutreiben.« (Helms 1974)

»Ich bin Anarchist.« (Montague 1982)

Literatur

BOEHMER 1968
Konrad Boehmer: »… Nono«, Text der Wergo Compactdisc.

DANTER 1982
Tom Danter: »John Cage«, Keyboard, 1982, Heft Nr. 9. Nachdruck in Richard Kostelanetz: »John Cage im Gespräch«, Köln 1989.

GOEBBELS 1989
Heiner Goebbels: »Prince and the Revolution«, in: Albrecht Riethmüller (Hg.): »Revolution in der Musik«, Kasseler Musiktage 1988, Kassel 1989.

HEISTER 1993
Hanns-Werner Heister: »Politisches Komponieren seit 1945«, in: »Geschichte der Musik«, Band IV, Mainz 1991, S. 301.

HELFRICH 1999
Frank Helfrich: »Zwischen den Welten«, Saarbrücken 1999.

HENZE 1976
Hans Werner Henze im Gespräch mit J. A. Makowsky, in: »Musik und Politik«, Schriften und Gespräche, München 1976.

HELMS 1974
Hans G. Helms: »Gedanken eines progressiven Musikers über die beschädigte Gesellschaft«, in Heinz-Klaus Metzger / Klaus Riehn: »Musik-Konzepte Sonderband John Cage«, München 1978. Nachdruck in Richard Kostelanetz: »John Cage im Gespräch«, Köln 1989.

LANCA 1971
Alcides Lanca: »... We Need a Good Deal of Silence«, in: Revista de Lettras 3, 1971, Heft Nr. 2. Nachdruck in: Richard Kostelanetz: »John Cage im Gespräch«, Köln 1989.

MONTAGUE 1982
Stephen Montague: »Significant Silences of a Musical Anarchist«, in: Classical Music, Rhinegold Press, London 1982. Nachdruck in Richard Kostelanetz: »John Cage im Gespräch«, Köln 1989.

PFITZNER 1920
Hans Pfitzner: »Die neue Ästhetik der musikalischen Impotenz. Ein Verwesungssymptom?«, in: Süddeutsche Monatshefte, München 1920.

SCHMIDT 1995
Dörte Schmidt: »Music before Revolution. Christian Wolff als Dozent und Programmbeirat«, in: Internationales Musikinstitut Darmstadt (Hg.): »Von Kranichstein zur Gegenwart. 50 Jahre Darmstädter Ferienkurse«, Darmstadt 1995.

SOURCE 1969
Source, »Music of the Avant Garde 3«, 1969, Heft Nr. 2, in: Richard Kostelanetz: »John Cage im Gespräch«, Köln 1989.

THOMAS 1975
Ernst Thomas (Hg.): »Zur Situation. Christian Wolff«, Darmstädter Beiträge zur neuen Musik XIV, Mainz 1975.

TRAPP 1995
Klaus Trapp: »Darmstadt und die 68er-Bewegung«, in: Internationales Musikinstitut Darmstadt (Hg.): »Von Kranichstein zur Gegenwart. 50 Jahre Darmstädter Ferienkurse, Darmstadt« 1955.

TRIENES 1940
Walter Trienes: »Musik in Gefahr. Selbstzeugnisse aus der Verfallszeit«, Regensburg 1940.

Zuerst veröffentlicht in: »Musik und ...« Schriftenreihe der Hochschule für Musik und Theater Hamburg. Hamburg: von Bockel Verlag 2000.

Peter Michael Hamel
Universalismus in der Neuen Musik

»Ich kann Ihnen nicht die Lösung der Musik des nächsten Jahrtausends geben, aber wesentlich für mich ist die Toleranz – der Dialog ist wichtiger als das sich Abgrenzen gegeneinander.«[1]

I

Die intensivsten Begegnungen mit nicht europäischer Kunstmusik im eigenen Lande fanden für mich Anfang der 70er-Jahre statt, vor allem in Westberlin bei den Veranstaltungen des inzwischen nicht mehr existierenden Instituts für Vergleichende Musikstudien. Während der Olympiade in München im Sommer 1972 präsentierte die Ausstellung »Weltkulturen und Moderne Kunst« hochqualifizierte Ensembles der klassischen »Musiken« vieler Kulturen. Der Münchner Komponist und Veranstalter Josef Anton Riedl holte auf die »Olympische Spielstraße« afrikanische, japanische und südamerikanische Gruppen, und Joachim Ernst Berendt veranstaltete untere anderem ein Konzert »Africa Now«, bei welchem amerikanische und europäische Jazzmusiker mit Ensembles aus Afrika und Ländern des Mittleren Ostens zusammentrafen.

Im Jahre 1976 lebte ein ganzes balinesisches Dorf, das gleichzeitig ein Opernensemble und ein Gamelanorchester darstellte, für mehrere Wochen im Westberliner Literarischen Colloquium und demonstrierte in der Nationalgalerie seine Kunst und Kultur. Neben arabischen und japanischen Musikgruppen waren es vor allem die afrikanischen und indischen Künstler, die ein großes Publikum faszinierten. Immer mehr, meist junge Menschen aus Amerika und Europa folgten inzwischen den neu entdeckten Pfaden, kehrten oft exotisch gekleidet zurück und brachten arabische, indische, tibetische, javanische, japanische, afrikanische und südamerikanische Musik mit, als Signal der erlebten großen Reise.

Begonnen hatte die musikalische Begegnung in den 60er-Jahren in Westdeutschland mit der berühmt-berüchtigten »Jazz-meets-the-World«-Bewegung, die zum Beispiel Dialoge, freies Zusammenspiel von einer tunesischen Beduinengruppe mit dem Jazzinstrumentalisten Sahib Shihab und dem Jazzgeiger Jean-Luc Ponty vermittelte oder das Treffen des Klarinettisten Tony Scott mit japanischen und indonesischen Musikern; bei den ersten »Jazz-Meets-India«-Produktionen des Südwestfunks wirkte der weltberühmte indische Sarodspieler Ali Akbar Khan ebenso mit wie der Jazztrompeter und Weltmusiker der ersten Stunde Don Cherry.

Populär als exotische Mode wurde alles durch die Beatles, die sich der »Trans-

---

[1] P. M. Hamel beim Symposium »Dialog der Kulturen« in der Bayerischen Akademie der Schönen Künste, April 1998 anlässlich der Münchner Biennale.

zendentalen Meditation« des Maharishi Mahesh Yogi zeitweilig verschrieben hatten und welche den indischen Sitarvirtuosen Ravi Shankar lieben und verehren lernten. Der Indien-Trip erreichte Ende der 60er-Jahre seinen ersten Höhepunkt, als Ravi Shankar mit Yehudi Menuhin zusammenspielte und von einer großen Schallplattenfirma »entdeckt« und mit großer Good-Will-Publicity auf Reisen geschickt wurde. So kommerziell dieses Unternehmen auch lief und Menuhin eher osteuropäische Volksmusik-Ableger auf seiner Geige produzierte, als dass er das indische Idiom wirklich aufgegriffen hätte, hier gewannen weite Kreise den Zugang zur modal einstimmigen Möglichkeit gemeinsamen Improvisierens. Sitar war »in«. Für Musikgeschäftsleute und Publizisten verlor die Welle freilich bald an Interesse, wenn auch erst danach eine wirkliche Aufarbeitung dieser wichtigen Begegnung begann. Amerikanische und europäische Musiker und Komponisten reisten nun jeweils für mehrere Monate nach Indien, Indonesien oder Mittelafrika, um die ethnischen Kulturen wirklich kennenzulernen und zu studieren.

Die einen beschäftigten sich mit den Trommelrhythmen der Medizinmänner aus Ghana, die anderen lernten die kleinen Metallophone der Gamelanmusik spielen, und die meisten gingen bei den unzähligen großen indischen Musikern in die Lehre. Allmählich wurde klar, dass etwa Ravi Shankar nur einer unter vielen guten Sitarvirtuosen war, gar nicht »der beste«, und dass überhaupt im inneren der einzelnen Länder eine Unzahl von nicht gehobenen musikalischen Schätzen in gesellschaftlicher Isolation verharrte, hatten viele Einheimische doch begonnen, sich durch die Begegnung mit der westlichen Wertvorstellung ihrer eigenen Kultur zu schämen. Und so ist es eine wenig beachtete Qualität kulturellen Austausches, dass nicht zuletzt durch das Engagement einiger europäischer und amerikanischer Studenten und Musikethnologen Teile der aussterbenden akustischen Schätze am Leben erhalten blieben – und zwar auch als Bestandteil westlicher, zeitgenössischer Musik!

Im Laufe der 70er-Jahre waren namhafteste Musiker des Nahen und Fernen Ostens auch nach München und Westberlin gekommen; die Rundfunkanstalten der Bundesrepublik inszenierten Festivals: Begegnung mit japanischer Musik, Begegnung mit Indien. In Amerika schufen Ali Akbar Khan oder der Sänger und Lehrer von La Monte Young und Terry Riley, Pandit Pran Nath ihre eigenen Musikschulen; in Holland bildeten sich Gamelanensembles mit westlichen Spielern, in Westberlin lehrte der indonesische Komponist Paul Gutama Soegijo die javanische Musizierpraxis, und dort organisierte der 1989 verstorbene Musikjournalist und Rundfunkredakteur Walter Bachauer: ein »Metamusik Festival« mit Komponisten aus aller Welt, mit indischen Größen wie Vilayat Khan, Ram Narayan, dem balinesischen Dorf und einem Vokalensemble tibetischer Lamas. Darüber hinaus wurden Seminare über klassische indische oder traditionelle japanische und afrikanische Musik von den Meistern selbst gehalten, wobei zu betonen ist, dass es sich bei den Rezipienten nur selten um Kompositionsstudenten gehandelt hat; so war ich von der Musikhochschule München oder der Musikwissenschaftsfakultät der Berliner TU aus gesehen eher allein auf weiter Flur.

Die schöpferischen Dialogversuche wurden nun zunehmend einer »mystischen Weltflucht« geziehen; es wurde darauf hingewiesen, dass gerade im Fernen Osten die großen Kulturen untergegangen oder am Aussterben seien, und es wurde gefragt, welchen Nutzen diese für den westlichen Fortschritt haben sollten. Ein weiterer Einwand berührte dann die Tatsache, dass in den nichteuropäischen Kulturen wie auch in Europa bis ins 18. Jahrhundert die Hochkultur-Musik von den feudalistischen Herrschern »gepachtet« wurde, deshalb eine solche in unserer demokratischen Gesellschaft fehl am Platze sei und somit eine anachronistische Schwärmerei. Dem war damals wie heute zu entgegnen, dass jene asiatischen und auch südamerikanischen wie afrikanischen Musiker, die noch die Kraft und Kenntnis ursprünglicher Tiefen und Riten besitzen und verkörpern, diejenigen sind, um die es auch den westlichen Suchenden geht und diese in ihrer Heimat nicht selten vergessen und belächelt werden. Die Oberschichten Außereuropas hören längst ihren eigenen, westlich klingenden »Sound«. Ob der äußeren Verwestlichung des Ostens eine eher unsichtbare Veröstlichung des Westens nachgefolgt ist?

II

Auf musikalischem Gebiet sehe ich wenig von dem sich weiterentwickeln, was in der Aufbruchstimmung einer Bewusstseinsintensivierung vor dreißig Jahren geahnt und proklamiert wurde. Was damals als repetitive, periodische Musik, später als »minimal« klassifizierte Bewegung aufkam, war immerhin ein faszinierender Versuch, organisches Wachsen, inneres Atmen, archetypisches Erleben in die konstruktivistische Komplexität der damaligen Avantgarde wieder neu einzubringen. Und in der Konzertmusik der 70er-Jahre gab es den Trend zu mehr Verständlichkeit, zu einer emotionaleren Sinfonik, als notwendig gegenläufige Bewegung zur Empfindungs- und Gefühlsskepsis Neuer Musik in den 50er-Jahren. Dennoch haben sich im Bereich der modernen Konzertmusik, der Jazz- und Rockszene, die vielen Visionen und Konzepte wie »Weltmusik« oder »neue Tonalität«, »ganze« Musik oder »große Synthese« nicht eben durchgesetzt. Unser Kästchendenken und Kategorisierungsdrang teilt Musik weiter und erneut säuberlich ein in Jazz und Avantgarde, Ernstes und Unterhaltendes, Pures und Traditionelles, aber auch »bedenklich Verschwommenes«, weil nicht Einteilbares.

So wurde die schöpferische Begegnung mit der Musik anderer Kulturen, etwa Indiens, Afrikas oder Südamerikas nicht selten des neokolonialistischen Denkens verdächtigt, und das Wort »Integrierung« erhielt den Beigeschmack von Aneignung. Dabei haben die als Minimalisten bezeichneten amerikanischen Komponisten Riley, Young oder Steve Reich nicht indische Sänger und Trommler aus Ghana oder Bali getroffen, um traditionelle, nicht europäische Kulturen zu berauben. Vielmehr studierten sie und andere diese ethnischen Kulturen auch, um solche durch westlichen Industrialisierungseinfluss von der eigenen vermeintlich primitiven Kultur Entfremdeten an ihre im Schwinden begriffenen Qualitäten zu erinnern. Das organische Wachsen einer Melodie, das innere Atmen im Klang und das archetypische Erfahren im Rhythmus, das waren Elemente, die zur Entwicklung einer eigenständigen, geistig neuen Musik im Westen wichtig wurden, ohne dass dadurch die Vielfalt der Kulturen nivelliert worden wäre!

Vorläufer dieser Universalität im Musikalischen waren in den 30er-Jahren der französische Komponist Olivier Messiaen, der in seinen Orgelstücken südindische Rhythmen verwendete, und der Amerikaner John Cage, der sein Klavier so präparierte, dass es den Klang afrikanischer Trommeln assoziierte. Auf beide werde ich noch zu sprechen kommen.

Um in München 1975 etwa ein East-West-Music-Encounter auf die Beine zu stellen, wurden die Aktivitäten unserer Gruppe »Between« allerdings noch nicht von einem Symposion beleuchtet und geadelt, vielmehr wurde nach einem eurozentrischen, ethnozentrischen Verriss in der Süddeutschen Zeitung die finanzielle Unterstützung der Musikhochschule wieder gestrichen und die Angelegenheit aus der Hochkulturförderung ausgegrenzt. Es war die Zeit, in der ethnisch nicht europäische Kunstmusik noch als »Folklore der Welt« im Radio gesendet wurde und Ragas als indische Tempelmusik vorgestellt wurden. Und bei den »Donaueschinger Musiktagen 1973« war nach meiner Premiere, in der Musiker anderer Kulturen aktiv improvisatorisch mitwirkten, etwa zu lesen: »Bei der Annäherung von Avantgarde und Fernost kommt – siehe Stockhausen – nur Fragwürdiges heraus.« Die Begegnung der Kulturen wurde als »gefährlich entwirklichend« und »einlullend« abgetan, und schließlich wurde etwas gefunden, an dem die Fragwürdigkeit dingfest gemacht werden konnte: »integrale Weltmusik« erhielt den fundamentalistischen Bannstrahl.

Erst mit dem schon genannten, Mitte der 70er-Jahre in Westberlin inaugurierten und von einer Weltöffentlichkeit beachteten Metamusik Festival bekam der Dialog der Kulturen in Deutschland dann Aufwind und Aufwertung. Ästhetische Resultate dieser Konfrontation hatten freilich alsbald ihre neuen Labels und konnten sogleich wieder abgehakt, eingeordnet und abgelegt werden – es wurde »minimalisiert« und »simplifiziert«. Stockhausens »Indianerlieder« waren 1975 im Kölner WDR noch in die »Begegnung mit Indien« eingereiht, die Besinnung auf gemeinsame Wurzeln geriet zur neuen Einfachheit. Nach dreißig Jahren hat »Weltmusik« nun aber auch dort im WDR einen eigenen Sendeplatz, der Dialog der Kulturen wird nun allgemein zum Konsum der Kulturen, globalisiert, nivelliert und interniert, letzteres in diesem Fall von Internet abgeleitet. Das globale Dorf McLuhans ist auch bei uns Realität, die schöpferische Anverwandlung, das Sampeln stellt schon keinen Urheberrechtsbruch mehr dar, alles Material, auch Ethnisches, ist verfügbar, abrufbar. Und der Begriff »Weltmusik«

muss inzwischen für allerlei Allerweltsmusik herhalten, bei welcher in der Tat von einem nichtssagenden Einheitsgesicht gesprochen werden muss.

III

Bei all diesen Zuordnungs- und Bewertungserwägungen scheint mir allerdings entscheidend, dass im Augenblick des kompositorischen Schaffens und der damit verbundenen selbstkritischen Reflexion solche Aspekte wie die eigene Identität, die Adaption von Fremdem, die multikulturelle Perspektive kaum eine Rolle spielen – genauso wenig wie eine Bemühung um mehr Verständlichkeit und Kommunikation mit den Hörern. Kunst hat keine Absicht zum Zeitpunkt ihres Entstehens. Die Bewahrung der eigenen Identität, wenn denn eine vorhanden ist, geht oft einher mit der Angst, die eigene Kulturgeschichte zu verraten, nicht mehr fortschrittlich zu scheinen, hinter einem musiksprachlichen Entwicklungszustand herzuhinken. Polystilistik, Third Stream, Crossover, Begegnung mit ethnischen Kunstmusiken, all das scheint nun in die »postmoderne Kiste« geraten zu sein. Könnte eine »zweite Moderne« hieraus erwachsen?

Wäre diese womöglich als aperspektivisch zu definieren? Handelt es sich doch um die Integration des unter stilistischen Gesichtspunkten eigentlich Unvereinbaren. Stilistische Gesichtspunkte setzen das komponierte Material notwendig in Perspektive, setzen perspektivische Selektionsprozesse voraus, bemerkt Wolfgang Burde im Programmheft meiner Kölner »Philharmonischen Nacht«. Perspektivisches Komponieren sei traditionellen Kategorien perspektivischen Denkens verpflichtet, z. B. denen eines »immanenten Fortschritts an Differenzierung«. Eine »Zweite Moderne« aber würde an die Möglichkeiten des aperspektivischen Denkens glauben, den Versuch, sich nicht auf den gegenwärtigen perspektivischen Standpunkt des Betrachters zu beschränken. Also aus den »gewohnten Dichotomien auszubrechen, die mentalrationale Vorstellungswelt zu überwinden, ohne dabei weder ins Irrationale oder Prärationale zurückzufallen, noch die beschränkte Gültigkeit des Mentalen zu verkennen.«[2]

Wäre somit eine Zweite Moderne mit der Überwindung der »Entweder-oder-Polarität« realisierbar zu Gunsten einer Haltung des »Sowohl-als-auch«? Könnten wir hinsichtlich einer Zweiten Moderne von einem »Universalismus in der Neuen Musik sprechen« etwa innerhalb der Wirkungsgeschichte von John Cage und Olivier Messiaen, oder auch von György Ligeti? Der Begriff Universalismus dient zur Interpretation der Wirklichkeit aus »allgemeinsten universalen Prinzipien im Gegensatz zur Betonung des Teiles und des Einzelnen«, wie es im Fremdwörterbuch heißt. Die Betonung des Einzelnen hat immerhin bedrohlich überhand genommen: Atomisierung, Spezialisierung, Trennendes im Euro- und Ethnozentrismus, die abendländische Arroganz im kulturellen Dialog, der

---

[2] W. Burde im Programmheft der Kölner Philharmonie, Juni 1996, S. 1.

aufkeimende, neu erstarkte Nationalismus, immer die Betonung des (eigenen) Teiles. Freilich sind positive Aspekte in der Spezialisierung vorhanden, etwa der Schutz des Individuellen in der authentischen Nische, der Purismus zum Preise hermetischer Abschottung, aber auch exklusives Elitedenken mündend in Walter Zimmermanns Postulat der Nische: »das Lokale ist das Universale«.

IV

Universale Prinzipien als gemeinsame Wurzel aller Kulturen prägen nicht nur den Strukturalismus, sondern motivieren auch den Austausch und den Dialog mit dem »ganz anderen«. Zweifel am musikalischen Fortschrittsdenken ermöglichen Toleranz und Achtung gegenüber Andersartigem. Wolfgang Rihm hat den Begriff »inklusives Denken« geprägt, den übrigens Hermann Danuser erstmals auf Messiaen angewendet hat. Ich zitiere Rihms antifundamentalistische Definition eines inklusiven Denkens: »Das Zusammenstellen und Verbinden von Heterogenem, Fertig-Unfertigem, die Offenheit für Einflüsse von außen, die nicht wegrationalisiert, sondern als Fermente zu sich selbst geführt, verarbeitet, nicht verdrängt werden.«[3] Gefahren einer Universalität bestünden allerdings in der Nivellierung, der Gleichschaltung und Vereinheitlichung einer totalitären Weltmusik-Weltmacht. Deshalb betont Zofia Lissa, Universalierung könne heute nur als maximale Gleichberechtigung aller Musikkulturen in Erscheinung treten, »als Akzeption der ganzen Vielfalt ihrer Formen und Funktionen, ohne dass sich irgendeine Musikkultur »immanent universal« und allen anderen überlegen fühlt. Nur so können wir den Begriff »Universalismus« heute verstehen.«[4]

> Der Spezialist weiß viel über wenig,
> der Universalist weiß wenig über viel.
> Der Spezialist weiß immer mehr über immer weniger.
> Der Universalist weiß immer weniger über immer mehr.
> Der Spezialist weiß schließlich alles über gar nichts.
> Der Universalist weiß schließlich gar nichts über alles.
>
> (zitiert nach Bernd Dykhoff)

Ein erster gemeinsamer Nenner für die Wirkungsgeschichte der beiden 1992 verstorbenen Jahrhundertkomponisten Cage und Messiaen lässt sich allgemein erkennen in einem zunehmend universeller gewordenen Bewusstsein innerhalb des

---

[3] W. Rihm: »Der geschockte Komponist«, in: Darmstädter Beiträge zur Neuen Musik, Heft 17, Mainz 1978, S. 42.
[4] Z. Lissa: »Vom Wesen des Universalismus«, Ausstellungskatalog Olympische Spiele München 1972.

kompositorischen Denkens und Schaffens. Zu Cages Universalität bemerkt Dieter Schnebel: »Cage kommt aus der amerikanischen Tradition – also aus einer, die offener ist als die hiesige, weniger vergangenheitsbezogen – in Kalifornien blickt man nach Westen, hinüber nach China und Japan – der Orient ist fast näher.«[5] Cage interessiert, warum nach indischer Auffassung ein Musikstück entsteht, nämlich um den Geist zur Ruhe zu bringen und ihn auf diese Weise den göttlichen Einflüssen zu öffnen. Und er fragt: »Was ist ein ruhiger Geist? Was sind göttliche Einflüsse? Zu den Dingen, die der Gesellschaft heute widerfahren, gehört auch, dass Ost und West nicht länger getrennt sind. Wir leben, wie Fuller und McLuhan immer wieder betonen, in einem globalen Dorf (…) Früher dachten wir, der Osten gehe uns nichts an – wir hätten keinen Zugang zu ihm. Heute wissen wir es besser. Wir haben vom östlichen Leben gelernt, dass jene göttlichen Einflüsse tatsächlich nichts anderes sind als die Umwelt, in der wir uns befinden.«[6]

Mich persönlich faszinierte Anfang der 70er-Jahre in erster Linie John Cages »Prepared piano«, zu dem ich Cage auch ausführlich befragen konnte. Als Mitarbeiter von Josef Anton Riedls »Musik / Film / Dia / Licht-Galerie« hatte ich 1971 »The Wonderful Widow« und »She is Asleep« am präparierten Klavier zu realisieren. Über die Entwicklung des »Prepared piano« äußerte sich Cage in den »Gesprächen«: »Anfangs versuchte ich, eine Zwölftonmusik zu finden, die afrikanisch klang, aber ich scheiterte. Dann erinnerte ich mich an die Klänge des Klaviers, wenn Henry Cowell auf den Saiten klimperte, sie zupfte oder mit Nähnadeln darüber fuhr. Ich ging in die Küche, holte eine Tortenplatte und legte sie mit einem Buch beschwert auf die Saiten. Dann holte ich einen Nagel, klemmte ihn zwischen die Saiten, aber er verrutschte. Also versuchte ich es mit einer Holzschraube, und das klappte. Dann versuchte ich es mit einer Dichtungsleiste, kleinen Muttern auf den Schrauben und verschiedenen anderen Sachen … Als Lou Harrison zu Besuch kam und die Musik hörte, sagte er: ›Oh verdammt, warum bin darauf nicht ich gekommen!‹.«[7]

Es ging ihm zuallererst um das Bauen eines Instrumentes, antwortete mir Cage vor einigen Jahren; sein allererstes Stück für präpariertes Klavier schuf er für eine schwarze Tänzerin, die einen afrikanischen Tanz entwickelt hatte. Später suchte er ganz bewusst in den »Sonatas and Interludes« nach einem Klang mit sowohl östlichen als auch europäischen Assoziationen. »John hat alles verändert«; sagte der amerikanische Komponist Morton Feldman, der sechs Jahre vor seinem Freund verstarb, »wir befreien uns von einer Zwangsjacke, und das hat alles einerseits viel einfacher, andererseits viel schwieriger

---

[5] D. Schnebel: »John Cage«, in: Anschläge – Ausschläge. Hanser, 1993, S. 61/62.
[6] Programmheft »Cage – Nacht – Tag«, WDR Köln 1987, S. 82.
[7] »John Cage im Gespräch«, Köln: dumont Taschenbücher 1989, S. 58 f.

gemacht.«[8] Zeitgenössische, experimentelle, avantgardistische Musik, die sich heute auf Cage beruft, fristet auch jetzt noch ein Schattendasein in der Öffentlichkeit. Die Furcht vor Dissonanz, scheinbarer Zusammenhanglosigkeit und vor apperzeptivem »gehirntätigem« Hören schafft nach wie vor unüberwindliche Barrieren. Da bleibt es immer noch beim wenige Hunderte zählenden Fähnchen der Aufrechten pro Großstadt, die allerdings in ihrer avancierten Abgehobenheit auch gerne unter sich bleiben. Und so konnte manche sture Materialfortschrittsdoktrin gedeihen und das Geschäft mit der etablierten Avantgarde zur konservativen Untermauerung eines Expertenkreises verkommen, wie in der Bildenden Kunst auch. Welch Widerspruch zu Cages anarchistischer Haltung, welch Widerspruch zu Messiaens Freiheitsbekenntnis!

Und weder im Bereich moderner E-Musik, noch in Jazz- oder Rockkreisen haben sich die vielen universalistischen Visionen der 70er-Jahre, die Konzepte von Weltmusik oder der Dialog der Kulturen wirklich bewährt. Das Durchbrechen ethnozentrischer oder eurozentrischer Begrenzungen lässt jemanden mit universellem Ansatz im ordentlichen Feuilleton immer noch jede Menge Vorurteile und Abwehrstrategien sich einhandeln. Hier sei auch ein japanischer, koreanischer oder südamerikanischer Eurozentrismus nicht verschwiegen! Die Offenheit für den multikulturellen Dialog, die schöpferische Begegnung mit der Kunst anderer Kulturen, etwa Altindiens wird wie gesagt des neokolonialistischen Handelns bezichtigt. Freilich lässt sich Luigi Nonos Skepsis von 1971 nachvollziehen, für den es sich bei Begegnungen mit der Kultur des Orients, Indiens – »ich denke an Debussy, Messiaen« – um eine Aneignung dieser Mittel nach einem typisch eurozentrischen Konzept handelte. Stattdessen wünschte sich Nono »parallele Analysen anderer Kulturen, der ganzen Welt, die eine andere Geschichte, andere soziale Strukturen und Funktionen haben.«[9] Und Dieter Schnebel formulierte 1972: »Was jedoch selbst in der universeller gewordenen Musik noch aussteht, ist die Musik der Welt. Sie bedürfte vor allem der Anstrengung das Fremde und Eigenartige der vielen Arten exotischer Musik zu erfahren, und das hieße: sie wirklich kennenlernen.«[10] Hatte doch Karlheinz Stockhausen, gerade aus Japan zurückgekehrt, bei den Darmstädter Ferienkursen 1970 verkündet: der krasse Dualismus zwischen primitiv und Kunst, ja, auch asiatischer und europäischer Musik sei, womöglich von ihm persönlich aufgelöst worden; eine »wirkliche Symbiose« europäischer, asiatischer, afrikanischer und südamerikanischer Musik habe begonnen. Hier zeigt sich Stockhausen als Schüler Olivier Messiaens, dessen Einfluss als Lehrer eine ganze Generation nicht nur französischer Musiker geformt hat, darunter neben Stockhausen vor al-

---

[8] in der Zeitschrift »Musiktexte« zum Tode von John Cage.
[9] L. Nono: Vortrag: »Geschichte und Gegenwart«, in: »Texte«, Hg. Jörg Stenzl, Zürich/Freiburg 1975, S. 34–40.
[10] D. Schnebel: »Neue Weltmusik«, in: »Anschläge – Ausschläge«, Hauser, 1993, S. 164 ff.

lem Boulez und Xenakis. Bei Pierre Schaeffer erscheint Messiaen neben Cage und Edgar Varèse als Vorgänger, »denn schließlich hat nicht nur das Werk Messiaens, sondern auch seine Lehre eine ganze Generation zu einer erweiterten musikalischen Konzeption ermutigt, sein Interesse für andere musikalische Welten als die unsere.«[11]

Seine Weltoffenheit manifestierte sich in einem ungezwungenen kulturellen Synkretismus, in dem gregorianische Melodik sich durchaus mit südindischen, karnatischen Rhythmen verbinden kann.

V

Nach Messiaens Ansicht bedurfte die Rhythmik des Abendlandes der Anregung aus anderen Kulturen. Die so artikulierte Utopie einer nicht mehr westlich dirigierten, eurozentrisch verstandenen Universalität sei allerdings nicht erst bei Messiaen anzutreffen, bemerkt Hans Rudolf Zeller in seinem »Musikkonzepte«-Beitrag mit dem bezeichnenden Titel »Messiaens kritische Universalität«.[12] Debussy hat sich schon (oder erst) 1913 begeistert über die malaische Musik geäußert, die er anlässlich der Pariser Weltausstellung 1889 erstmals gehört hatte, in der er eine Kunst des Kontrapunktes erlebt habe, neben der diejenige von Palestrina nur ein Kinderspiel sei.

Wo hat sich Messiaen damals über indische Rhythmen informiert? Hat er sie gehört oder nur gelesen? Die Musikwissenschaftlerin Barbara Zuber ist dieser Frage nachgegangen: Joanny Grosset druckte in der Enzyklopädie von Albert Lavignac (Paris 1921) in seinem Beitrag über Indien eine vollständige Tafel der 120 karnatischen Deci-tâlas ab, neben der originalen Sanskrit-Silbennotation auch mit Übertragungen in französische Lautschrift. Die dort enthaltenen Übertragungsfehler werden nicht nur von Messiaen getreulich übernommen, es handelte sich ja eben nicht um Hörbeispiele, auch alle Analysen und Facharbeiten gehen darüber hinweg. Als Beispiel führe ich das dritte Stück der »Pfingstmesse« für Orgel an (»Consécration«). Dort taucht der tâla »Shimhavikrama« mit einem Achtel zu wenig auf, was sich über authentische Veröffentlichungen aus Madras nachweisen lässt. Aber es besteht doch die Frage, ob diese Verfälschung für den westlichen Hörer irgendwie ins Gewicht fällt. Entscheidender ist, dass Messiaen Rhythmusmodelle Südindiens ihrer unabdingbarer Eigenart und Charakteristik beraubt, der zyklischen Repetition. Schon 1929 hat der am 10. Dezember 1908 geborene Schüler von Dupré und Dukas aufgrund seiner Beschäftigung mit indischen Tonarten seine eigenen »Modi« mit begrenzten Transpositionsmöglichkeiten« entwickelt.

Schließlich Ligetis Universalismus, von dem Constantin Floros in seinem Li-

---

[11] H. H. Stuckenschmidt: »Schöpfer neuer Musik«, dtv 1961 (Kapitel über Messiaen)
[12] H. R. Zeller, in: »Musik-Konzepte 28« über Messiaen, München: edition text und Kritik 1982.

geti-Buch *Jenseits von Avantgarde und Postmoderne* spricht, von der Vielfalt der Inspirationsquellen, die »sein universalistisches Kunst- und Musikkonzept« bei ihm implizierten. Neben der abendländischen Kunstmusik werden da auch die europäische Folklore und die außereuropäische Musik genannt und nicht zuletzt Formen des Jazz. »Wie einst Béla Bartók aus der ungarischen Bauernmusik, so schöpft Ligeti heute aus der unverbrauchten Musik vieler Ethnien Anregungen für sein vielfältiges Schaffen. Besonders aufschlussreich sind die geographischen Stichworte mit musikethnologischer Bedeutung, die in den Skizzen zum Violinkonzert vorkommen.«[13] Hier finden sich in der Tat Verweise auf ungarische, transdanubische, transsilvanische, rumänische und zigeunerische Musik, weiter auf Areale in Afrika (Kamerun, Nigeria, Zaire, Zimbabwe, Madagaskar) und im Fernen Osten (Thailand, Vietnam, Bali, Kambodscha u. a.). Solches wolle Ligeti jedoch nicht als Folklore, nicht als Einschmelzung und auch nicht als »eklektizistische Zusammensetzung von verschiedenen Stilelementen« verstanden wissen, sondern als eine »strukturelle Denkweise«. Es ließe sich nach Floros jedoch nicht leugnen, dass Ligetis jüngste Werke eine »wechselnde ethnische Färbung« aufwiesen. Nach Ulrich Dibelius (»Eine Monographie in Essays«)[14] suchte Ligeti auch einen Ausweg aus der Alternative Avantgarde/Postmoderne, er habe Lösungen in anderen Stimmungen und anderen Intonationssystemen gefunden, wie sie ihm in außereuropäischen Musikkulturen begegnet waren: im afrikanischen, südostasiatischen, nordindischen oder im nordpazifischen Raum.

VI

Diese Thematik wird nun auch Gegenstand unseres in Aschau zu gründenden Instituts für Interkulturelle Musikerziehung und Integrative Musikforschung sein. Denn die Frage nach der Lehrbarkeit und Notwendigkeit eines Kulturdialoges ist ja gesellschaftspolitisch längst erkannt! In einem bemerkenswerten Aufsatz des damaligen Generalsekretärs des Goethe-Instituts, Joachim Sartorius, abgedruckt in der F.A.Z. vom 2.4.1998 lese ich Gewichtiges zur Notwendigkeit des interkulturellen Dialoges. Sartorius zitiert den UNO-Verantwortlichen Kofi Annan: »Wir müssen in einer Welt, in der alle voneinander abhängig sind, sensibler werden für andere Kulturen und lernen, unseren lokalen Rahmen zu verlassen.« Daraus folgert Sartorius, dass Deeskalatoren und Vermittlern die Zukunft gehöre und dass Kenntnis und Verständnis einer anderen Kultur die »Schlüssel dieser Zukunft« seien. Die ureigenste Aufgabe auch des Goethe-Instituts sei somit der interkulturelle Dialog, die Gestaltung einer von »offener Neugier gegenüber anderen Kulturtraditionen geprägten« Lernkultur. Die Globalisierung sakralisiere den Wettbewerb, wohingegen der Kulturdialog auf

---

[13] C. Floros: »Komponisten unserer Zeit«, Band 26, Wien: Verlag Lifite 1996.
[14] U. Dibelius: »Ligeti«, Mainz: Schotts Söhne 1994.

das Recht zur kulturellen Differenz pocht. Sartorius plädiert dafür, dass »keine Kultur der anderen überlegen ist und dass der Bereich des Imaginären einer jeden Kultur, also ihre Wurzeln, Mythen und Traditionen, ihre Sprache und ihre Werte aus diesem Wettbewerb ausgenommen ist. In diesem Sinne leistet der Dialog der Kulturen Entropieresistenz. Mehr und mehr wird es seine Aufgabe sein, die Globalisierung zu zähmen.«

Eines ist noch wichtiger für mich: Dialog, der zur Toleranz führt. Absehen von sich selber, kennenlernen des ganz anderen – salopp gesagt: Ausländer rein! Das heißt aber nicht, alles mit allem zu vermengen! Oh nein, simple Weltmusik ist ja bloß Allerweltsmusik. Je genauer wir andere Kulturen kennenlernen, desto größer ist die Achtung davor, desto weniger ist Aneignung angesagt. Integration heißt für mich nicht Subsumierung, vielmehr transparentes, mehrdimensionales Bewusstsein; Gebser nannte das »Diaphan«. Hier wäre eine neue Wertung des Wortes Durchblick angebracht: das Durchscheinende, das Durchsichtige, Horizonterweiterung, Bewusstseinsintensivierung – Dinge integrativ, gegensatzüberwindend betrachten.

VII

Seit 25 Jahren versuche ich nun immer wieder, Gebsers Konzeption der verschiedenen Bewusstseinsstufen – archaisch-magisch, mythisch, mental, integral – in tönende Formen zu überführen. Der Sprung in eine integrative Wahrnehmungsebene beruhte nach Gebser auf einer »diaphanen«, d. h. durchscheinenden Gleichzeitigkeit von magischen, mythischen und mentalen Bewusstseinsanteilen im Menschen. Auf die Tonwelt übertragen bedeutete das für mich eine ganzheitliche Vereinigung von körperlich-magischem Hören, von seelisch-mythischem Erleben und mental-strukturellem Erfassen. Einem magischen Hören und Seinserfahren entsprachen mir dabei alle rhythmischen Urformen, das Trommeln der Eingeborenen etwa, aber auch die abgrundtiefen Gesänge mit ihren Obertonspektren in Tibet oder der Mongolei.

Zum mythischen Erleben von Musik gehören andererseits einstimmige, modale Skalen und ihre heterophone Verarbeitung in der Antike, in Indien, Persien oder Arabien. Und aus dem mental-rationalen Bewusstseinsschub schließlich resultieren – analog der Entwicklung der Perspektive in der Malerei – die Mehrstimmigkeit, der Kontrapunkt, funktionale und zwölftönige Harmonik sowie Geräusch- und Klangfarbenmusik der Gegenwart. Wie wäre nun eine »integrale Musik« vorstellbar?

Vielsprachig Widersprüche in sich vereinend, nicht einschläfernd, widerborstig eine Harmonie der Dissonanz herstellend, Schwebeklänge – unmerklich Tonhöhe und -farbe wechselnd, divergierende Kompositionstechniken in friedlicher Koexistenz. Aber auch die klingende Innenwelt, der eigene Schatten, die Problematik der künstlerischen Verdoppelung alles Negativen und Schrecklichen einbeziehend, innere Konflikte austragend, innere Abgründe entstehen lassend? Der bedrohte Frieden als musikalisches Programm – wie verschieden doch die klanglichen Aussagen sind: großsinfonische Kraftakte, elektronische Aufschreie, aber auch leise Verzweiflung.

Der tönende Aufschrei, die Anklage, das Aufrütteln und auch die plötzliche Pause, das Nichtsmehr, wird solches denn vom nicht eingeweihten Zuhörer überhaupt noch als Aussage wahrgenommen? Erreicht denn unsere tönende Botschaft ein lauschendes Ohr noch und macht es womöglich mitbetroffen?

Jenseits der Zugehörigkeit zu einer bestimmten musikalischen Stilrichtung müssten unser aller Ohren neu in Aufmerksamkeit geraten für das, was Musik im Tiefsten bedeuten könnte. Nur, wie sollen wir wieder neu und unvoreingenommen das Hören erlernen, wie könnten wir zu »neuen Ohren« finden?

Hierzu, haben wir vor mehr als zwanzig Jahren in München das »Freie Musikzentrum«[15] gegründet, ein Ort, in dem das Hören, das Lauschen wieder geübt werden soll. Durch das eigene Tönenlassen des Atems etwa. Oder durch den Eigenbau von Trommeln und Saiteninstrumenten, pythagoreischen Monochorden zum Beispiel, die ein inneres Hören stimulieren, um so dem Klang der Obertöne und seinen Proportionen zu begegnen, ihre harmonikalen Analogien in der Natur wahrzunehmen und eine seit frühgriechischer Zeit als »Akroasis« bezeichnete Weltanhorchung kennenzulernen.

Die Tatsache, dass sich avantgardistische und experimentelle Pioniere zeitgenössischer Musik mit der Kultur außereuropäischer Traditionen auseinandersetzen, geht darauf zurück, dass in diesen Musikkulturen die Klangfarbe im Vordergrund steht. Wobei wie bei dem großartigen Musiker Michael Rießler Unterschiede und Eigenheiten der jeweiligen Kulturen und Identitäten im kreativen Austausch stehen. Die Versuche einer dialogischen Verbindung verschiedener Musikkulturen sind nämlich nur möglich durch die oft unbewusst sich vollziehende Wiederentdeckung der Klangfarbe als Träger des Seelischen. Die Klangfarbe nämlich ermöglicht spezifische Wirkungen auf den Hörer. Wenn sie richtig eingesetzt ist, dekonditionierend, können Töne heilen, Angst nehmen und entspannen, indem die inneren Klangfarbenräume, also die Proportionen des »oberen Klingens« einer Naturtonreihe, sich mit den analogen Räumen des Körpers und des »inneren« Menschen verbinden.

Durch die Klangfarbe könnte heute entstehende Musik zu Fähigkeiten gelangen, die durch andauernde Gesänge, periodische Rhythmen und melodische Urformen eine Begegnung mit dem kollektiven Unbewussten auszulösen vermögen. Denn suggestive Kräfte musikalischer Schwingungen waren schon immer der Klangfarbe zuzuordnen. Eine neue Klangfarbenmusik sollte aber nicht in

---

[15] Freies Musikzentrum, Ismaningerstr. 29, D-81675 München.

die magischen und mythischen Bewusstseinszustände zurückfallen. Diese sollte vielmehr wachbewusst wahrgenommen, in ihrer psychosomatischen Wirkungsweise kennengelernt werden und durch Vereinigung mit dem eigenen mentalen Bewusstsein eine musikalische Integration herbeiführen. »Diese neue Musik erfordert ein ›reines Hören‹, d. h. ein Hören, welches von allen gewohnten Verstandes- und Gefühls-Zutaten frei ist. In diesem reinen Hören des Tones und seiner Dimensionen an sich liegt das starke Erregungsmoment dieser Musik.

Klangfarbenmusik ist die musikalischste Musik, weil sie Musik des elementaren Seins des Tones ist.«[16]

Indem wir die schamanistischen, magischen Kräfte der »Eintönigkeit« und des Rhythmus wahrnehmen und die Wirkungsweisen der modalen Skalen und obertonreichen Gesänge in ihrer Analogie zum menschlichen Inneren begreifen, könnten wir eine Musik schaffen, die auf einem tonalen Grundklang aufbaut, im zwölftönigen Denken dennoch die harmonikalen Verhältnisse beachtet, die wiederum aus vertikalen Reihen sich ergeben haben. Die modale Harmonik eines Olivier Messiaen weist in diese Richtung, aber auch die intuitiven Improvisationen eines John Coltrane. Die periodischen Figurationen mit mythischem Anklang an modale Skalen gehen auf diesem Weg oder die anfängliche Minimal Music, die ihre Inspiration teilweise dem magischen Afrika verdankt. Es entstand meditative, kontemplative, intuitive, spirituelle, konzentrische, periodische, integrale und mikrotonale Musik.

VIII

»Wirken auf das, was noch nicht da ist.«[17]

Alle diese Versuche nannte ich vor bald fünfundzwanzig Jahren Bausteine auf dem Weg zu einer musikalischen Integration. Bisher ist sie allerdings nicht zustande gekommen, ich bin mir auch nicht mehr so sicher, ob diese sich tatsächlich mit Absicht verwirklichen lässt. Vorerst befinden integrative Ambitionen sich nach wie vor allesamt zwischen den Stühlen, »zwischen den Welten«, zwischen Orient und Okzident, zwischen mystischer Ahnung und intellektueller Reflexion, zwischen magischer Faszination und technischer Konstruktion, zwischen Intuition und Ratio. Aus diesem »Dazwischen« ist in wenigen geglückten, aber auch unvergesslichen Augenblicken ein »Darüberhinaus« geworden, was aber zum Glück zu keiner neuen Schule-Bildung führte und wohl auch – noch – zu keiner zweiten Moderne. Schon mancher hat sich resigniert zurückgezogen in den privaten Bereich geistigen Lebens, auch in das Schweigen, Verschweigen, in die Stille, die Stille in sich selbst. Erst in der Stille ist der Mensch in der Lage, sich selbst zu begeg-

---

[16] G. Nestler, in: »Form in der Musik«, Zürich 1954.
[17] J. Gebser: »Die große Begegnung«, in: »Asien lächelt anders«, Jean Gebser Gesamtausgabe, Schaffhausen: Novalis 1986.

nen, seelischen Abgründen standzuhalten. Urvertrauen wieder zu erspüren und resignatives Verstummen zu überwinden. Erst in der Stille ist der Mensch in der Lage, seinen eigenen inneren Klang zu erfahren, erst in der Stille sind wir in der Lage, Töne wahrzunehmen, die Luigi Nono »schweigende Gesänge« nannte, »aus anderen Räumen, aus anderen Himmeln, um auf andere Weise die Hoffnung nicht fahren zu lassen«.

Auch der Dirigent und Komponist Hans Zender, einer der wenigen Kollegen, die sich auf Jean Gebser ebenfalls eingelassen haben, plädiert in seinem Orientierungstext für Stille als Mittel gegen die Entropie: »Verweilt der Musiker in jenem irritierenden Bereich, den er nach dem Durchschreiten des Tores der Stille betreten hat, und flieht nicht zu schnell zurück zur gewohnten motorischen Aktivität des Machens, so kann er in diesem Nirvana der Musik noch weitere Wunder erleben. Es wird nämlich möglich, den Gegensatz Ton – Stille zu vertauschen: nicht mehr die Stillen wirken als Unterbrechung der musikalischen Kontinuität, sondern Geräusche und Töne unterbrechen die grundlegende Matrix der Stille (...). Mit Hilfe der großen Komponisten unseres Jahrhunderts haben wir zwei verschiedene Arten von Stille entdeckt: die Erste führt durch Konzentration und Ruhe, philosophisch gesagt, zur Kontemplation des »Wirren«, die andere, welche sich vorbehaltlos allem Klingenden öffnet, führt zur Wahrnehmung der unbegrenzten Vielfalt. Die erste Art der Stille führt in das Tor des Nichts hinein, die Zweite wieder hinaus.«[18]

Vortrag auf dem XXII. Internationalen Jean Gebser Symposium vom 16. bis 18. Oktober 1998 in Berlin. Zuerst veröffentlicht in: Beiträge zur Integralen Weltsicht Vol. XIV. Jahrbuch der Jean Gebser Gesellschaft Schaffhausen: Novalis 1999.

[18] H. Zender: »Happy New Ears«. Freiburg: Herden Spektrum 1991, S. 68 f.

Über Kollegen und Freunde
Arun Dev Gauri im Gespräch mit Peter Michael Hamel
Erinnerungen an Celibidache

Peter Michael Hamel
mit Sergiu Celibidache

Herr Hamel, ich möchte als erstes wissen wie es zur Bekanntschaft mit der Person Celibidache kam, bevor die erste tatsächliche Begegnung stattfand.

In den 1960er-Jahren gab es – da war man noch nicht in dem heutigen Fernsehalltag – eine Übertragung »Celibidache dirigiert in Kopenhagen oder Stockholm«, ich glaube Ravel »La Valse«. Das habe ich mit meinem Vater zusammen gesehen auf einem kleinen Schwarz-Weiß-Fernseher, und er hat mit erzählt, dass, seitdem ich ein kleines Kind gewesen bin, dies mein Lehrer werden sollte.

Wissen Sie noch wann genau das war?

1961 oder 1962.

Können Sie sich heute noch genau daran erinnern?

Ich weiß noch genau: Es gab diesen kleinen Fernseher – 1961 einen Fernseher zu haben war relativ früh – weil mein Vater als Regisseur nicht nur fürs Theater arbeitete, sondern auch für die Fernsehabteilung des Südwestfunks. Und da, auf diesem kleinen Fernseher sehe ich heute noch, dass dieser Dirigent mit dem Popo hin- und herwackelt und seine Frackschwänze sich hin- und herbewegten. Mich Vierzehnjährigen – oder wie alt ich war – hat das äußerlich anscheinend beeindruckt. Was ich unbewusst dabei mitgekriegt hab', ob da etwas besonderes gewesen ist, das weiß ich nicht. Ich wusste nie, warum mein Vater mich auf diesen Celibidache eingeschworen hatte.

Hat Ihr Vater den Werdegang Celibidaches noch weiterverfolgt?

Weniger. Eher durch Zufall erfuhr ich später von Eva Körste, einer Berliner Atemtherapeutin aus der Schule Middendorf, dass Celibidache ihr größter Dirigent der Gegenwart sei. Es stellte sich heraus, dass sie als Mädchen nach dem Krieg zu allen Celibidache-Konzerten ging. Das sei ein Genie. Ein großer Kreis von Menschen wusste das nach dem Krieg. Und sie war bekannt mit Heinz Tiessen, der sich – wie wenige wissen – ornithologisch mit Vögeln beschäftigt hat wie Messiaen. Tiessen ist ja heute sowieso kaum noch bekannt. Es gibt eine wunderbare Hamletsuite. Selbst wenn das nicht große kompositorische Musik gewesen ist, so hat dieser Heinz Tiessen doch den größten Einfluss auf den damals dreißigjährigen Celibidache gehabt hinsichtlich der Klangforschung und dass Musik nicht einfach nur heruntergedirigiert werden kann.

Hatte auch Heinz Tiessen Kontakt zu den buddhistischen Kreisen in Berlin, z. B. zu Martin Steinke?

Das weiß ich nicht. Aber Eva Körste hatte Kontakte zum West-Berliner buddhistischen Haus der Stille und zu Martin Steinke. Vor dreißig Jahren war ich öfter dort gewesen, wo Steinke gewirkt hat. Aber die Dame hatte keinen oder nur entfernten Kontakt zu Celibidache. So war es dann eine eigenartige Situation im Februar 1979, als Celi in München anfing und zwei Wochen später mein Vater starb. Insofern meinen alle möglichen Leute, der Celi sei mein Ersatzvater.

Was sagen Sie?

Nein! Er wäre mein älterer Bruder, so wie er das auch gesagt hat.

Sie sind ihm demnach 1979 das erste Mal begegnet.

Richtig.

Und vorher haben Sie ihn natürlich durch seine musikalische Arbeit wahrgenommen.

Natürlich. Ich habe sogar noch Fotos von ihm aus der Zeit als ich dachte, ich würde Dirigent werden. Ich hatte mit sechzehn mein gesamtes Zimmer mit Bildern von Dirigenten ausgeklebt und da hab ich auch ihn hingeklebt.

Wenn Sie sagen, Sie hatten sogar solche Bildchen von Dirigenten an Ihrer Wand. Kam Ihnen Celibidache als eine Art, man würde heute sagen »Popstar« vor?

Nein, das Wort gab es nicht.

Oder Ähnliches.

Nein, nur Intensität, Intensität. Was da Tieferes ist, weiß ich nicht. Intensität, totale Hingabe, aufgehen in der Musik, sich verlieren in der Musik, ja! [*schlägt sich auf den Oberschenkel*]: Sich verlieren in der Musik oder sich finden in der Musik. Das war das.

Wie waren Sie 1979 in Ihrem Leben positioniert, als Sie Celibidache begegneten?

Ich war gerade auf dem Weg zur Villa Massimo. Ich hatte die großen Aufführungen. Ich war Münchener Musikpreisträger, Beethovenpreis. Ich war also richtig eingeführt, war ziemlich früh erfolgreich, war zweiundzwanzig, dreiundzwanzig. Ich hatte die Gruppe »Between«, hatte Schallplattenaufnahmen, Konzerte, bin rumgereist. Und dann war eben das Entscheidende, dass ich über Celibidache hörte: »Der spinnt. Der ist unerträglich. Der beleidigt die Leute und der wird keinen Vertrag unterschreiben. Seid ihr wahnsinnig!« Und dann plötzlich die Frage: »Können wir uns das in München leisten?« Und ich sagte: »Ja, das ist das Tollste, was es gibt.« Ich meine, ich habe ganz extrem mitgewirkt. Und dafür sind heute noch einige Leute auf mich sauer, dass er überhaupt kam. Und dann weiß ich noch: »Tod und Verklärung«, »Zauberflötenouvertüre« und Bartóks »Konzert für Orchester«, das war das erste Celi-Konzert mit den Münchener Philharmonikern. Es war in den Proben total stressig und überhaupt nicht so, dass das Orchester mitgemacht hätte. Um Gottes Willen! Ein Zittern. Und dann das zweite Konzert. Da war dann mein Vater gestorben. Da kam die 3. Brahms, das war Trauerarbeit. Der Celi hat die 3. Brahms gemacht, als wenn er sie als Trauerarbeit für meines Papas Tod dirigiert hätte.

Gehen wir auf die Begegnung selbst ein.

Das kam zustande durch den Philharmoniker Cellisten und Barytonspieler Jörg Eggebrecht und Hellmut Nicolai, den Bratscher, und dadurch, dass bei den Phänomenologiekursen in Mainz – ich weiß nicht von wem – mein im Mai 1976 veröffentlichtes Buch *Durch Musik zum Selbst* Celi in die Hand gegeben wurde, worüber er übrigens ganz laut geschimpft haben soll: »Dieser Mann hat ja keine Ahnung von Musik, das sind ja nur Klänge« oder so ähnlich. Dabei hat er das Buch wahrscheinlich genau angeguckt, ob es stimmt oder nicht, weil er sich daraufhin jahrelang auf mich eingelassen hat unter der Maßgabe, dass ich vielleicht das Buch – »sein« Buch schreiben soll.

… sein Buch? Das heißt, sein Buch über Musik oder Phänomenologie?

Sein Buch, das er nie geschrieben hat – über Phänomenologie oder über Musik, wie er das verstanden hat. Er wollte einen Co-Autor.
Zurück zu den Begegnungen mit Celi: Dann hieß es, er probt öffentlich. Ich komme in den Probenraum in Giesing – das war bevor die Philharmonie eröffnet wurde. Es wurde die Vierte von Bruckner in Es-Dur probiert: dieser Akkord am Anfang mit dem Tremolo, das Es im Kontrabass und Cello, das g und b, wie die Bratschen dann schneller tremolieren und die anderen weniger.
Der Solohornist Wolfgang Gaag wartete immer, bis sein Horn anfängt nach so und so viel Takten. Der kam überhaupt nicht dran. Nach einer Stunde wurde immer noch das Tremolo geübt. Viele dachten, der Celi spinnt. Wenn Sie anders tremolieren, schnell und langsam, bekommen Sie einen anderen Klang zustande. Plötzlich hat es in vielen höheren Oktaven eine Resonanz gegeben. Das ist für mich noch heute ein Phänomen, als wenn Engel singen. Es ist wirklich nicht zu glauben. Es war ein Sphärenton, den ich jetzt physiologisch verstehe, warum es ihn wirklich gab und warum er keine Einbildung war und keine esoterische Projektion. Das fand ich schon bedeutend.

Das war 1979?

Später, Anfang der 1980er.

Demnach hatten Sie da schon Kontakt.

Ja, ja, aber eher nur gesprochen. »Kommen Sie mal zur Probe. Ich habe Ihre Partitur gesehen. Das sind schöne Klänge, aber es ist keine Musik.«
    Und ich sage: »Wieso ist das keine Musik?«
    »Nein«, sagt er. »Musik ist das nicht.«
    »Aber wieso? Das hat mir noch niemand gesagt, dass das nicht Musik sei.«
    »Nein, das sind schöne Klänge. Klangerscheinungen!«
    »Na ja, wie soll ich dann wissen, was Musik ist? Dann sagen Sie mir, was Musik ist.«
    »Da müssen Sie mal in meine Vorlesungen nach Mainz kommen oder gehen Sie mal zu den Proben.«
    Darüber habe ich in dem Interview gesprochen, das bei Google zu finden ist.

Ganz lustig, das jetzt von 1994 wieder zu lesen. Ich wusste gar nicht, dass das dort seit Jahren drinnen ist.

Ja, da wundert man sich, was man über sich selbst liest.

Ja. Da weiß ich auch welche Vorurteile andere über mich haben. »Das hat er alles geschrieben.« Das hab ich nicht geschrieben, sondern nur so nebenbei auf einer Treppe gesagt. Und dann hat es einer auf Band aufgenommen und es ist im Internet seit Jahren.

So wie der Coca-Cola-Satz.

Ja, der Coca-Cola-Satz ist genau so entstanden: »Ah, Herr Celibidache! Der Karajan macht so schöne Platten. Sie könnten doch auch so schöne Platten machen. Das mögen alle.« Daraufhin sagt er: »Karajan begeistert die Massen – Coca-Cola auch.« Der Titel war dann »Karajan ist wie Coca-Cola.« Das war 1979 an einem Junisamstag in der AZ. Und Karl Böhm sei Mittelstreckenläufer …

… der noch nie einen Takt Musik in seinem Leben dirigiert hat.

Ja. Was meinen Sie, was die Dirigenten untereinander viel schlimmeres sagten. Nur, er hat es ehrlich laut gesagt. Die anderen sagten es alle unter der Hand.

Daraufhin ist er doch kurzzeitig abgehauen.

Ja, ach! Aber zunächst vorher, bei der Bruckner-Probe in Giesing: Da haben sie Pause gehabt. Das werd' ich nie vergessen, dass es Weißbier gab und Weißwurst. Er hatte die Weißwurst im Mund. Ich sage »Celi« oder »Maestro«, war das jetzt die astrale Oktave, als da oben diese Töne heute klangen? Da ist ihm die Wurscht herausgeflutscht aus dem Mund und wieder auf den Teller. »Seht ihr, ihr spielt hier und hört es nicht. Und da kommt einer daher und hört. Natürlich heute war es da!«

Und da hatte er Sie statt der Weißwurst gefressen.

Da hat er gemerkt, dass ich es zumindest hören kann. Und dann hat er alle laut angeschrieen: »Ihr habt nichts gemerkt! Heute war der Engel da«, oder »Heute war das Numinose da. In der Probe ist es passiert. Und ihr habt es nicht gemerkt. Da kommt einer, der …« Ich hab gar nicht gewusst, was ich da anrichte. Die haben gelacht, die haben gedacht: »Ach, lass ihn mal reden«, und haben es nicht so ernst genommen. Dann bin ich immer nach Mainz gefahren und dann eben die phänomenologischen Fragen: Was ist introvert, was ist extrovert? Wieso ist es nicht Geschmackssache, sondern warum gibt es das? Und das ist so! Und wenn man sich das bewusst macht – da hat es schon einer als Kind gewusst, aber nicht gewusst mit dem Kopf, sondern gemacht. Das heißt, das kann man als Kind auch können. Es geschieht. Man kann intuitiv alles richtig machen. Richtig heißt, dass es so ist, worüber du dir bewusst wirst. »Bewusstsein macht Feige aus uns allen.« Aber feige heißt bei Kleist: zögerlich. Also in dem Moment kannst du es nicht mehr spontan bringen, musst dich aufarbeiten. Ich habe mir dann überlegt: Woher kommt es, dass Celi andauernd etwas beweisen will, wenn er es schon kann? Er ist mit jemandem zusammen gewesen, der nicht wusste, was er tut, der es aber gebracht hatte.

Furtwängler.

Ja. Dadurch, dass Dr. Furtwängler – wie Celi ihn nannte – es konnte, es gemacht hat, aber nicht sagen konnte, wieso, wollte er wissen: »Wieso ist es so?« Da fing es an Husserl'sch, phänomenologisch zu werden; nämlich dass man sagt: Es gibt eine intersubjektive Betreffbarkeit. Es gibt etwas, was uns beide betrifft; wo man nicht sagen kann: Ja, du hast einen anderen Geschmack. Ich mag es eben schneller, ich mag es lauter, ich mag es leiser. Sondern es gibt etwas, was intersubjektiv existiert.

Hat Celibidache mit Ihnen einmal darüber gesprochen, warum Heinz Tiessen ihm die Phänomenologie nahegebracht hat?

Nein, davon weiß ich nichts, weil ich nie so historisch nachfragte. Das hat mich damals nicht so beschäftigt. Ich wollte die Sache selber erst mal verstehen. Da haben andere mehr Kenntnisse. Er hat nur immer gesagt: »Du musst mal dieses Streichquartett oder -quintett von Tiessen anschauen. Das ist gut entwickelt.«

Ich antwortete: »Celi, was meinst du mit ›entwickeln‹?«

»Aus dem Bestehenden weiter. Aus der jeweiligen Eins. Wir müssen eine Eins machen.«

Das heißt: Jeder Klangeindruck reduziert sich zu einer Eins und dann kannst du erst weitergehen. Und wenn du von einer Eins in die andere gehst, gehst du aus der Zeit raus. Kompositorisch hier geeignete Bedingungen schaffen, das war der Anspruch.

Die intersubjektive Betreffbarkeit: Jetzt mal weg von Celi als einzigem Garanten. Es gibt einen Oudspieler aus dem früheren Bagdad, Munir Bashir. Im gleichen Konzert saßen drei Leute, die nichts voneinander wussten, die sich nicht kannten, zwei waren Guntram Vesper und Ronald Steckel, 1972 in der Akademie am Hansaplatz in West-Berlin. Beide haben nach dem Konzert das gleiche Bild gewählt für das, was geschah: »Es war, als fiele goldener Blütenstaub auf dich herab.«

Und Sie waren einer von Ihnen.

Ja.

Sie haben damals schon etwas erlebt, was Sie weiter nicht fassen konnten.

Nicht reflektieren konnte.

Und als Celibidache kam, konnten Sie sich wieder daran erinnern und ...

... dachte: Sieh an! Hier war ein solches Ereignis, dass ich auch die Zeit verloren habe. Dann hatte ich ein zweites Erlebnis. Ich fragte Celi so salopp, wie ich mit ihm sprach. »Sag mal, Alter, wo hast du denn das erlebt? Das basiert doch auf einer Erfahrung.« Ja, das sei in Venedig in irgendeinem Konzert gewesen.

Da hatte er Gabrieli gemacht.

Gabrieli, genau. Da war auch die berühmte Sängerin Montserrat Caballé mit dabei. Nach dem Anfang des Konzertes wusste er nichts mehr, es war alles weg, nur noch wissend: »Der Himmel ist aufgegangen.«

Warum wollte Celibidache es systematisieren? Für wen? Für sich selbst oder für die anderen? Um sich zu legitimieren vor dem Rest der Welt?

Das Wort »Legitimation« gibt es bei ihm nicht. Diese Denkweise hatte er nicht. Dafür war er eine viel zu starke Persönlichkeit, fast penetrant.

Aber er war doch auch ein eitler Mensch.

Nein, so eitel nicht.

Nicht, wenn man auf den Bildern sieht, wie er sich kleidet, wie er sich aufmacht?

Oh nein, das ist Projektion. Es gibt kaum einen Menschen, der so uneitel gewesen ist, wie Celibidache es war. Da bin ich Zeitzeuge.

Auch in den frühen Jahren?

Ach Gott, ja, weiß ich nicht. Diese Bilder, wo er als junger Mensch dirigiert. Die sind aus einem Film. Da wurde er hergerichtet für einen Kinofilm. Das war ja kein Mitschnitt eines Konzerts.

Ich kenne halt die Kritiken und Berichte aus der Berliner Zeit. Er scheint mir schon eine Art Dandy gewesen zu sein.

Der hat sich vergessen. Ich kenne ihn ja nur als älteren Mann. Da war doch dieser Jan Schmidt-Garré. Der Vater war übrigens Alban-Berg-Schüler. Dieser Jan hat die Kameras hingestellt, hat vier Scheinwerfer aufgestellt und hat gefilmt, wie Celibidache mit mir über die Partitur redet. Das hat ihn einen Scheißdreck gekümmert. Meinen Sie, dass er jemals für ein Bild seine Nase anders hingestellt hat oder posiert, sich selbst inszeniert? Nie! Der war immer er selbst. Das war ja das Faszinierende. Da prallten die Projektionen ab. Nein, eitel nicht. Wenn man sich nicht gekümmert hat, war er nicht richtig gekämmt. Ich bin manchmal so ein richtiger Versorger gewesen, die Haare von den Schultern genommen, die Fliege noch hergerichtet.

Spannend, denn das gibt mir doch ein ganz anderes Bild.

Der hat sich nicht selbst stilisiert. Der war er selbst, hat sich immer vergessen. Er war wütend, wenn etwas ungerecht lief.

Ja, gut. Das ist klar, dass das nicht mit Eitelkeit zu tun hat.

Wenn er eitel gewesen wäre, hätte er sich doch nichts verbaut. Er hat sich die Krisen doch selber geschaffen. Dann hätte er sich diplomatisch verhalten, weil er dann einen Effekt gehabt hätte.

Deswegen stelle ich die Frage

Er hat sich ja selber manchmal alles eingebrockt, z. B. mit Presseleuten. Da ist so vieles schwierig, auch wie er mit seinen Schülern umgegangen ist. Er war sicher kein vollkommener Mensch. Aber eitel, nee. Das war für ihn nicht wichtig. Die Außenwirkung: Das liegt eher an Herrn Neumeister, wie er ihn fotografierte. Übrigens ein großartiger Fotograf!

Wichtiger ist die Frage, die Sie stellten, nach der Systematisierung. Ich glaube, dass das phänomenologische Durchdringen nicht eine Systematisierung ist, sondern ich glaube, Celi wollte das zurückgeben, was er bekommen hat, es weitergeben. Er hat immer gesagt: »Ich habe Deutschland sehr viel zu verdanken. Deswegen möchte ich den Deutschen etwas weitergeben.« Er hat uneigennützig unterrichtet. Er hat von keinem Schüler Geld verlangt. Das brauchte er auch nicht. Er hat von niemandem etwas verlangt. Im Gegenteil sogar noch was bezahlt, zum Teil Studien finanziert oder unterstützt. Er hat den Grünen z. B. ein paar 100.000 Mark gespendet.

Aber zurück zum Systematisieren: Wenn du eine solche Erfahrung machst, dass du mit dem heiligen Geist in Verbindung kommst und die Musik in einen anderen Weltraum gelangt; in die Essenz, in das So-sein, dann versuchst du das für dich selbst klar zu machen, weil es dir selbst sehr lange ein Rätsel bleibt. Ich glaube, dem Furtwängler war es ein Leben lang ein Rätsel. Der wusste gar nicht, was er machte. Ich habe kürzlich einen Aufsatz von Furtwängler gelesen. Man weiß nicht bei solchen Aufsätzen, ob er wirklich geschrieben hat, aber er hat es redigiert. Der konnte gar nicht schreiben, der wollte sich ja gar nicht abstrakt ausdrücken! Und das war natürlich die Herausforderung für den jüngeren Celi. Außerdem hat er Mathematik studiert. Der hat einen »brain« gehabt. Er hat sich mit den letzten Dingen der Kosmologie und den physikalischen Bewandnissen der Welt, mit den feinsten Dingen befasst. Solche Bücher hat er studiert. Denn er war eben nicht einer, der die Musik nur intuitiv machte. Er wollte das durchdringen – im Kopf; reflektieren und es zusammenbringen.

Wenn ich als Außenstehender über ihn lese sowohl in Kritiken als auch in Interviews, dann kommt es mir vor, als ob er in einem riesigen Spannungsfeld gelebt hat zwischen der Emotionalität, dem erlebten Bewusstsein und der Rationalität, in der er aufgewachsen ist. Seine Studienfelder waren die westliche Philosophie, die Mathematik, die Musikwissenschaft, die er als Fächer hinzugenommen hat. Wenn ich die frühe Phänomenologie als Wissenschaft richtig verstehe, ist es eine, die versucht, die Erlebniswelt in ein System zu bringen. Dann scheint es mir, als ob es gerade deswegen die einzige mögliche Weise war, wie er sich hat artikulieren können. Auch dort, wo er sagt: Was ich tue und was wir hier erleben, kann ich im Grunde mit Worten nicht sagen. Aber es gibt da etwas, was uns vielleicht näher als alles andere bringt. Verstehe ich das richtig?

Sicher. Phänomenologie – auch wenn er immer betonte, dass es nicht wie bei Husserl sei – ist sicher der Versuch, Kopf und Bauch zusammenzubringen. Bis zum Koan, bis zum Nichtaussprechbaren, die »Nicht-Zweiheit« Adhvaita, Dinge, die du nicht definieren, verbalisieren kannst, doch zu versuchen, was aus der Erlebniswelt kommt. Wenn du sagst: Das ist jenseits des Denkens. Wie willst du das dann formulieren? Viele sagten nach meiner Sinfonie: Dem Celi machst du deine Partituren zurecht, weil er berühmt ist. Der ist dein Vaterersatz. Das sind aber Projektionen anderer. Ich fand das faszinierend. Ich habe ja einen anderen Versuch gehabt, Kopf und Bauch zusammenzukriegen, um es schnell zu sagen. Das war das »Integrale Bewusstsein« des Kulturphilosophen Jean Gebser. Das war ja sehr interessant, dass Celi die Gebser-Sachen gelesen hatte.

Das war ja dann auch die Nähe, die Celi zu mir entwickelte, das Vertrauen, das sich aufbaute. Es entstand ein Dialog. Integratives Bewusstsein: Du musst über die mental-rationale Bewusstseinsschicht hinaus. Es gibt ein magisches Bewusstsein, ein mythisches, ein mental-rationales. Und dann gäbe es einen Sprung in das Integrale, wo menschheitsgeschichtlich alle anderen Bewusstseinsstrukturen sich durchsichtig aufheben und durchleuchten. Das kann man auch nicht mehr darstellen. »Diaphainon, das Durchscheinende« nennt es Gebser.

Wo es dieses Spannungsfeld nicht mehr gibt.

Ja, wo die Sehnsucht ist, das Spannungsverhältnis aufzuheben. Im Grunde – und ich glaube, dass Sie da richtig liegen – das wäre auch mein Eindruck, dass ein Unter-Spannung-Stehen oder ein Im-Widerspruch-Sein in Celibidache ständig vorhanden war. Das Auflösen dieser Gegensätze war das Ziel.

Denn es ist spannend nachzuvollziehen, wie er seine eigenen Begrifflichkeiten aufbaut und wieder außer Kraft setzt, wenn er z.B. über ein Wort wie Tempo spricht. In seinem eigenen phänomenologischen Vortrag oder Interview sagt er, ein richtiges oder falsches Tempo kann es nicht geben. Entweder das Tempo ist da als Bedingung, oder es ist nicht da. Einige Jahre später in einem Interview spricht er andauernd vom Tempo als richtig, falsch, zu schnell oder zu langsam.

Geschwindigkeit und Tempo: das sind die auseinander zu haltenden Begriffe. Mein Gott, da kann man immer Widersprüche finden. Entscheidend ist, dass es hinter dem natürlichen Musizieren – nicht: der eine macht es so und der andere macht es wieder anders – eine nicht aufzuoktroyierende dogmatische, sondern eine erlebbare, gemeinsame Wahrheit gibt. So ist das. Das war für mich plötzlich etwas, was ich nicht durch Celi neu gelernt habe, sondern das in mir befindliche Spüren hat sich bestärkt. Es sind phänomenologische Betrachtungen, dass du auf Grund der Obertonreihe nach außen gehst, wenn du von dir weggehst. Ein Ton geht weg von dir oder kehrt zu dir zurück. (*Singt einige Quinten von unten nach oben, wobei die Oberquinte stärker klingt. Anschließend Beispiele der fallenden Quinte, die er als deutliche Entspannung singt.*) Das heißt, wenn du in der Obertonreihe abwärts gehst, phrasierst du anders. (*Gibt noch einige Beispiele, die er bewusst entgegen einer natürlichen Tendenz phrasiert.*) Das machst du nicht. Das weiß ein inspiriertes Kind. Nur warum es dies macht, weiß es nicht. Sobald du über dein Tun nachdenken sollst, kriegst du die große Panik. »Reflektieren? Das kann ich nicht. Das mache ich nur aus dem Bauch!« Ich kenne Schauspieler, die können es nur aus dem Instinkt heraus. Wenn die nur einmal einen Regisseur haben, der ihnen das Nachdenken beibringt, sind die auf der Probe so gelähmt. Das ist wie beim Improvisieren. Es entsteht etwas. Da kannst du sechshundert Mal proben, bis du es wieder draufkriegst. Und das ist eben das höchste Ziel: Aus der Spontaneität des Kindseins, des Heiligengeistseins heraus dir die Voraussetzungen dafür schaffen, dass es passiert, dass du es in deinem Bewusstsein erfährst und es wiederholbar, nachvollziehbar machen kannst.

Das heißt: Ich kann die musikalische Phänomenologie sehen als Versuch, die Voraussetzungen und Bedingungen zu untersuchen, die ich brauche um in die Musik hineingelangen zu können.

… dass Musik entsteht. Wunderbar, ja die Voraussetzungen dafür … in der noetischen Phase; in der Phase des bewussten Wahrnehmens, des Reflektierens, des Nein-Sagens, des Verwerfens, um dann an den Punkt zu kommen wie auf dem Sprungbrett: Du hast diesen Salto hundert Mal geübt. Und wenn du es dann irgendwann mal machst, dann ist es, als ob es ganz leicht ist und von selber passiert. Das geht mit dem Liebesakt, das geht mit allen entscheidenden Dingen im Leben so. Es ist nur die Frage: Wie kommst du daran? Wie kannst du mit deinem

Bewusstsein die Voraussetzungen schaffen, dass du zuschauen kannst, wie es geht – von selber, absichtslos.

Wie gelingt es Ihnen als Komponist oder als Kompositionslehrer, Maximen der Neuen Musik mit den Maximen eines Celibidache zu verbinden?

Ich würde nicht sagen, mit den Maximen eines Celibidache, sondern mit den Maximen der Idee, dass die Quinte unausweichlich wichtig ist.

Um nur ein Beispiel zu nennen.

Die Maximen der Neuen Musik sind Fortschritt per se. Aber ich bin ja nicht der einzige, der mit großer Fragestellung dasteht gegenüber dem einseitigen Fortschrittsdenken und einseitigen künstlerischen Bewerten hinsichtlich der Avanciertheit der Mittel. Also, wenn etwas unspielbar ist, ist es schon gut? Ich bin jetzt in München mit dreiundachtzig Klavierstücken als Juror konfrontiert gewesen. Wie wurden die unspielbaren Noten gewürdigt, und ich habe zwei harmlose Stückchen ausgewählt. Da flippten die fast aus. Das sei substanzlos. Da hab ich gemerkt, dass ich mich in dem Moment für Musiken stark gemacht habe, die Voraussetzungen geschaffen haben, dass etwas Inneres entsteht; nicht nur laute und schwere Klavierkaskaden. Das ist so schwer, das kann man doch eigentlich gar nicht spielen: als wenn das eine Qualität wäre. Gleich kommt ein Student mit seinem Streichtrio, da kratzt und ächzt es nur so. Wenn der Höhepunkt nicht stimmt, wenn ein Loch entsteht, worauf achte ich? Dass es zu einem bestimmten Punkt hingeht und von diesem bestimmten Punkt wieder zurückgeht. Das kannte ich schon, bevor ich Celibidache kennenlernte. Das ist schon zuvor in mir gewesen. Das ist eigentlich in jedem Menschen. Das ist mit Celi nur aufgeweckt oder sensibilisiert worden.

Eine Frage, die mir besonders wichtig ist, ist die nach der Anwendbarkeit der Phänomenologie erstens für die Praxis des Unterrichts sowohl in der Schule als auch in der Hochschule und zweitens für das kompositorische Schaffen.

Allein der Satz »Es gibt keine Interpretation«: Ja, was soll denn das? Celibidache hat gesagt, es gibt sie nicht, weil letztlich zwischen dem Musiker und dem Stück nichts sei. Und wenn es so ist, gibt es nichts mehr. Das kann bei jedem geschehen, der gut spielt, und dann bist du heraus aus dem noetischen Schauen und Buchstabieren der Töne. Es ist nur eine Frage der Definition. Dafür ein System zu finden, wie du phrasierst, wie du musizierst, dafür könnte Phänomenologie meiner Ansicht nach sinnvoll sein. Deswegen plädiere ich auch dafür, dass es zum Lehrfach wird, wobei, sobald es methodisiert wird, es auch schwierig wird. Wie erhältst du dann die Spontaneität? Jahrelang habe ich gedacht, Jazz kannst du nicht in der Schule lernen. Dafür musst du die Musiker hören. Bestimmte Dinge sind nicht lernbar mit einem System. Der Celi hat sein Leben lang eben doch versucht, ein System zu finden. Er ist gescheitert. Drei dicke Bücher mit seiner Handschrift gibt es. Die werden nie veröffentlicht. Der Versuch, die Phänomenologie anwendbar zu machen, ist schließlich nicht über ein Buch möglich. Du kannst auch über ein Buch nicht meditieren lernen, alles Existenzielle nicht.

Nein, es geht nicht um die Gebrauchsanweisung als Anleitung, sondern eher darum, die Menschen auf eine bewusste Wahrnehmung aufmerksam zu machen. Das empfände ich als ein edles Ziel, für das die Phänomenologie einen Beitrag leisten könnte: wachsam zu machen. Jeder muss natürlich selbst entdecken, wie er es lernen oder lehren könnte.

Ich fange morgen Früh wieder an, wenn die Studenten kommen. Vielen ist Folgendes nicht klar: Wenn ich den Finger stumm auf das »c« lege und es zwei Oktaven tiefer anschlage, dass dann das obere mitschwingt. Da fängt die Phänomenologie nämlich an: Beweise zu bringen, dass mehrere Töne sich in einem Klang befinden. Alle musikalischen Phänomenologen haben damit angefangen.

Vielen Dank für das Gespräch, Herr Hamel.

Das Interview fand am 8. Oktober 2006 in Hamburg statt. Anlass war die Diplomarbeit über musikalische Phänomenologie des Kompositionsstudenten Arun Dev Gauri. Der Abdruck erfolgt mit freundlicher Genehmigung von Arun Dev Gauri in Bearbeitung von Michael Winkler. Zuerst veröffentlicht unter: www.celibidache.de.

Peter Michael Hamel
Umstrittene Popularität – Unumstrittene Weltgeltung
Stilfragen bei Krzysztof Penderecki

Peter Michael Hamel mit Krzysztof Penderecki

Seiner 1958 erschienenen Schrift *Der Stil in der neuen Musik*[1] stellt der Musik- und Kunstgeschichtler Gerhard Nestler ein Goethe-Zitat voran: »Es ist uns angelegen, das Wort Stil in den höchsten Ehren zu halten, damit uns ein Ausdruck übrigbleibe, um den höchsten Grad zu bezeichnen, welchen die Kunst je erreicht hat.« Der Stil in der Kunst werde nicht von Einzelnen geschaffen, folgert Nestler, sondern vom allgemeinen Kunstwollen der in Frage kommenden Generation. Den Stil in der Musik der Gegenwart hätten Tradition, Evolution und Revolution geformt, der Bezug zu Strawinsky und/oder Schönberg stelle

---

[1] G. Nestler: »Der Stil in der neuen Musik«, Freiburg/Zürich 1958, S. 3.

das Traditionelle dar, die Steigerung des Ausdrucks das Evolutionäre und für das Revolutionäre stünden Serialität, neue Tonsysteme, Klangfarbenmusik und Elektronik.

Inwiefern können wir heute vom Individualstil eines zeitgenössischen Komponisten sprechen, gar eine Einführung in den Stil Pendereckis geben? Inwieweit fällt gerade dieser 1933 im polnischen Debica geborene Komponist in seiner Weltberühmtheit und umstrittenen Popularität unter die 1957 von Hans Heinz Stuckenschmidt aufgezeigten Stiltendenzen der modernen Musik – als da sind »freie und gebundene Atonalität, Rückbesinnung auf Kirchentöne, neue rhythmische Verfahren, Einbeziehung der Klangfarbe, Gestaltung der Dynamik, Instrumentaltechnik jenseits der Menschenkraft, Geräuschorganisation«?[2] Tatsächlich könnte hier von Penderecki die Rede gewesen sein, der damals allerdings – noch unbekannt – in seinen Psalmen Davids einerseits an Strawinsky (im ersten und dritten Psalm) andererseits an Schönberg und Webern anknüpft (im zweiten und vierten Psalm) und kurze Zeit später in der Tat die Ergebnisse elektronischer Klangerzeugung auf natürliche, orchestrale Weise herzustellen sucht, das Geräusch in »Anaklasis« und »Threnos« emanzipiert, im »Stabat Mater« den stilistischen Bogen spannt »zwischen Gregorianik und Cluster, Dur-Dreiklang und Zwölftonakkord«.[3]

In der berühmten Lukaspassion verlangt Penderecki den Chören schließlich die verschiedensten Ausdrucksarten ab: Sprechen, Schreien, Zischen, Flüstern und Lachen. Häufig werden hier die Wortsilben (wie gleichzeitig etwa bei Luigi Nono) verschiedenen Chorstimmen zugeordnet und lassen durch ihre Wiederholung eine Art dreidimensionalen Raum entstehen. Schon 1961, dem Jahr auch von György Ligetis »Atmosphères«, findet in Pendereckis »Polymorphia« ein komplizierter und expressiver Klangverlauf plötzlich eine Auflösung in einem C-Dur-Akkord, im »Stabat Mater« kulminiert ein dichtes, komplexes Klanggeschehen beim Wort »Gloria« in einem strahlenden D-Dur-Akkord. Der Effekt dieses Tonalitäten-Einbruchs kann geradezu als Beweis dafür gelten, dass Penderecki kein Neuerer um jeden Preis gewesen ist, sondern dass er eine Synthese seiner Mittel erstrebte, eine stilistische Metamorphose.

Wenn John Cage am »Punkt Null des Klangpleomorphias«[4] der Gesamtheit allen Tönens, der Geräuschwelt und des hyperkomplexen »Geht nicht mehr« der Stille und dem gottgewollten Zufall begegnet, wenn Olivier Messiaen an diesem Punkt in die Universalität der Vogelstimmen gelangt und La Monte Young und Karlheinz Stockhausen zum endlosen Klangzustand finden, so wird Krzysztof

---

[2] H. H. Stuckenschmidt: »Schöpfer neuer Musik«, München 1957.
[3] J. Häusler, zitiert nach W. Schwinger: »Penderecki – Leben und Werk«, Mainz 1994.
[4] zitiert nach J. Kostelanetz: »Gespräche mit John Cage«, Köln 1982.

Penderecki hier zum Vorläufer von Polystilistik und Postmoderne, oder – von Reinhard Schulz 1987 etwas boshafter formuliert – zum »Vorkämpfer des Rückzugs«.⁵

Schon 1976 war der Stil des Violinkonzerts etwa überraschend weit entfernt von der Haltung der frühen Streicher- und Chor-Bruitismen. Aus dem Klangflächen-Musiker sei ein Melodiker geworden, schreibt der Pianist Gerhard Puchelt. Stilistisch wird dann in den großen Musiktheater-Werken das ganze Spektrum der Erfahrungen ausgebreitet, der Klangfarbenbereich bis in die Geräuschnähe, die auf Zentraltöne bezogene Linearität. »Sein musikalischer Pluralismus«, wie es Pendereckis Biograf Wolfram Schwinger ausdrückt, »enthält das Substanziellste der provokativen Frühwerke, die dichte kontrapunktische Arbeit, eine freie Tonalität«⁶ und letztlich zwei konträre Elemente: die ständige Suche nach Neuem und das in der Tradition verwurzelte formale Bewusstsein.

Das Neue könne eine starke Wirkung nur im Kontext zum Alten, zum Bekannten haben, sagt Penderecki in der kürzlich bei Schott veröffentlichten, erweiterten und wirklich umfassenden Biographie von Wolfram Schwinger. Auf dem freien Feld klanglicher Phantasie war Penderecki der stürmischste Neuerer. Damals befand sich der große ältere Landsmann Witold Lutosławski, auf gewissermaßen umgekehrtem Wege, noch in vergleichbar konventionellen Gewässern. Vielleicht, so vermutet Schwinger, hat man dem Jüngeren später jeden deutlich werdenden Bezug zur Tradition, »sei es auf formalem, harmonischem oder gar ›melodischem‹ Gebiet so hart zum Vorwurf gemacht.«⁷ Pendereckis außergewöhnlicher Erfolg, anfangs innerhalb, später außerhalb der publizistisch gestützten Avantgardezirkel, hat vielfach Skepsis und Kritik ausgelöst, seine Musik werde affirmativ, habe herrschaftsbildende Funktion und sei erst populär geworden, als er dem Stil seiner ungebärdigen Frühwerke traditionelle Elemente und religiöse Texte zugegeben habe. Der Zynismus gegenüber Pendereckis religiösem Engagement entlarvt sich allerdings selbst, hatten doch auch all die nicht liturgischen Streicher-Frühwerke ihre starke Publikumsresonanz.

In der dreißig Jahre alten Schallplattenbeilage der Lukaspassion ist zu lesen, was Penderecki bei der Uraufführungs-Pressekonferenz sagte: »Ich bin Katholik. Allerdings bin ich der Meinung, dass man nicht unbedingt einer Kirche angehören muss, um religiöse Musik zu komponieren. Die einzige Voraussetzung hierfür liegt vielmehr darin, dass man gewillt ist, seine religiöse Überzeugung zu bekennen. Ohne Einschränkung darf meine Musik als ausgesprochene Bekenntnismusik betrachtet werden. In dieser Hinsicht bin ich Romantiker.« Zwar hat Penderecki als bekennender Katholik »viel religiös grundierte Musik

---

5 R. Schulz, in: Neue Musikzeitung, Mai/Juni 1987.
6 Schwinger: a. a. O., S. 205 f.
7 Schwinger: a. a. O., S. 151.

geschrieben. Seine Suche nach Wahrheit bewegte sich zwischen mystischen Erleuchtungserlebnissen und lichter Frömmigkeit einerseits, apokalyptischen Todesvisionen, Zerfallsängsten und irrationalen, düsteren Schauern andererseits«, referiert im Programmheft zur Uraufführung der 3. Sinfonie der Rundfunkredakteur Helmut Rohm, »doch seine Kritik am politischen Wirken der katholischen Kirche ließ ihn in jüngerer Zeit immer mehr Abstand nehmen von dezidiert sakralen Werken.«[8]

Penderecki hat sich jedenfalls immer mehr von einer inzwischen selbst fundamentalistisch etablierten Avantgarde abgewandt, womöglich genau seit seinem direkten Kontakt mit der klingenden Materie eines Orchesters, seit er zu dirigieren begann. 1971 konnte ich Zeuge sein bei Proben und dem ersten von Penderecki selbst dirigierten eigenen Stück »Actions« in Donaueschingen. Bezeichnenderweise hatte es sich dort damals um eine Art Big Band international führender Jazzer gehandelt, und die Arbeit mit diesen emanzipierten Musikern hat den Komponisten sehr beschäftigt; die Qualität eines organischen Wachsens, eines inneren Pulses, aber auch die Wirkung eines überzeugenden Einsatzes haben Penderecki nachhaltig geprägt. Inzwischen dirigiert er alle großen Orchester der Welt, den Taktstock in der Linken; und letztlich bei der Uraufführung seiner 3. Sinfonie mit den Münchner Philharmonikern gesteht er ein, dass ihm Probenarbeit und Orchesterleitung wesentliche »symphonische Eigengesetzlichkeiten« nähergebracht haben, die ihn nun während des eigentlichen Komponierens an die konkreten Ausführenden, die Instrumentalisten und ihre spieltechnischen Nöte denken lassen. Es wurde ihm beim Dirigieren der eigenen, oft noch unaufgeführten Werke wichtig, dass die Musiker alles auch gerne spielten. Möglicherweise eine affirmative Hinwendung, die sich ebenfalls beim dirigierenden Kollegen Hans Werner Henze oder seinem gleichwohl weltberühmten verstorbenen Landsmann Witold Lutosławski vollzogen haben dürfte.

Solch größere Kommunikationsbereitschaft wird bei Penderecki in einer Notationsänderung des Anfangs der symphonischen Passacaglia evident: Hatte der Komponist 1988 noch den für sich stehenden Satz ohne Taktstriche frei-rezitativisch aufgeschrieben, um ihn dann in Luzern selbst aus der Taufe zu heben, so ist er Jahre später im Zusammenhang mit der Reinschrift der gesamten 3. Sinfonie dazu übergegangen, den Anfang dieses als vierten Satz platzierten Stücks zeitlich genau festzulegen, die Einsätze des Kontra-D jetzt in fünfundzwanzig Takteinheiten aufzuteilen. Nun ist der Beginn einfacher zu dirigieren und plastischer zu realisieren, auch pulsierender und signifikanter zu vernehmen.

Heute nennt Penderecki für die Einordnung seiner letzten Kompositionen den Epochenbegriff Fin de Siècle, den er dem Begriff Postmoderne vorzieht – »ge-

---

[8] H. Rohm: »Suchen, Finden«, in: Programmheft der Münchner Philharmoniker zur UA der 3. Sinfonie von Penderecki, Dezember 1995, S. 8.

meint als Rückblick auf die verschiedenen, auch selbst mitgestalteten Entwicklungsprozesse des ausklingenden Jahrhunderts und als Reverenz vor dem Fin de Siècle, in dem Gustav Mahler Vergangenheit und Zukunft assimilierte«[9]. Die Wiederaufnahme der Errungenschaften früherer Zeiten in fein dosierter Form führten ihn zu satztechnischen Verfahren, wie sie als Metamorphose-Erscheinungen in der lebendigen Natur vorkommen. Hat Penderecki doch zu Hause einen großen Park voll verschiedener Baumarten selbst angelegt. Das Geschehenlassen und ein »naturfreundliches« Eingreifen können auch beim Komponisten beobachtet werden. So lässt sich bei ihm weniger von einem starr fixierten Personalstil als vom vielfältigen Stilwandel sprechen, ist Penderecki doch auch von der stets fortschreitenden Stilveränderung eines Picasso fasziniert. Seine im Dezember 1995 in München uraufgeführte 3. Sinfonie wird in der Süddeutschen Zeitung denn auch als Meisterwerk, als »Idealmischung aus Mahler, Schostakowitsch und Karl Amadeus Hartmann«[10] bezeichnet, während für die kritische Neue Musikzeitung Pendereckis Großwerk wie aus zweiter Hand klänge, wenn auch die Passacaglia des 4. Satzes als positive Erinnerung bleibe und »die relative Kargheit des Satzes der geschwätzigen Momente der anderen« entbehre, die Konzentration »von ferne verstehen lässt, warum man einst Penderecki zu den bedeutendsten Musikschöpfern der zweiten Jahrhunderthälfte rechnete«.[11]

Neben dieser Passacaglia, einer Folge von Abschnitten in ungeradem Takt und ruhigem Zeitmaß, können für den Stilwandel Pendereckis Stücke wie Streichtrio und Klarinettenquartett herangezogen werden, vor allem aber die A-cappella-Chöre der 80er-Jahre. In diesen kurzen liturgischen Meisterwerken erscheint mir Penderecki am stärksten bei sich zu sein, wie überhaupt bei ihm alle religiöse Chormusik über jede materialfortschrittsgläubige Kritik erhaben scheint. Diese wird eindrucksvoll deutlich durch die kürzlich bei Wergo erschienene CD »Per Coro«, die ausschließlich Pendereckis Chormusik gewidmet ist.[12] Hier wird die Klangsprache nun wieder angereichert um härtere Konturen aus früherer Schaffenszeit, musikalische Synthesen werden gefunden in einem ausgesprochen pluralistischen Kompositionsstil. Im achtstimmigen »Veni Creator« werde Pendereckis Kunst evident, schreibt Wolfram Schwinger im beiliegenden Booklet, »nicht nur in sehr abwechslungsreichen Deklamationsarten im homophonen wie polyphonen Stil, sondern auch in der gleichzeitigen Benutzung des motivisch-thematischen Materials für melodische Entfaltung und kontrapunk-

---

[9] W. Schwinger: a.a.O., S. 155.
[10] K. Bennert: »Kreative Synthese«, Uraufführungskritik der 3. Sinfonie, Süddeutsche Zeitung vom 10.12.1995.
[11] Reinhard Schulz: »Ein wahrer Koloss auf dröhnenden Füssen«, Uraufführungskritik der 3. Sinfonie, Neue Musikzeitung Feb./März 1996, S. 50.
[12] K. Penderecki: »Per Coro«, Wergo (WER 6261-2), Mainz 1995.

tische Verarbeitung, in einem quasi neuromantischen Wohlklang, der mit sehr spezifischen pendereckischen Signaturen aufwartet: Akkorde erreichen oft clusterhafte Dichte, rhythmische Strukturen eine ›polyphone‹ Komplexität.«[13]

Im zwölfstimmigen »Cherubinischen Lobgesang« von 1987 versucht Penderecki schließlich, ohne direkt textbezogene Zitate der liturgischen Tradition den hymnischen Charakter dieser frommen Musik einzufangen. »So werden modale Wendungen für tonale Verschleierungen benutzt, um die eigene, geschärfte Harmonik, die in kleinen Intervallen dicht gedrängte Chromatik bruchlos dem Gesamtfluss des strömenden Chorsatzes einzuverleiben. Längst hat sich Penderecki ja im souveränen Umgang mit stilistischer Vielfalt als Meister nahtloser Synthesen erwiesen« (Schwinger). In der russisch-orthodoxen Liturgie handelt es sich beim Cherubinischen Lobgesang um einen Hymnus auf die Heilige Dreifaltigkeit, eine feierliche Introduktion, deren Worte vom Heiligen Chrysostomus stammen sollen. Die Cherubine bilden nach der im 5. Jahrhundert von dem griechischen Christen Dionysios Areopagites niedergeschriebenen Schauung einen von den neun Engelschören des Himmels. Penderecki ist nicht der einzige »östliche« Komponist, der den Reichtum der altrussischen orthodoxen Liturgie bewundert und aufgreift. Konkret wird er 1986 beim Anhören serbisch-orthodoxer Kirchenmusik zum Lobgesang angeregt, jedoch ohne direkt zu zitieren. Die Altstimmen fangen mit einer melodisch weitgeschwungenen Kantilene an, die zuerst als reine F-Dur-Tonleiter erscheint, jedoch durch synkopische Umkreisungen und folgende Melismen »einer tonartlichen Bindung ausweicht, an ihrem Ende aber das ›f‹ als Zentralton des Lobgesangs festlegt«, wie Wolfram Schwinger in seiner Analyse bemerkt. Typisch erklingen dann die rasch repetierten Gebetsformeln, die zuerst von den tiefen Bässen intoniert werden. Nun gerät »das Geflecht des ruhig wogenden Chorsatzes immer dichter, bewegter und weitet sich allmählich zu voller Zwölfstimmigkeit aus«, wird auf dem Höhepunkt abrupt abgebrochen. Die Anfangslinie ertönt von den Tenören wiederholt, auch das Litaneiengemurmel der Gebetsformeln taucht wieder auf, und die Bässe leiten mit ihren Repetitionen auf dem »f« in den Halleluja-Schlussteil hinein, die tiefen Bässe raunen als letztes Wort nochmals »Halleluja«. Dann notiert Penderecki mit der Hoffnung auf einen slawischen Urbass sogar das eigentlich nicht mehr sangbare tiefe Kontra-F.

Ist hier nicht eine Zukunftsphantasie Arnold Schönbergs verwirklicht, die dieser bereits 1911 in seiner Harmonielehre formuliert hat? »Ist es nun möglich, aus Klangfarben, die sich der Höhe nach unterscheiden, Gebilde entstehen zu lassen, die wir Melodien nennen, Folgen, deren Zusammenhang eine gedankenähnliche Wirkung hervorruft, dann muss es auch möglich sein, aus den Klangfarben der anderen Dimension, aus dem, was wir schlichtweg Klangfarbe nennen, solche

---

[13] W. Schwinger: Booklet »Per Coro«, Wergo (WER 6261/-2), Mainz 1995.

Folgen herzustellen, deren Beziehung untereinander mit einer Art Logik wirkt, ganz äquivalent jener Logik, die uns bei der Melodie der Klanghöhen genügt. Das scheint eine Zukunftsphantasie und ist es wahrscheinlich auch. Aber eine, von der ich fest glaube, dass sie sich verwirklichen wird.«[14]

Von dieser visionären Klangfarbenmusik war eingangs bei Gerhard Nestler und Hans Heinz Stuckenschmidt die Rede, als es um die Paradigmen für den Stil in der neuen Musik, um die Stiltendenzen der Moderne ging, und zwar just zu dem Zeitpunkt, als in den 50er-Jahren Krzysztof Penderecki kompositorisch erstmals in der Musiköffentlichkeit hervorgetreten ist, wo er, inzwischen unumstrittene Weltgeltung erlangt hat.

Zuerst veröffentlicht in: Das Orchester 10/96.

---

[14] Arnold Schönberg: Harmonielehre, Wien 1911; zitiert nach Schwinger,, a.a.O., S.152.

Peter Michael Hamel
Immer unbürgerlich: Erinnerung an Luc Ferrari

Luc lebt nicht mehr – ein Freund, ein wunderbarer Mensch – ein großer europäischer Komponist hat sich am 22. August 2005 verabschiedet.

Wie ein Lebenspanorama laufen die vielen Begegnungen und gemeinsamen Aufnahmen und Konzerte vor dem inneren Auge ab. Nach den heutigen Telefonat mit seiner bezaubernden Frau und engsten künstlerischen Mitarbeiterin Brunhild Meyer sowie der gestrigen Anfrage der Musik Texte um ein paar erinnernde Gedanken suche ich hier die ersten Worte, die mir zu Luc einfallen: Freiheit – Humor – Ironie – Hintersinn – Erotik – Sinnlichkeit – Originalität – Individuum / Kollektiv – Anarchie.

Luc – ein experimenteller Komponist par excellence, mit radikalen Positionen von Gesellschaftsutopie, immer unbürgerlich, bedrohlich für jede Spießigkeit – auch innerhalb der neuen Musikszene ...

»Über Luc Ferrari – für Brunhild« lautete die Überschrift des Hansjörg Pauli-Textes zur ersten Wergo-LP vor mehr als 35 Jahren. Es war für mich die erste ausführliche Einführung in das Werk des damals Vierzigjährigen mit folgendem, für den damaligen Ferrari typischen Schlusszitat: »Ich habe nie und nirgends nützliche kulturelle Arbeit getroffen, es sei denn in den psychedelischen Schuppen, wo die Dinge fortwährend explodieren, sodass aus der Fülle dessen, was vor sich geht, so etwas wie Freiheit entsteht – oder doch der Wunsch, etwas zu tun, etwas Ungewöhnliches, auszubrechen aus den Kadern, nicht einfach im Sessel untätig zu verweilen.«

Bei der Arbeit mit Josef Anton Riedl für seine unvergesslichen Klangaktionen im Bonner Rathaus sind Luc und ich uns Ende der 60er-Jahre näher begegnet. Dort haben wir sein »Tautologos I« aufgeführt: Jeder musste undividuell zu bestimmter Zeit eine selbst gewählte klingende oder gestische Handlung exakt nach einer bestimmten Pause wiederholen. So entstand eine erstaunliche, das Publikum von überall her überraschende repetitive und auch witzige Komplexität. Am meisten faszinierte mich damals aber »Presque riens«, der Tagesanbruch im Fischerdorf am Meer als O-Ton / Audio Art, komprimiert auf Schallplattenlänge. Bei den Kölner Kursen für Neue Musik, deren Thema Ende 1970 »Musik und Hörspiel« war, hat dann unsere Freundschaft begonnen, die Zusammenarbeit setzt sich dort in Köln 1974 fort mit seinem ökologischen Hörspektakel: »Allo ici la terre«, in dem ich als Mitglied der Improvisationsgruppe »Between« als kabarettistischer Liedersänger eingesetzt wurde.

Bemerkenswert aus den 70er-Jahren das fürs Westberliner Metamusik Festival geschriebene Klavier / Schlagzeugstück »Cellule 75«, uraufgeführt von den Pariser Meistern Jean Pierre Drouet und Gerard Fremy. Immer wieder hat Luc sich repetitiver Techniken bedient, aber stets in einem tieferen, oft doppelsinnigen und augenzwinkernden Zusammenhang.

Obwohl Ferrari sich – oft zusammen mit seiner Frau – zunehmend dem Schaffen von radiophonen Hörstücken zuwandte, mit denen er auch Preise, Anerkennung und ein spezielles »Kästchen« im Musikbetrieb bekam, bleibt mir sein großartiges Orchesterwerk in lebendiger Erinnerung. Immer wieder werde ich Dirigenten, Orchester und Musikveranstalter dazu ermuntern, dieses Meisterwerk zur Aufführung zu bringen: »Histoire du plaisir et de la desolation«. In dieser Partitur kommt alles zusammen, was Luc als »traditioneller« Komponist zu bieten hatte. Eine frische, grelle souveräne Instrumentation, die ironische Allusion skrjabinscher und stockhausenscher Erhabenheit, ja, vor allem der Witz in seiner Musik.

Wenn bei unseren gemeinsamen Improvisationen etwas missglückt war, hieß es »Ça ne fait rien«, was fast klang wie »ferrari rien« …

Heute ist mein Herz mit Brunhild, und ich lausche den herrlichen Hörstücken des »unbekanntesten Komponisten der neuen Musik« (Hansjörg Pauli).

Zuerst veröffentlicht in: MusikTexte 107. Köln 2005.

Peter Michael Hamel
Ein Komponist im Unruhestand
Günter Bialas zum Achtzigsten

Den Freund und Lehrer schildern ...
der jetzt doppelt so alt ist wie ich, der mir aber nie Vaterfigur, vielmehr Berater, Vertrauter, fast älterer Bruder geworden ist, der lebendig geblieben, weil er weitergegangen ist, lebendig älter geworden, weil er immer noch neugierig ist, auf sich selbst und andere, bis heute offen für jede neue Erfahrung, der mit jeder Komposition größere Tiefe und Ausdruckskraft findet, dessen Älterwerden einem Zunehmen von Freiheitsgraden gleichkommt, hörbar in jedem neuen Stück Musik, der gleichermaßen fähig ist zur Einsicht in die eigenen Grenzen wie zum Ausblick über sie hinaus, der mit Leidenschaft nüchtern sein und mit Nüchternheit seiner Leidenschaft begegnen kann.

Wer hätte vor fünfzehn Jahren, als Günter Bialas in den »wohlverdienten« Ruhestand trat, gedacht, dass da noch Meisterwerk an Meisterwerk gereiht würde? Dass eine dritte Oper entsteht (»Der gestiefelte Kater«), mehrere große Orchesterwerke mit Orgel oder Chor, Textvertonungen und jede Menge Kammermusik für die verschiedensten Besetzungen und Ensembles? Dass Günter Bialas nach den besinnlich ausklingenden Stücken der letzten Jahre nun im Silvesterkonzert zu seinem Achtzigsten in der Musikhochschule einen aggressiven, rastlos gehetzten Klaviermarsch präsentieren würde?

Bialas marschiert, bewegt sich Hin und Her, von Glonn nach München, nach Berlin (Ost und West), nach Hamburg, nach Rom, nach London, nach Moskau, nach Wiesbaden, nach Amrum ...

Was ist das Charakteristische an seiner Musik, seine »signature«, seine Handschrift? Gibt es einen typischen Bialas, einen Bialas-Stil etwa? Wo er selbst doch betont, dass es einen allgemeinen Stil nicht mehr gebe, dass jedes Stück seinen eigenen Stil finden müsse. In Dublin neulich beim Goethe-Instituts-Konzert erklang das »frühe« Trio von 1945 und die »Haiku-Folge I« für Sopran und Flöte; für jeden erkennbar, trotz aller Verschiedenartigkeit der Mittel: ein und derselbe Komponist.

Eine essenzielle Vertiefung hat stattgefunden in den Bialas-Werken der letzten zwanzig Jahre, eine solche nicht herstellbare, sich absichtslos vollziehende Öffnung in eine geistige Dimension hinein, wie sie 1976 in »Introitus – Exodus«, dem Orgelkonzert für den verstorbenen Verleger Karl Vötterle, schon aufklingt, die Vorstellung eines Rituals vermittelnd, in einen Ton mündend, der hinter allen steht, die Öffnung in eine existentialistische Geisteswelt, wie sie im »Lamento« und seiner philosophischen Dramaturgie ihren stärksten Ausdruck findet:

Jean Paul auf Gottessuche im Weltall, gipfelnd in dem Ausruf: »Er ist nicht!« Woraus die eigentlich sehr vage Hoffnung ersteht: »In te, domine speravi.« Die betroffen machende Ausdrucksintensität, die so unbeirrt in einen gelassenen Ausklang mündet. In te, domine – das gleichsam mantrische Grundmotiv, taucht inzwischen in einer ganzen Reihe von anderen Stücken auf, als Signatur? – me fecit ... in Trios, Quartetten, Quintetten, Septetten.

Im eigentlichen Grundgedanken des »Lamento« steckt Ideologieskepsis, Skepsis auch in religiöser Hinsicht – der aufgeklärte Agnostiker ist vom geistig-politischen Klima der späten Berliner 20er-Jahre geprägt. Doch unüberhörbar hat Bialas als Komponist und Mensch auch sein Geheimnis, seinen ganz persönlichen Innenraum, mit dem er diskret und zurückhaltend umgeht. Ironie, Wehmut und Jugenderinnerungen (»Herbstzeit«, Paraphrasen), Bezüge zu Haydn und Meyerbeer sind eher vordergründige Anhaltspunkte für Standpunkt und Haltung des Komponisten. Unvergesslich für mich, als ich eines Nachmittags im Autoradio fasziniert einer Kammermusik lauschte: Welch ein aufregendes, frisches Stück! Von wem es wohl stammen mag? Ein Mittelteil mit präpariertem Klavier signalisiert sympathische Nähe zur eigenen Produktion. Ich hatte die Ansage verpasst, ein oft glücklicher Umstand für Unvoreingenommenheit. Ja, erkannt habe ich Günter Bialas in seinen »Moments musicaux« zwar nicht, gar nicht an ihn gedacht, ihm das vielleicht gar nicht zugetraut? Jedenfalls war ich über das organische und heterophone Wachsen des Stückes begeistert, von den motorisch erregten und zupackenden Phasen, vom inneren Zurücklehnen eines Klanges, der aufzuatmen scheint, auszuatmen und smorzando vergeht. Die Substanz eines wiederkehrenden Einfalls, immer durchgehört, nie mechanisch ablaufend.

Smorzando – eine beliebte Regie-Anweisung in Bialas-Partituren, der ich zuerst im herrlichen »Concerto lirico« begegnet bin, dessen Erstaufführung Ende 1969 mich sehr beeindruckt hatte. (»smorzando« seither auch in meinen Partituren zu finden ...) Was soll da schmelzen? Der Klang selbst, der durch sein Dahingehen und erst in seiner Abnahme nach der Hervorbringung vernommen wird? Smorzando auch als ein inneres Weichwerden, womöglich tieferes, inneres Programm? Der große Tutti-Klang aller Instrumente, schon am Ende der ersten Oper »Hero und Leander« hörbar, darin als eine Art Schlusspunkt der signifikante Akzent von Pauke oder großer Trommel (später oft mit Tuba zusammen) – und wieder smorzando verschwindend – der Klang entschwebt.

Günter Bialas ist in seinen Partituren und als Mensch ein Vermittler, auch ein Dazwischenstehender (und – wie Wolfgang Fortner – zwischen den Generationen stehend), beinahe noch Hindemith-Schüler in Strawinsky-Nähe und nach dem Krieg, in dem so viele Partituren verbrannten, der totale Neubeginn mit den zwanzig Jahre Jüngeren zusammen auf gleicher Stufe. Er ist mit der Zeit gegangen, ohne sich je zu verleugnen, und hat nicht nur von seinen Schülern gelernt, die oft später seine Freunde wurden. Im Übrigen hatte Bialas ja nicht nur Kompositionsstudenten; vielmehr bildete er als Theorie-Lehrer in Detmold und München Generationen von ausübenden Musikern und Musikerziehern aus. Immer war er aufgeschlossen für die verschiedensten Strömungen und mit so bedeutenden jüngeren Kollegen wie Killmayer, Lachenmann oder Reimann in ständigem, freundschaftlichem Austausch, der bis hin zu uns »Jungen« reichte, zu Bose, Trojahn und Rihm. Auch zur experimentellen Avantgarde hatte Bialas immer eine Beziehung, schickte er vor fünfundzwanzig Jahren doch seinen Schüler Nicolaus A. Huber zu Luigi Nono und vorher, der Musikhochschule gegenüber, heimlich zu Josef A. Riedl (ins damalige elektronische Studio bei Siemens, man stelle sich vor, solch ein Studio hat es damals in München tatsächlich gegeben!), war er oftmals der einzige Hochschulprofessor bei Veranstaltungen mit Neuer Musik, reist er bis zuletzt zu Uraufführungen seiner Schüler nach Donaueschingen. Er ist durch seine drei Opern, die vielerorts erfolgreich nachgespielt werden, mit großen Opernhäusern in Verbindung und hatte hierbei auch zur Musikszene der DDR engen Kontakt, welcher nicht nur durch den Bärenreiter-Verlag geprägt wurde, der das zeitgenössische Schaffen im anderen Deutschland weitestgehend vertrat, sondern vor allem durch seinen Schwager, den früheren Ostberliner Opernintendanten und Cembalisten Hans Pischner.

Und trotz all der Reisen, Besuche und Verpflichtungen, auch den selbst auferlegten, immer wieder, wie aus der Büchse der Pandora, zauberte Günter Bialas neue Stücke hervor, die ich manchmal frisch von der Fotokopieranstalt zu lesen bekam: ein neuer Liederzyklus für Anneliese Ruppert und ihre singende Säge, ein Saxophonquartett für das »Raschèr-Ensemble«, die »Herbstzeit« für das »Baryton Trio«, ein »Chor a cappella« für den »via-nova-Chor«, Stücke aus größeren Werken herausgeschält oder als Vorarbeit zur großen Form, Grundmuster, die in statu nascendi auf ihre sinfonische Verwendbarkeit hin erprobt werden, und schließlich, das Wesentlichste vielleicht, ein viertes Streichquartett »Assonanzen«.

Als Günter Bialas Ende 1986 in Berlin-Kreuzberg das junge »Antonio-Quartett« für die Proben zur Uraufführung eben dieses Quartetts besuchte, fand er dort die Straße wieder, in welcher er als Klavier-Alleinunterhalter in einem Café Ende der 20er-Jahre sein Studium verdiente. Der offene, zumindest linksliberal aufgeschlossene und aufgeklärte Berliner Geist ist Bialas in den Münchner Jahren niemals abhanden gekommen. Politisches Handeln 1971: den schlesischen Kulturpreis dahingehend umfunktioniert, dass mit der Geldsumme junge Komponisten zum Warschauer Herbst nach Polen reisen können.

Bialas hat seine Bedeutung als Komponist über seine Verdienste als Lehrer und Instanz hinaus! Schon mit der »Indianischen Kantate« und der Martin-Buber-Schöpfung »Im Anfang« ist er in den 50er- und 60er-Jahren überregional als Komponist hervorgetreten. Als Lehrer war er in der Lage, von sich selbst und seinen Vorlieben (zeitweilig) abzusehen und hat auf diese Weise auch seine Tonsprache mit allen neuen Tendenzen bereichern können, ohne den eigenen Charakter aufzugeben. Seinen Stellenwert in der jüngeren Musikgeschichte mag ein mehr Berufener nachweisen als ich – als Freund steht man viel zu nahe, wobei das übrigens eher zur kritischeren und selbstverständlicheren Betrachtung führt als zu emphatischer Verherrlichung oder zur affirmativen Begeisterung. Und wie gut, sich ihm gegenüber auch ehrlich negativ und kritisch äußern zu können! Was ihm an sich selbst verdächtig ist, so sagte er einmal in einem öffentlichen Gespräch mit Albrecht Roeseler: dass er eher zu wenig Kritik, Aggressionen und Widerstand ausgelöst habe.

Entscheidend ist seine Grundhaltung zur Tonalität im weitesten Sinne, die für ihn niemals eine Wende nach rückwärts bedeutet hat, vielmehr eine naturgegebene Basis für die Kommunikation mit dem Hörer. Gerne fragt er rhetorisch, warum Alban Berg beim konventionelleren Opernpublikum (im Gegensatz zu Arnold Schönberg etwa) noch gerade ankommt, um gleich selbst darauf zu antworten, weil es eben tonal gebaute Zwölftonmusik sei. Dodekaphonie war ihm nie abgesicherte, unhinterfragte Ordnung oder zwanghafte Notwendigkeit, er arbeitet auch viel lieber mit Reihen aus weniger als zwölf Tönen. Das spielerische Entstehen einer Tonauswahl kann sich auf Anfangsbuchstaben von Namen beziehen, Initialen als Initialzündung. So schreibt er vor zehn Jahren zu seinen »Elegien« für den verstorbenen Freund und Maler Heyduck (»Jeder Freund nimmt bei seinem Tod auch ein Stück von mir selber mit ins Grab«, sagte Bialas einmal auf einem Spaziergang im Winter): »Das hauptsächlich verwendete Material ergibt sich aus unseren verschlungenen Initialen: G-B/G-H, dazwischen liegt das a(n), sodass das immer wiederkehrende Kopf-Motiv eigentlich heißt: G-B/a(n)/G-H, ein musikalisch gut verwendbarer Cluster. Für die Verarbeitung war das Wechselspiel b-h wichtig. Das Material ist für alle drei Sätze bestimmend, wenngleich natürlich andere Töne hinzukommen, auch unter besonderer Berücksichtigung der musikalisch umsetzbaren weiteren Buchstaben aus unseren Namen (e-d-c/a-as). Diese Anhaltspunkte für das Material sind äußerer Natur, wichtiger ist der inhaltliche Bezug auf den Menschen, den Freund und Künstler, wie ich ihn in Erinnerung habe. Von hier kommt der Ausdruck der drei Stücke. Natürlich denke ich auch an seine Bilder, vor allem die Farben. Das hängt aber schließlich alles zusammen, und es wäre falsch, nach einer Deutung der Einzelheiten zu suchen. Musik ist eben eine Sache für sich und verträgt kaum Erklärungen aus anderen Bereichen.«

In einer Phase seines Komponierens (»Musik für 11 Streicher«, Drittes Streichquartett) lässt er sich auf aleatorische und improvisatorische Prozesse ein, ungewöhnliche Spielweisen bis hin zur Geräuschhaftigkeit kommen vor, jedoch nie als Selbstzweck, stets in sinnvollem, organischem Kontext. Eine Hinwendung zur mittelalterlichen und außereuropäischen Musik hat Günter Bialas übrigens schon in den 50er- und 60er-Jahren vorweggenommen, lange, bevor das eine wie das andere zur Mode wurde, etwa in der »Indianischen Kantate« oder im »Gesang von den Tieren« für seine Frau, in welchen afrikanische Lyrik, aber auch Rhythmen der Eingeborenen verarbeitet sind.

Für die Kollegen und Schüler ist Günter Bialas eine unverzichtbare kritische Instanz geblieben. Nicht alles gefällt ihm, er sagt das auch, kann entschieden, schroff und ungehalten etwas von sich weisen. Da ist dann seine Frau Gerda, die einstmals gerühmte Sängerin und bis heute wirkende Gesangspädagogin, das notwendige Korrektiv. Sie wiederum muss bei weitem nicht alles gut finden, was ihr Mann komponiert, im Gegenteil, gerne ist gerade sie der Advocatus diaboli, die mit durchaus scharfer Zunge kritisch und zuweilen bissig und humorvoll zu kommentieren weiß. Die große Beliebtheit von Günter Bialas: Einer, der nicht verlernt hat zuzuhören, Anteil zu nehmen; einer, der Mut macht, älter zu werden, ohne dabei das Leben zu verlernen.

»Mit dem Blick zurück einen Schritt nach vorne«, so hieß es nach der Uraufführung seines Harfenquintetts. Hoffen wir, dass Bialas uns noch lange erhalten bleibt. (Günter Bialas verstarb im Juli 1995 kurz vor Vollendung seines 88. Lebensjahrs.)

Die Persönlichkeit von Günter Bialas wirkte auf den ersten Blick klar und ausgeglichen, fast eindeutig. Doch wer seine Vorliebe für Ironie und Doppelbödigkeit kennt, für Diskretion und Zurückhaltung, mag sich denken, dass das, was wir von ihm wissen, längst nicht alles war.

Zuerst veröffentlicht in: Münchner Philharmoniker 1987. Hrsg. von Gabriele E. Meyer. Dülmen/Westfalen: Laumannn-Verlag.

Peter Michael Hamel
Komponistinnen des 20. Jahrhunderts
Begegnungen an der Hochschule für Musik und Theater Hamburg

Eine meiner ersten Erinnerungen an die Begegnung mit einer komponierenden Frau reicht zurück in die frühen 60er-Jahre in München. Damals leitete und organisierte Gloria Coates, die imponierende, vielseitige amerikanische Künstlerin Konzerte im Amerikahaus. Gloria wurde sogar in den Musica-Viva-Konzerten gespielt. Allerdings ist sie, mir unerklärlich, im Register der Dokumentation vergessen worden.

Bayerische oder fränkische Komponistinnen – generell deutsche waren damals rar. Später begegnete ich dann u. a. der DDR-Komponistin Ruth Zechlin im Studio für Neue Musik in München oder Joan la Barbara in Westberlin, die ich als Reich-, Cage- und Feldman-Interpretin verehrte. Zahlreiche weitere Begegnungen sind dazugekommen: Laurie Anderson, Meredith Monk, Pauline Oliveros.

Seitdem ich in Hamburg, an der Musikhochschule Komposition lehre, habe ich für unser »Studio 21 für aktuelle Musik« viele Komponistinnen in Seminare, Workshops und Konzerte unter dem Motto »2 Jahre nur Musik von Frauen« eingeladen. Am 6. November 2000 und 10. Februar 2001 wurden allein acht Werke von Komponistinnen durch das Kammerorchester Finale 21 präsentiert.

Zwei Wochen nach dem Konzert im Februar 2001 besuchte Joan la Barbara die Musikhochschule und hielt einen Recital/Workshop im Orchesterstudio. Eine Sternstunde der Personalunion des Kreierens und Improvisierens. Inzwischen ist diese großartige Performancekünstlerin eine New Yorker Institution in der neuen Musikwelt, veröffentlicht ihr eigenes Schaffen auf CDs wie z. B. die »73 Poems«, diese phänomenale stimmliche Umsetzung von visuellen Texten. In ihrem Workshop in Hamburg stand ihr Ad-hoc-Stehgreifsingen im Zentrum.

Jeder dieser Abende, wie auch die Workshops von Sofia Gubaidulina und Ruth Zechlin, die wir in der benachbarten Johanniskirche durchführen konnten, ist darüber hinaus eine Suche nach neuen Präsentationsformen hinsichtlich der Verbindung von verbaler Werkeinführung und Selbstdarstellung der Künstlerinnen. Es geht und ging uns darum, die Vermittlung zwischen Podium und Publikum im Auge zu haben, die Expertenisolation aufzuheben.

Frau Gubaidulina hat nach dem Konzert im April 2000 mit Viktor und Alexander Suslin ausführlich Auskunft gegeben über ihre freie Trioimprovisation im Ensemble »Astraea«, über Instrumentarium und den Prozess ihres Musizierens. Auch über ihr »eigentliches Komponieren« hat sie uns berichtet, als wir sie im vollbesetzten Mendelssohnsaal über ihre »Johannispassion« befragen konnten. Mit dieser »Johannispassion« in der europaweiten Radio- und

TV-Ausstrahlung mit den Petersburger Solisten wurde Sofia Gubaidulina in enormer Weise populär.

Sich einem großen Hörerkreis direkt erschließen, vermag auch Frangis Ali-Sade, über die Sofia Gubaidulina einfühlsam geschrieben hat. Vor allem ihre Arbeit mit modalen Skalen, Ostinato und Repetition lassen eine »orientalische« Sogwirkung entstehen und eher überpersönliche, manchmal auch spekulative Klangzustände.

Wenn bei Frangis Ali-Sade Ethnisch-Folkloristisches eine Rolle spielt, so ist es bei Babette Koblenz, der Hamburger Kollegin, die Hinwendung zu komplexen polyrhythmischen Strukturen, die ihr Schaffen so besonders, aber auch schwer realisierbar machen. Neben ihren Partituren, u.a. für die Münchener Biennale 1999 (»Recherche«), betätigt sich Babette als bewegend hebräisch singende, sich selbst am Klavier begleitende »Self Performing Artistin«.

Auch die dreißig Jahre ältere Ruth Zechlin spielt ihre eigene Orgelmusik eindrucksvoll und hat uns in ihr großartiges Orchesterschaffen eingeführt (»Metamorphosen«, »Triptychon«). Sie ist sich mit Babette Koblenz und eigentlich auch mit allen anderen Kolleginnen einig: Keine will eine »Sonderbehandlung« aufgrund des Geschlechts. Sie wollen auch nicht in die einfühlsame, intuitive Ecke geschoben werden. Vielmehr steht ein konstruktives Element im Vordergrund, etwa im vielschichtigen, von Charles Ives inspirierten Werk meiner geschätzten Hochschulkollegin Renate Birnstein, einer Pionierin als komponierende und lehrende deutsche Künstlerin im Männergeschäft. Vor fünfundzwanzig Jahren nannte sich Renate oft nur »R. Birnstein«, um nicht »geschlechtsauffällig« zu werden.

Gerade Komponistinnen wie Renate Birnstein, Elzbieta Sikora oder Ruth Zechlin sind in ihrer pädagogischen und ihrer kompositorischen Arbeit Baumeisterinnen, Architektinnen, rational und auch formal abstrakt. Am intensivsten bis zur explosiven Debatte geht die Südkoreanerin Younghi Pagh-Paan vor. Ich kenne und schätze sie seit den gemeinsamen Donaueschinger Uraufführungen 1980. Nicht nur das dort so erfolgreich uraufgeführte Orchesterstück »Sori« geht auf soziologische Gedankengänge, die gesellschaftliche Rolle der koreanischen Frau betreffend, zurück. Mit großer Akribie hat Youngi ihre professorale Tätigkeit an der Uni Bremen für zahlreiche Aktivitäten in Sachen neuer Musik eingesetzt. Zur Zeit schreibt sie an ihrer ersten großen Oper. Auch für den angewandten Musikbereich sind sich Komponistinnen nicht zu schade. Neben filigraner Kammermusik in charakteristischer Handschrift und erfolgreichen Kammeropern hat Violeta Dinescu Filme vertont. Sie hat eine Professur für angewandte Komposition an der Universität Oldenburg inne. Ihr Verdienst ist es darüber hinaus, die neue Musik Rumäniens in Deutschland zu dokumentieren. Auch sie sagt: »Niemand will aufgeführt werden wegen seines Geschlechts«, und spricht von der Solidarität des Berufsstandes.

Im experimentellen und elektronischen Bereich ist die polnische, in Frankreich und Deutschland lebende Komponistin Elzbieta Sikora zu Hause. Auch sie lehrt, vertont Filme, geht von der französischen Musique Concrète aus, schreibt Ensemblewerke und ist vielleicht die vielseitigste Komponistin ihrer Generation. Einen ähnliche eigenständigen Weg geht die Münchnerin Helga Pogatschar, deren Hörstücke einen immer größeren Resonanzbogen erlangen. Ihr »Sound-Design«-Workshop an unserer Hochschule ist in bester Erinnerung.

Schließlich eine der rätselhaftesten Kolleginnen, auch was den Kontrast zwischen der fast übertrieben bescheidenen Persönlichkeit und den teils megalomanisch ge- und besetzten Musik- und Orchesterwerken betrifft, ist für mich seit der frühen Begegnung in der evangelischen Akademie Tutzing die rumänisch-deutsche Komponistin Adriana Hölszky. Durch Vermittlung »unserer gemeinsamen« Interpretinnen Christina Ascher und Edith Salmen konnte sich schnell eine freundschaftlich-vertraute Kommunikation entfalten, die in gemeinsamen Projekten mündete. An unsere Hochschule war sie noch von Rostock aus gekommen, die Riesenpartitur ihrer Oper »Die Wände« im Gepäck. Kürzlich konnte ich als Mitglied einer Findungskommission Adriana dem Senat Hamburg als erste weibliche Bachpreis-Trägerin vorschlagen.

Ich erinnere mich noch an den »Frauentag« bei den Darmstädter Ferienkursen: 1986 hat es bei den Darmstädter Ferienkursen eine Versammlung aller weiblicher Tonsetzer gegeben, die männlichen Kollegen waren selbstverständlich eingeladen. Es kamen aber nur Morton Feldman und ich. Damals sehr beeindruckend: Die dort ansässige Komponistin Barbara Heller. Seitdem hat sich doch sehr vieles getan an der Präsenz der Komponistinnen innerhalb der neuen Musikszene. Komponierende Frauen sind zunehmend *im* Musikleben zur Selbstverständlichkeit geworden, bekommen wichtige Preise verliehen, werden von großen Verlagen verlegt, im Radio gesendet. Auch an Musikhochschulen wurden in der Zwischenzeit komponierende Frauen als Professorinnen berufen.

Bei meinem Dienstantritt (1997) gab es nur eine Studentin im Bereich Komposition. Inzwischen studieren bei uns vier Frauen Komposition, 2004 kamen noch zwei weitere hinzu und unser neuer Multimedia-Masterstudiengang wird nun von drei Komponistinnen aus Korea, Argentinien und Griechenland weiblich »dominiert«. So mag ein selbstverständlicheres Miteinander sich immer mehr entfalten.

Das Motto »2 Jahre Musik nur von Frauen« hatte nicht zum Ziel, ein neues Getto zu bilden, wie männliche Kollegen zeitweise mutmaßten, sondern das Männergetto aufzubrechen. Komponierende Frauen in relativ umfänglichen Konzerten und Seminaren zu präsentieren ist eine bereichernde Aktivität mit vielen Synergieeffekten.

Zuerst in: »Musik und ...« Schriftenreihe der Hochschule für Musik und Theater Hamburg. Berlin: Weidler Verlag 2006.

Anhang

Frank Helfrich
Werkverzeichnis

Bär   Bärenreiter, Kassel
CA   Carus, Stuttgart
ERP   Eckart Rahn Publishers, Tucson / Arizona – Berlin
Gra   Gravis / Lück, Bad Schwalbach
Ms   Manuskript im Eigenverlag. Das Copyright liegt beim Interkulturellen Musikinstitut, Aschau / Chiemgau
Orl   Orlando, München
SSM   B. Schott's Söhne, Mainz

1962
Impressionen in D für Violine und Klavier. – Ms. – UA Rastatt 1962; 8'

1963
Petite Suite für Streichquartett. – Ms. – UA München 1964; 10'

1964
Vier Gedichte von Angelika Mechtel für Sopran und Klavier. – Ms. – UA München 1964; 15'

1965
Das Danke an den lieben Gott. Kantate für Sopran, Chor und Orchester. – Ms. – UA München 1965; 15'

1965 / 70
Lieder / Chansons / Songs / Kabarettvertonungen mit Texten von u. a. Kurt Peter Hamel. – Ms. – UA München 1970; 25'

1966
Triophonie für Schlagzeug und Streichtrio. – Ms. – UA München 1966; 10'

1967
tief stummen wir. Vier Gedichte von August Stramm für gemischten Chor. – Ms. – UA München 1968; 12'

1968
Drei Stücke für Klavier. – Ms. – UA München 1968; 6'
Steinerne Sterne für Sopran, Flöte, Klavier und Schlagzeug. Text: Kay Hoffman. – Ms. – UA München 1969; 9'

1969
Ü-Musik für Klavier. – Ms. – UA München 1969; 10'

1969 / 75
Sophrosyne 1-7 für verschiedene Ensembles. – Orl. – UA München, Berlin, Hannover 1969-1972; 8'-22'

1969 / 99
Communio. Gruppen-Vokalimprovisation mit Verbalpartitur. – Ms. – UA 1. Fassung Kassel 1970; 10', 2. Fassung Frankfurt 1999; 25'

1970
Septonant für Kammerensemble. – Ms. – UA München 1971; 7'

1970 / 71
Überlagerungen für frei wählbares Ensemble. – Orl. – UA München 1971; 12'

1971
incanto capricci für Kammerensemble. – Ms. – UA München 1972; 6'

1972
Mandala für präpariertes Klavier. – ERP. – UA Berlin 1972; 22'
Samma Samadhi für gemischten Chor, Orchester und solistische Improvisation. – Ms. – UA Berlin 1975; 18'
Dharana für Orchester, solistische Improvisation mit Tonband. – SSM. – UA 1. Fassung Berlin 1973; 20', 2. Fassung Donaueschingen 1973; 22'
Dhyana für gemischten Chor und Improvisationsgruppe. – Ms. – UA Kassel 1975; 20'
MAOM – Aktionsmusik gegen Gleichgültigkeit für Ensemble und Tonband. – Ms. – UA Stuttgart 1974; 18'

1973
Ananda für Oboe, Streichorchester und Bordun. – Orl. – UA Köln 1975; 21'

1973 / 74
Continuous creation für Tasteninstrumente. – Ms. – UA Kassel 1975; Dauer frei
Diaphainon für Orchester in memoriam Jean Gebser. – SSM. – UA München 1976; 20'

1974
Maitreya. Versuch einer integralen Musik für Orchester mit Tonband. – Bär. – UA Frankfurt 1979; 15'

1976
Orphikon für Orgel. – SSM. – CD-Veröffentlichung 1977; 4'30"
Integrale Musik für Chor, Instrumente und Tonband. – Bär. – UA Berlin 1976; 30'
Wie es euch gefällt. Musik zur Shakespeare-Produktion der Berliner Schaubühne, Regie: Peter Stein. – Ms. – UA Berlin 1977

1976 / 77
Klangfarben für Streichorchester und indische Saiteninstrumente. – Bär. – UA Bombay 1978; 45'

1977
Klangspirale (Spiral of Sounds) für dreizehn Instrumentalisten oder drei räumlich getrennte Orchestergruppen. – Bär. – UA Berlin 1982; 20'
Albatros für Improvisationsgruppe und Orchester. – SSM. – UA München 1978; 25'
Übergänge, Musik in mehreren Räumen für zwei Klaviere, Live-Elektronik, Stimmen und Tanpura. – Ms. – UA Bremen 1978; 45'

1978
Movens für Klavier. – SSM. – CD-Veröffentlichung Mainz 1980; 4'10''
SWD – Der Bund der Großen Tat. Stummfilmmusik für Orchester, Neuvertonung für das ZDF. – Ms. – Erstsendung ZDF 1978; 120'

1978 / 80
Miniaturen I für Harfe. – Bär. – UA Bremen 1984; 20'

1979
Tagtraum. Modale Studie für Alt- oder Bassflöte bzw. Klarinette in A oder Bassklarinette. – Bär. – UA Rom 1979; 8'
Ganz klar und heiter. Fragment von Jean Gebser. Für Sopransolo, Altflöte, Vibraphon, Violoncello und Klavier. – Bär. – UA München 1986; 10'

1979 / 80
Ein Menschentraum. Musiktheater in zwei Teilen für Schauspieler, Sänger, Chor, Orchester und Tonband. Text: Kurt Peter Hamel und Claus H. Henneberg, Regie: Dieter Dorn. – Bär. – UA Kassel 1981; abendfüllend

1979 / 81
Rasa. Fünf Stücke für gemischten Chor, Klavier, Tablatrommeln und Tanpura. – Bär. – UA Bombay 1982; 45'

1980
1. Streichquartett. – Bär. – UA Bremen 1984; 30'
Gestalt für Orchester. – Bär. – UA Donaueschingen 1980; 20'
Von Traum und Tod. Drei Orchesterstücke aus dem Musiktheater *Ein Menschentraum.* (I. Kreuzsinfonie, II. Vorspiel zum 2. Teil, III. Epilog) – Bär. – UA Gelsenkirchen 1983; 20'
Säume der Zeit I für Frauenstimme und Tonband. – Bär. – UA Frankfurt 1986; 22'
Säume der Zeit II für Klarinette und Tonband; Tanpura ad lib. – Bär. – UA Rom 1980; 22'

1980 / 81
Merlin. Bühnenmusik. Münchener Kammerspiele, Regie: Dieter Dorn. – Ms. – UA München 1981; abendfüllend

1981
Kairos für Tasteninstrumente und sechs Schlagzeuger. – Ms. – UA Köln 1981; 20'
Die Akademie. Hörspielmusik für Stimmen und Instrumente (RIAS, BR). Autor: Ronald Steckel, Regie: Ulrich Gerhardt. – Ms. – Erstsendung Bayerischer Rundfunk 1982; 90'

1981 / 82
Gralbilder für Orchester. – Bär. – UA Hamburg 1984; 20'

1982
schwarz-weiß für Klavier. – SSM. – UA Dublin 1983; 5'
Klangvorstellung für gemischten Chor, Englischhorn, Bassklarinette, Fagott, zwei Klaviere und Orchester. – Bär. – UA Ulm 1983; 35'
Stimmen für den Frieden für Violine, gemischten Chor und obligates Klavier. – Bär. – UA Berlin 1983; 25'
Resonance für vier Spieler. – Ms. – UA Frankfurt 1983; 40'
Dr. Caligari für Keyboards und Elektronik (mit R. Détrée und U. Kraus), Neuvertonung für das ZDF. – Ms. – Erstsendung ZDF 1983; 120'

1982 / 83
Miniaturen II für Gitarre. – Bär. – UA Bremen 1983; 12'
Semiramis. Musik in drei Teilen für Orchester. – Bär. – UA Salzburg 1983; 22'
Der neue Prozess. Bühnenmusik. Münchener Kammerspiele, Regie: Dieter Dorn. – Ms. – UA München 1983; abendfüllend
1982 / 84
Ein Seelenwurm im Elfenturm für 13 Musiker, Sänger, Improvisateure. – Ms. – UA Salzburg 1986; abendfüllend
Der Park. Bühnenmusik. Münchener Kammerspiele, Regie: Dieter Dorn. – Ms. – UA München 1984; abendfüllend
1983
Miniaturen III für Baryton. – Bär. – UA Bremen 1983; 18'
Nachtflug für Orgel. – Ms. – UA San Francisco 1983; 60'
Kafka-Weiss-Dialoge für Viola und Violoncello. – Bär. – UA München 1984; 25'
Finsternis bedeckt die Erde. Hörspielmusik für Stimmen und Instrumente (RIAS, WDR, HR). Regie: Jörg Jannings. – Ms. – Erstsendung RIAS Berlin 1983; 90'
1984
Dona nobis pacem für gemischten Chor a cappella. – Bär. – UA Cork (Irland) 1984; 8'
Contemplatio für sechs Schlagzeuger. – Ms. – UA Würzburg 1984; 15'
1984 / 86
Kassandra – Starrend von Zeit und Helle. Musiktheater (Lyrikoper) für Mezzosopran, sechsstimmigen solistischen Frauenchor und Orchester nach Gedichten von Erich Arendt. Regie: Judith Malina – Bär. – UA Frankfurt 1987; abendfüllend
Fassung für kleines Orchester. – Bär. – UA München 1989; abendfüllend
1985
Irish songs für Frauenstimme und irische Harfe / Cembalo. Text: William Butler Yeats. – Ms. – UA Cork (Irland) 1986; 10'
So fern. Vier Gedichte von Wolfgang Bächler für Sopran, Altflöte, Violoncello, Schlagzeug und Klavier / Celesta. – Bär. – UA München 1987; 20'
Saxophonquartett. – Gra. – UA Kassel 1986; 15'
Trio in drei Sätzen für Violine, Violoncello und Klavier. – Bär. – UA Hamburg 1987; 25'
Lichtung. Sinfonische Suite für Orchester. – Ms. – UA Regensburg 1988; 30'
1985 / 86
2. Streichquartett in zwei Teilen. – Bär. – UA Darmstadt 1986; 30'
1985 / 87
Die Lichtung. Sinfonie in sechs Teilen für großes Orchester. – Bär. – UA München 1988; 40'
1985 / 88
Adagio, Intermezzo und Finale für Flöte / Altflöte, Klarinette / Bassklarinette in B, Harfe und Streichquartett. – Bär. – UA Berlin 1988; 15'
1985 / 97
Abgesang für Klaviertrio. – Ms. – UA Hamburg 1997; 6'
1986
… es werden nur Steine bleiben. In memoriam Erich Fried. Für Klavier. – Bär. – UA Hamburg 1998; 8'

Organum für Orgel. – Ms. – CD-Veröffentlichung 1986; 60'
I am wind on sea für 20-stimmigen Chor a cappella nach altirischen Texten. – Peermusic – UA Galway (Irland) 1987; 8'
Assonanzen für Violine und Klavier. – Bär. – UA Salzau 1988; 18'
News from the Delphi Oracle. Zwei Gedichte von W. B. Yeats für Stimme und irische Harfe. – Ms. – UA Cork (Irland) 1987; 8'
Inselmusik für Violine und Orchester (2. Teil des Violinkonzertes). – Bär. – UA Berlin 1989; 15'

1986 / 87
draußen verloren – drinnen gefunden. Vier Gedichte von Peter-Jürgen Boock für Singstimme und Violoncello und / oder Vibraphon. – Bär. – UA München 1987; 15'

1986 / 89
Violinkonzert in zwei Sätzen. – Bär. – UA München 1990; 40'

1987
Die Zeit der Steine für Klavier. – Bär. – UA Darmstadt 1988; 35'
Abschied. Sieben Miniaturen für Altflöte und Harfe. – Bär. – UA Salzau 1988; 20'
Aus Claras Tagebuch für Violine und Klavier. – Bär. – UA Düsseldorf 1988; 18'
Mittlerer Frühling. Sechs Duo-Miniaturen für Viola und Baryton. – Bär. – UA München 1988; 25'
octogyn' für Streichquartett und Jazzquartett. – Ms; 15'
Septett für Flöte, Klarinette, Klavier, Percussion und Streichtrio. – Bär. – UA Nürnberg 1987; 40'
Skizze mit Nachspiel für neun Instrumente. – Ms; 10'

1987 / 96
Shoah – Die Endlösung. Musiktheater für Mezzosopran, Bariton, Tonband, Sprechgesang, Flöte, Klarinette, Bassklarinette, Klavier, Schlagzeug, Streichtrio und Orchester nach Texten von Gerhard Durlacher, Ruth Klüger, Nelly Sachs. – Ms. – UA Koblenz 1996; abendfüllend

1988
Novum Organum für Orgel. – Ms. – UA Bombay 1988; 40'
The Arrow of Time für Streichorchester. – ERP. – CD-Veröffentlichung 1988; 35'
The Cycle of Time für Streichorchester. – ERP. – CD-Veröffentlichung 1988; 35'

1988 / 89
In der Ferne. Fünf Duo-Miniaturen für Flöte und Gitarre. – Ms. – UA Elmau 1989; 20'

1988 / 93
Aktisch Duo. Miniaturen für Flöte und Cembalo / Keyboard. – Ms. – UA München 1994; 20'
Missa für Sopran, zwei Chöre, Orgel und Orchester mit lateinischen Messtexten. I. *Amen*; II. *Kyrie*; III. *Dies Irae*; IV. *Miserere*; V. *Libera Me*; VI. *Sanctus*; VII. *Lux Aeterna*; VIII. *Hosanna*; IX. *Amen.* – Ms. – UA München 1995; 95'

1989
Bach betrachten für Viola. – Ms. – UA München 1990; 15'
Die Zeit der Steine. Epigramm für Frauenstimme und zehn Instrumente (Klarinette, Fagott, Horn, Marimbaphon, Klavier, zwei Violinen, Viola, Violoncello, Kontrabass) in memoriam Erich Fried. Text: Erich Fried. – Bär. – UA Frankfurt 1991; 8'

1989/90
dies irae für vier Männerstimmen, acht Blechbläser (1,3,3,1), große Glocken, Pauken und Orgel. – Bär. – UA Ingolstadt 1990; 20'

1990
Der Sturz für Schlagzeug. – Ms. – CD-Veröffentlichung 1990; 22'
Stillmesse für Orgel. – Ms.
Graduale für Horn und Orgel. – Ms.
Unity für Streichorchester, südindische Solovioline und Klezmer-Klarinette. – Ms; 20'
Der lebende Leichnam. Stummfilmmusik für Orchester. Neuvertonung für das ZDF, (Mitkomponist: Stefan Zorzor). – Ms. – Erstsendung ZDF Mainz 1994, UA (live) Frankfurt 1994; 120'

1990/92
Radio Sehnsucht. Songoper in zwei Akten. Lieder und Text: Gabriele Bodenstein. – Bär. – UA Ulm 1992; abendfüllend

1990/93
Vom Klang des Lebens. Tagebuch. Für Klavier. – Ms.
Kirchenlieder für Soloinstrument und Orgel. – Ms.

1991
Ballade für Violine. – Ms. – UA Hamburg 1998; 15'
Von Ohr zu Ohr. Vier Duos für zwei Violoncelli. – Ms; 10'

1991/92
Streichtrio. – ERP. – UA Elmau 1994; 35'

1991/93
3. Streichquartett in drei Teilen. – ERP – UA Köln 1996; 22'
Vier Miniaturen / »Kindertrio« für Flöte, Viola und Harfe. – Ms. – UA München 1995; 20'

1992
Im Schweigen der Betrachtung für achtstimmigen Chor, Orgel und Schlagzeug nach Texten von Nikolaus von Kues. – Bär. – UA Brixen 1992; 8'
Continuous creation. Version für Panflöte / Klarinette und Klavier. – Ms.

1992/93
Stufen. Fünf Konzerte für Klavier und Orchester. – Ms. – UA Frankfurt 1994; 50'

1992/95
De Visione Dei. Kirchenmusiktheater nach Nikolaus von Kues für Orgel, acht Blechbläser und zwei Schlagzeuger. – Orl / ERP – UA Brixen 1996; 70'

1993
Tombeau de Messiaen für Orgel. – Ms. – UA Osnabrück 1993; 17'

1994
Von der inneren Freiheit für Sopran, Saxophon und Keyboard. – Ms. – UA München 1994; 20'
Vom Klang des Lebens. Version für Flöte und Klavier in memoriam Giacinto Scelsi. – ERP. – UA München 1995; 10'
Lacrimosa Exaudi für Solo-Violoncello, Frauenchor und kleines Orchester. – Ms.

1994 / 95
Morton Feldman in my life Nr. 1 für Violine, Flöte, Marimbaphon und Klavier. – ERP; 30'
Piano performance für Klavier. – I. *Felix, schlaf ein*; II. *Lanzelot im Wasser tief*; III. *Johnny spielt auf*; IV. *Madras*; V. *Gabriele*; VI. *Schlangenraga*; VII *Verschmelzung*; VIII. *Piano für Morton Feldman*; IX. *Sophia*; X. *Klangspirale für Günter Bialas*; XI. *Continuous Creation*; Ms. – CD-Veröffentlichung 1996; 57'09"

1995
Ballade für Marimbaphon. – ERP. – UA München 1997; 10'
Oh Erde für 5-stimmigen gemischten Chor a cappella nach Texten aus der Bibel, von Nelly Sachs und Walter Flemmer. – CA – UA München 1995; 25'

1995 / 96
Fünf Tore für Orchester. – ERP – UA Bayreuth 2004; 40'

1996
Circle of time – Klangräume für Kammerorchester. – Ms.
Der Kreisel des Cusanus für zwei Gitarren. – Ms.
Vom Klang des Lebens. Version für Corno da caccia und Streicher / Orgel. – Orl. – UA München 1996; 12'
Passion. Oratorium für Soli, Sprecher, Chöre und Orchester. Text: Walter Flemmer. – Ms. – UA München 1997; 90'
Shoah. Radio-Komposition für eine Frauenstimme, zwei Männerstimmen, elektronisches Zuspielband und Flöte, Klarinette, Bassklarinette, Klavier, Schlagzeug, Streichtrio nach Texten von Gerhard Durlacher, Ruth Klüger, Nelly Sachs. Realisation: Heinz v. Cramer. – Ms. Erstsendung BR 1996; 95'

1997
Der Schlangenraga für tiefe Stimme, Bordun, Streichtrio. – Ms.
Rumpelstilzchen für dreistimmigen Kinderchor (mit fünf SolistInnen). – Ms.
Zwei Kontemplationen für zwei Harfen. – Ms. – UA Baden-Baden 1998; 10'
Drei Stücke für Bigband und Orchester. – Ms. – UA Köln 1997; 30'
Das Grün, Madame. Hörspielmusik für Stimmen, Elektronik und präpariertes Klavier. Autorin: Marianne Sula, Realisation: Ulrike Brinkmann, Peter Michael Hamel, Beate Ziegs. – Ms. – Erstsendung NDR 1997; 90'
Die Dame dreht sich permanent für mechanische Orgel. – Ms. – CD-Veröffentlichung 1997

1998
Menschenrechte. Kantate für Soli, Sprecher, Chöre und Orchester. Text: Walter Flemmer. – Ms. – UA Prien 1999; 40'
Die Zeit der Steine. Fassung für Sopran, Klarinette und Klavier. Text: Erich Fried. – Ms. – UA Hamburg 1999; 10'

1999
Andernorts für Orffschulwerk-Ensemble. – Ms. – UA Traunstein 2000; 5'
Minimal Maximal für Orffschulwerk-Ensemble. – Ms. – UA Traunstein 2000; 5'
Sophrosyne – Last piece (»im Unerklärlichen enden«) für Trompete, Posaune, Schlagzeug, Klavier, Viola, Violoncello und Kontrabass. – Ms. – UA Hannover 2000; 12'
… nur das Paradies nicht … für Frauenchor, Schlagzeug, Streichorchester und Tonband. – Ms. – UA Hamburg 2000; 20'

Gesamtdeutsches Tryptichon für Sopran, Bariton, Sprecher [Textcollagen], Trompete, Posaune, Tuba, Akkordeon, Schlagzeug, Viola, Violoncello, Kontrabass. – Ms.

2000

Seelenwurm für Orffschulwerk-Ensemble. – MS. – Traunstein 2000; 5'
Morton Feldman in my life Nr. 2 für Schlagzeug und Klavier. – Ms. – UA Köln 2000; 18'
Nachklänge. 4. Streichquartett in fünf Teilen. – ERP – UA Hamburg 2003; 22'
Die Unerlösten für tiefe Frauenstimme, Cymbalon, Bassklarinette, Schlagzeug, Klavier, Violoncello und Kontrabass. Text: Ruth Klüger. – Ms. – UA Hamburg 2001; 10'

2000 / 2003

Die Auflösung. 2. Sinfonie in 4 Abschnitten. – Ms.

2000 / ...

Die Abreise. Musiktheater. Szenario: Ronald Steckel – Ms. (in Arbeit)

2001

Neunundvierzig Grad Celsius für tiefe Frauenstimme und Kontrabass. Text: Jewgenia Ginsburg. – Ms. – UA Hamburg 2001; 20'
media agosto für Flöte, Klarinette, Violine, Violoncello, Klavier, Tablatrommeln und Tanpura. – Ms.
puer natus est für Knabensopran, Orgel und Harfe. – Ms. – UA Prien 2002; 8'

2002

Von Ohr zu Ohr für Violine und Viola. – Ms. – UA Hamburg 2002; 20'

2003

Die Rattenfänger von Hamel für möglichst viele verschiedene Flöten. – Ms. – UA Hamburg 2003; 15'
Zwischen Zwei für Stimme, Altflöte, Perkussion, Harfe, Computerflügel und Diaprojektion. Text: Auszüge aus dem Tibetischen Totenbuch. – Ms. – UA Münster 2004; 20'

2004 / 2006

Vierter und fünfter Satz der 2. Sinfonie *Die Auflösung*. – ERP. – UA München 2008
Alkestis-Arien für Frauenstimme und Klavier. Text: Christoph Martin Wieland. – Ms – UA Weimar 2005; 35'

2005

Traumzeit. Fünf kleine Stücke für (Alt-)Flöte: – ERP. – UA Dublin 2007; 10'

2006 / 2007

Ganz klar und heiter für Frauenstimme und Klavier. Text: Jean Gebser. Ms – UA 14.07.2007 Hamburg, 6'

2007

Horch, was kommt – Von Ohr zu Ohr für Violine und Kontrabass. – Ms – UA 01.12.2007 Hamburg; 25'

Zuerst veröffentlicht in: Komponisten der Gegenwart. 30. Nachlieferung der Loseblatt-Sammlung. Hrsg. von Hanns-Werner Heister und Walter Wolfgang Sparrer. München: Edition Text und Kritik 2005. Der Abdruck erfolgt mit freundlicher Genehmigung von Frank Helfrich. Ergänzt von Peter Michael Hamel im April 2007.

Frank Helfrich
Auswahldiscographie

Viele der Improvisations-Kompositionen, die Hamel als »konzentrische Musik« bezeichnet, sind nur auf Tonträgern, nicht aber im Werkverzeichnis dokumentiert, z. B. *Aura – konzentrische Musik* (LP 1972), *Nada* (LP 1977), *Colours of time* (1975, LP 1983), *Transition / Let it play / Transpersonal* (1972 / 82, LP 1983).

Aura – konzentrische Musik (1972): Peter Michael Hamel (Org., Synth., Pno.). – Wergo SM 1009 (LP 1972).

Dharana für Orchester und solitische Improvisation mit Tonband (1972; 2. Fassung 1973): Gruppe »Between«, SO des SWF, Ernest Bour. – Wergo SM 1806-2 (LP 1973; CD 1994)

And the Waters opened (1973): Gruppe »Between«. – Wergo SM 1014 (LP 1973)

Hesse »Between« music: Gruppe »Between«, Franz Lehrndorfer (Org.), Bobby Jones (Klar., SSax., TSax.), Gert Westphal (Sprecher). – Wergo SM 1015-50 (LP 1977; CD1989)

Nada; Silence; Slow motion; Beyond the wall of sleep (1974 / 76): Peter Michael Hamel (E-Org., Schlz., Synth.), Ulrich Kraus (Synth.). – Wergo SM 18072 (LP 1977; CD 1994)

Orphikon für Orgel (1977): Peter Michael Hamel (Org.). – Aural Explorer AE 5007 (LP der Gruppe »Between«: *Contemplation*, LP 1977)

Movens für Klavier (1978): Peter Michael Hamel (Kl.). – Wergo SM 1023 (LP der Gruppe »Between«: *Stille über der Zeit*, LP 1980)

Transition; Mandala für präpariertes Klavier (1972); *Let it play; Transpersonal; Apotheosis* (1972 / 82): Peter Michael Hamel (Org., Schlz., Synth.). – Kuckuck (LP 1983), Kuckuck / Celestial Harmonies 12063-2 (CD 1994)

Mandala für präpariertes Klavier (1972); *Let it play* (1974); *Colours of time (pt. 2)* (1975); *The yellow sound* (1977); *Einklang* (1978), *Bardo* (1979): Peter Michael Hamel (Keyb.), Ulrich Kraus (Keyb.). – Kuckuck (LP 1983; Aufn. 1979), Kuckuck / Celestial Harmonies 11078-2 (CD 1988)

Silence Beyond Time (1980): Gruppe »Between«. – Wergo SM 1023 (LP 1980)

Gestalt für Orchester (1980): SO des SWF, Cristóbal Halffter. – Deutsche Harmonia Mundi / Deutscher Musikrat DMR 1022–24 (*Zeitgenössische Musik in der Bundesrepublik Deutschland, 8 (1970–1980)«,* LP 1983; Aufn. 1980)

Organum für Orgel (1986): Peter Michael Hamel (Org.). – Kuckuck / Celestial Harmonies 11074-2 (CD 1986)

Transition / Transpersonal für Klavier bzw. Keyboard: Peter Michael Hamel (Kl., Keyb.). – Celestial Harmonies (LP 1986; CD *Keys of life* 1991)

Der Sturz für Schlagzeug (1990): Peter Sadlo (Schlz.). – Musica Mundi 90027 (CD *Classic percussion* 1991)

Diaphainon für Orchester in memoriam Jean Gebser (1973 / 74); *Gralbilder* für Orchester (1981/82) Violinkonzert in zwei Sätzen (1986/88): SO des BR, Hans Zender; SO des NDR, Gerd Albrecht; Christiane Edinger (Vl.), SO des BR, Alicja Mounk. – Wergo WER 6520–2 (CD1993)

The Arrow of Time für Streichorchester (1988); *The Cycle of Time* für Streichorchester (1988): Daniela Ruso (Cemb), Cappella Istropolitana, Jaroslav Krcek. – Kuckuck/Celestial Harmonies 11093–2 (CD 1994; Aufn. 1992)

Piano performance für Klavier (1994/95): Peter Michael Hamel (Pno.). – Kreuz-Verlag 3–7831–1435–7 (CD 1996)

Dona nobis pacem für gemischten Chor a cappella (1984): Via Nova Chor München, Kurt Suttner. – Talking Music TalkM 1009 (CD *Kontraste* 1997)

Die Dame dreht sich permanent für mechanische Orgel (1997). – Talking Music TalkM 1008 (CD *Neue Musik für Jahrmarktsorgeln* 1997)

Versionen von *Continuous creation* für Tasteninstrumente (1973/74); *Mandala* für präpariertes Klavier (1972): Peter Michael Hamel (Pno.). – Freies Musikzentrum München Y 105 (*Prepared Piano Performance*, CD 1998; Mitschnitt von 1997)

De Visione Dei. Kirchenmusiktheater nach Texten von Nikolaus von Kues für Orgel, acht Blechbläser und zwei Schlagzeuger (1992/95): Ensemble »Szene Instrumental«, Wolfgang Hattinger (Ltg.). – Celestial Harmonies 13193–2 (CD 2001)

Die Zeit der Steine, Epigramm für Frauenstimme und zehn Instrumente in memoriam Erich Fried (1989): Christine Whittlesey (S.), Scharoun Ensemble Berlin, Gernot Schulz (Ltg.). – RCA 7–4321–73535–2 (*Musik in Deutschland 1950–2000: Solo & Ensemble 1970–2000*, CD 2001)

Menschenrechte. Kantate für Soli, Sprecher, Chöre und Orchester (Walter Flemmer, 1998): Irmingard Schütz (S.), Michael Trost (Bar.), Kathrin Scherer/Rasso Ludwig (Spr.), Rasso Ludwig (Spr.), Edith Salmen-Weber (Schlz.), Kinderchor, Kammerchor und Grosser Chor des Ludwig-Thoma-Gymnasium Prien, Sebastian Weyerer (Ltg.). – SMB Music (CD 2001)

Oh Erde für fünfstimmigen gemischten Chor a capella nach Texten aus der Bibel, von Nelly Sachs und Walter Flemmer (1995): Via Nova Chor München, Kurt Suttner. – Carus CV 83 160 (*Chormusik am Ende des 20. Jahrhunderts*, CD 2003)

Between Wiederveröffentlichungen 4 CD's. – Intuition/Wergo/Schott INT 3601–2, INT 3602–2, INT 3603–2, INT 3604–2 www.intuition-music.com

Vom Klang des Lebens für Klavier: Roger Woodward. – Celestial Harmonies 13256 (CD 2007) www.harmonies.com

Streichquartette/Streichtrio: Alexander-Streichquartett, San Francisco. – Celestial Harmonies (CD-Neuveröffentlichung 2007)

Zuerst veröffentlicht in: Komponisten der Gegenwart. 30. Nachlieferung der Loseblatt-Sammlung. Hrsg. von Hanns-Werner Heister und Walter Wolfgang Sparrer. München: Edition Text und Kritik 2005. Der Abdruck erfolgt mit freundlicher Genehmigung von Frank Helfrich. Ergänzt von Peter Michael Hamel im April 2007.

Bildnachweis:

Peter Andersen: Die Gruppe »Between« mit Carl Orff, 1974 (S. 83)
Manfred Melzer: Peter Michael Hamel mit Siegfried Mauser, 1988 (S. 30)
Werner Neumeister: Peter Michael Hamel mit Konstantin Wecker, 1988 (S. 13); Peter Michael Hamel, 2001 (S. 17); Peter Michael Hamel mit Sergiu Celibidache, 1988 (S. 120)
Felicitas Timpe: Peter Michael Hamel mit Krzysztof Penderecki, 1995 (S. 132)